国家自然科学基金"基于网络结构与演化信息的地方金□
号：72274132）；国家自然科学基金"面向普惠金融□
评价研究"（项目编号：71874023）

U0592841

异质偏好下大群体决策
——理论、方法及应用

Large-scale Group Decision Making under
Heterogenous Preferences
—Theory, Method and Application

晁祥瑞／著

经济管理出版社
ECONOMY & MANAGEMENT PUBLISHING HOUSE

图书在版编目（CIP）数据

异质偏好下大群体决策：理论、方法及应用/晁祥瑞著 .—北京：经济管理出版社，
2022.8

ISBN 978-7-5096-8695-9

Ⅰ.①异⋯　Ⅱ.①晁⋯　Ⅲ.①群体决策—研究　Ⅳ.①C934

中国版本图书馆 CIP 数据核字（2022）第 160454 号

组稿编辑：郭丽娟
责任编辑：郭丽娟　白　毅
责任印制：黄章平
责任校对：董杉珊

出版发行：经济管理出版社
　　　　　（北京市海淀区北蜂窝 8 号中雅大厦 A 座 11 层　100038）
网　　址：www.E-mp.com.cn
电　　话：（010）51915602
印　　刷：唐山玺诚印务有限公司
经　　销：新华书店
开　　本：720mm×1000mm/16
印　　张：14.75
字　　数：281 千字
版　　次：2022 年 9 月第 1 版　　2022 年 9 月第 1 次印刷
书　　号：ISBN 978-7-5096-8695-9
定　　价：88.00 元

给我的父母、家人与孩子们！

前　言

　　决策是人类管理活动最基本的单元。决策科学既包含自然科学中的技术手段，如优化方法与系统方法等，又属于社会科学的范畴，因为其研究对象来自现实的管理问题。现代管理需要在纷繁复杂的大数据中寻求有效的决策信息，从而实现有效的数据管理。决策问题的复杂性导致个体决策者已经无法独立地处理。在今天的决策环境下，如何发挥群体智慧的决策支持作用，获取决策者的群体行为特征，刻画群体决策的共识过程，并在应用场景中得到实现，是非常有意义且迫切需要解决的理论问题。

　　笔者曾先后在地方高校和金融机构工作逾 10 年，之后转入科研领域，近年来主要关注大规模异构偏好信息的处理问题，通过在内积空间上的偏好映射信息寻求挖掘和管理偏好信息的方法，已取得了一系列研究成果。同时，笔者更注重决策方法的现实应用，针对城市更新、普惠金融、绿色供应链、农村信用体系等多个领域中的决策问题，提出了新的解决方案。本书是笔者近五年来工作成果的总结，笔者始终坚持从现实的管理活动中观察和总结问题，然后分析问题的科学根源，致力于通过信息技术、运筹学与管理科学交叉的方法提出相应的解决思路。本书汇集的成果包含了偏好学习中最新的理论与方法，同时也有这些方法的现实应用。

　　在本书付梓出版之际，笔者衷心感谢导师彭怡教授、寇纲教授、刘仲奎教授长期以来的谆谆教诲，感谢胡冰先生、邓富民教授、董玉成教授、尔古打机教授等多年以来的支持与帮助，感谢靖富营博士、李建博士、周小舟博士等的鼓励。研究生冉琴、徐梦茹等对本书的部分章节进行了校对，在此一并感谢。

　　本书的研究得到国家自然科学基金（71874023，72274132）及四川大学引进人才科研启动经费（YJ202028）的资助。

晁祥瑞

2022 年 3 月 22 日

目　录

第1章 绪论

1.1 研究背景

决策科学（Decision Science）根植于人类的各种生产实践活动。决策过程是指决策主体根据不同的决策目标，利用决策工具和信息手段，通过若干判断准则评估各种候选方案，选择符合标准或者心理预期的实施办法。20世纪30年代，上述行为被系统抽象成科学研究体系并运用于管理科学领域[1]。20世纪60年代，"管理即决策"[2]的论断有力地推动了现代科学决策研究的发展，使其贯穿于质量管理、生产管理、营销管理等管理科学领域。随着科学研究的深入，统计学、运筹学、心理学、社会学、系统论、组织理论及信息技术等各领域知识都融入决策研究中，形成了一个成熟的交叉学科。决策科学研究从早期的简单统计模型、确定性问题逐步扩展到用于复杂决策环境中的不确定性决策、复杂偏好决策，形成了层次分析法（AHP）[3]、数据包络分析（DEA）[4]和逼近理想解排序（TOPSIS）[5]等应用广泛的代表性决策方法，并成为现代管理科学研究的重要分支，在社会、军事、经济等领域得到了应用。

随着决策对象的日趋复杂化、决策环节的信息化和决策问题的多元化，决策者面临的决策问题从单纯环境的决策问题逐渐演变为大规模信息化情境下的决策问题，个体决策者单独解决一个决策问题变得更加困难，决策结果的可信度和公正性也大幅降低。因此，大家开始寻求通过决策群体或者专家组的咨询、协调、谈判以完成复杂决策问题，这种群体决策形式通过集体智慧弥补了个体决策者的知识不足。20世纪50年代，出现了群体决策或者群决策（Group Decision Making）研究领域并成为热点问题。群决策的主张是集结决策群体各成员的观点，达到群体满意或者妥协的意见，然后进行方案选择，最终目的是通过不同的方法协调各方意见达到各成员利益的最大化[6]。目前，群体决策的理论研究已经拓展为群体决策不确定性分析、群体行为分析、群体决策方法与模型、群体决策评估等多个研究分支，并且在公共管理、金融投资、公司管理、国际商务和政治外交等领域被广泛采用。专家智库、董事会、咨询委员会、区域政治磋商会议及联盟集团等以群体决策作为载体的管理形式成为当前管理活动的重要组成部分。

群体决策的理论基础起源于现代经济学重要组成之一的社会选择理论，其思想本质是尊重集体中每个个体的偏好以及公正地评价各种社会状态。群体决策的一个理论来源是著名的福利经济学，其基本思想是最大化社会群体利益，提升社会整体福利水平。肯尼思·阿罗和阿马蒂亚·森因因福利经济学的贡献先后获得1972年和1998年诺贝尔经济学奖，其中阿罗的"不可能性定理"构成群体决策的重要理论基础。自此，从社会选择理论开始，福利经济学理论、偏好理论、效用理论、博弈论、对策论、随机优化等理论蓬勃发展，为群体决策理论打下了坚实的基础。

群体决策的任务是协调不同的决策意见、尊重个体选择、调和各类观点，最终达到群体意见的共识，对这一类问题的研究称为群体决策共识（Consensus）问题研究。但是由于决策参与者数量庞大、偏好准则各异和群体构成复杂等原因，决策者往往具有不同的知识背景、社会经历、决策经验，导致冲突意见和非合作行为等普遍存在，甚至对同一问题的看法存在完全相反的情况。所以共识达成（Consensus Reaching）过程中需要通过信息沟通和研讨，促使群体意见互相认可，寻求群体意见的一致[9]。例如，在城市改造中，住户之间的拆迁意见存在显著差异，与改造方之间的意见冲突现象也层出不穷，对于这一问题的妥协并实现各方利益最大化就是典型的大群体决策过程。

现代社会经济和信息技术快速发展，高度互联的社会网络形态逐渐形成，大数据的生产、收集以及知识发现技术不断成熟，群体决策的参与者不再局限于少数专家和专业领域人士，呈现出决策群体大规模趋势、偏好信息多源异构、决策行为复杂化等特征，形成了大群体决策研究方向（Large-scale Group Decision Making）。例如，广泛参与的民主投票问题[7-8]、全产业供应链中的复杂供应商选取问题[9]、应急决策中的多领域专家决策[10]、社交网络共识等[11-12]。实际上，大群体决策的研究随着时代的进步和发展应运而生，其面对的决策环境相对于传统决策环境发生了根本变革，总结起来具备三个主要特征[13]：一是相对于传统决策，决策参与者规模庞大。决策群体不再局限于一个简单的专家群体或者集中的委员会。时间上响应快速，决策地点不再是固定的集中区域，而是广泛分散在网络中或者各地，决策者之间的信息交互较少甚至没有联系。二是决策群体构成复杂。大规模群体决策不仅包括决策组织者利益共同体和决策专家组及分析人员，还广泛吸收消费者、企业员工代表、产品用户、零售商甚至是第三方机构，决策冲突现象必然存在并且具有重要的决策价值。三是决策准则多元化。决策者不再来自单一的领域，他们可以来自多个团体，个体偏好信息和评判准则存在复杂的社会背景，给决策带来诸多的不确定性。因此，在互联网化的社会状态下，群体决策已经发生深刻变革，群体决策必须具备处理大规模参与者偏好信息的方法和技术，使大群体决策区别于传统的群体决策，这逐渐成为新的决策研究方向。

由于大群体决策区别于传统的少数专家决策，导致经典的群体决策共识达成模型和方法在大群体环境下面临诸多挑战，主要表现在三个方面：一是决策参与者规模大导致传统共识模型难以直接处理大群体问题[14,21]。群体决策参与者众多，在对决策者的管理中，逐一检测决策者的行为变得十分困难，决策者影响权重的调整需要进行批次处理以提升决策效率[14-15]。二是大群体决策者的偏好形式不同[16-17]。在大群体决策中，由于决策者构成和领域不同，无法通过统一的偏好形式表达。决策者在实际决策过程中根据个体偏好提供效用值、偏好序、乘性偏好关系和加性偏好关系等异质的不同形式的偏好关系。因此，异质偏好的大群体决策是决策应用中的实际问题。三是大群体决策中的非合作行为需要进行识别和管理[18]。大群体决策参与者数量庞大，决策者或者决策小团体行为夹杂非合作的决策行为。例如，反复修改决策偏好、反对群体决策偏好、拒绝做出妥协等行为。所以大群体决策必须要对决策参与者的行为进行动态检测，识别和发现非合作行为，促进群体决策共识的达成。上述问题的解决需要新的信息管理手段。

基于上述背景，诸多学者针对大群体决策中的不同问题展开了相关研究。一是大群体决策共识相关研究。Palomares 等[14] 通过数据挖掘算法实现大群体决策的管理。在他们的算例中，选取了 50 人作为大群体决策的例子，引入自组织映射实现群体决策过程的可视化，并对大群体管理采用整体和部分惩罚系数管理方法保证群体共识的收敛。Xu 等[19] 认为大群体决策参与者应大于 20 人。他们利用 20 位不同领域的专家对地震灾后应急救援方案进行群体决策，得到最优解方案，其文章中根据参与专家的合作程度进行了权重调整。Palomares 等[20] 提出了一种基于自组织映射的图显示信息技术手段动态监测大群体决策共识达成过程。Quesada 等[15] 通过 uninorm 聚合算子进行大群体决策偏好集结。Labella 等[21] 比较了传统的群决策共识模型在大群体决策中的表现，他们的实验表明传统的决策共识模型在大群体决策中需要做出相应调整，文章同时提出了大群体决策面临的主要挑战和未来的研究方向。二是决策中的非合作行为研究。大群体决策中的非合作行为识别不同于小群体，由于决策者较多，决策者甚至没有信息沟通，无法在谈判中逐一发现和识别，所以需要新的非合作行为管理方法。代表性的文献是 Palomares 等[14] 通过决策者在偏好调整迭代中与群体偏好的距离变化来定义非合作行为。Dong 等[18] 与 Palomares 等[14] 类似，运用决策矩阵的优化权重来管理迭代过程中的非合作行为。Xu 等[19] 提出了一种新的非合作行为测度，他们在区间数的基础上引入非合作程度度量。三是异质偏好共识模型。异质偏好研究是经济学中的经典课题[17,22-25]。群体决策中的异质偏好研究经历了两个重要阶段：早期研究关注异质偏好（或者称为多人决策、不同形式偏好等）的集结问题，主要有算子集结、偏好形式转换、优化方法等[26-27]；近期的研究则更注重异质偏好下的群体决策共识达成问题[16-17,38-40]。

国内学者也对大规模群体决策进行了深入研究。陈晓红等[41] 的《复杂大群体决策方法及应用》系统阐述了大群体决策中的模型和方法，研究方法包括粗糙集方法、Choquet 积分以及直觉模糊等。徐选华和陈晓红[42] 研究了复杂大群体决策的系统流程和解决方案，提出决策支持系统构建框架。陈晓红等[43] 提出了大群体决策支持系统平台构建方案。李登峰[44] 研究了模糊环境下多人决策和非合作决策问题。徐玖平[45] 系统研究了复杂群体决策的结构化与半结构化决策问题。徐选华等[46] 研究了一种属性二元关系大群体决策。王坚强[47] 研究了信息不完全情况下的大群体语言决策问题。张丽媛[48] 系统研究了多种偏好关系形式下的大群体决策问题，提出了矢量型偏好相似测度、多层次大群体决策和逐层集结以及模糊偏好下的多种偏好形式大群体决策。刘蓉[49] 研究了基于聚类算法的大群体权重确定、共识提升和高效集结等问题。

但是，现有的研究对于异质偏好关系下大群体决策中的行为与群体共识仍然存在众多未解的问题，特别是目前运用数据挖掘方法进行决策行为识别还不成熟，还有诸多问题亟待解决。例如，大群体决策中异质偏好关系的距离度量、异质偏好关系的数据挖掘方法、异质偏好下的非合作行为的度量、异质偏好下的大群体决策共识机制等亟待学者进行深入研究。为解决大群体决策中面临的上述科学问题，需要有新的研究方法，将数据挖掘方法引入大群体决策共识问题中是大群体决策研究的途径之一。

本书将从异质偏好的研究入手，通过数据挖掘算法，系统研究异质偏好情境下的大群体决策行为和共识机制。建立了新的异质偏好关系集结方法，引入了异质偏好关系的距离度量，在上述基础上提出基于聚类算法的非合作行为检测和共识达成模型，解决了异质偏好下的大群体决策共识达成问题，同时建立上述决策方法的现实应用场景。对这一问题的深入研究，不仅能够推动建立异质偏好下的大群体决策支持系统以及丰富群体决策方法和技术，同时对管理实践具有现实指导意义。

1.2　研究历史与现状

　　大群体决策共识研究的历史从群体偏好集结研究开始，经历了异质偏好关系的集结研究和群体共识研究过程。异质偏好是指决策者的个体喜好和知识背景不同，针对不同的决策候选方案，他们可以通过方案的偏好顺序、效用评估值表达，也可以通过两两比较的方式进行评估，所以决策者对候选方案的偏好关系表达呈现出不同的形式。不同偏好结构的集结是群体决策研究的传统问题，一般分为两种研究模式：一类是偏好集结问题等[26-37]，另一类是研究异质偏好共识达成模型[16,38-40]。前者包括不同偏好形式的权重向量导出问题、偏好形式转换集结和优化方法直接导出等；后者主要是研究实现群体决策意见一致的方法。

　　（1）偏好关系的权重向量求解。本书研究的异质偏好关系主要包括两种偏好关系：一种是乘性偏好关系（又称为互反判断矩阵）；另一种是模糊偏好关系（又称加性偏好关系、互补判断矩阵）。两类偏好关系都是以判断矩阵为载体，为了得到候选方案的排序，必须从包含两两比较值的判断矩阵中求解权重向量，作为决策者选择方案的参考。乘性偏好关系的求解方法在决策研究历史中曾经呈现出灿烂的一幕[50-68]，但关于这些方法的优劣争论始终存在[51,58,69-73]，这也正是这一研究得以发展的动力之一[52]。模糊偏好关系（又称互补判断矩阵、加性偏好关系）推广了 Saaty 经典的 1~9 刻度，其权重向量求解[74-83] 方法同样丰富多彩，也是偏好集结理论的重要组成部分。由于实际决策中偏好收集、处理以及决策者的犹豫等原因，偏好关系并非完整无缺的，所以残缺的偏好关系权重向量计算也是偏好关系研究的主要方向之一[84-93]。

　　（2）异质偏好集结方法。异质偏好包括偏好序、效用值、乘性偏好关系和模糊偏好关系以及区间数偏好关系、模糊数层析分析法、犹豫模糊偏好、直觉模糊偏好、语义偏好等多种形式。对于同质偏好关系，群体偏好集结主要采用平均思想。传统乘性偏好集结分为两类[94-101]：一类是集结个体偏好判断（AIJ），另一类是集结个体权重向量（AIP）。两类方法中对于个体偏好判断和个体偏好权重集结采用的方法是加权算术平均和加权几何平均，两类方法均被认为符合帕累托最优原则[96-97,101]（即个体偏好存在优于关系，则群体偏好也存在）。在异质偏好的集结中，更被关注的问题是如何处理异质偏好关系。有两种思路，一个自然的思路是将异质偏好转化为统一的偏好形式，另一个思路是通过优化的方法直接获得群体集结偏好[17,26-27,29-31,36,102-105]。其他异质偏好集结还包括区间数、语义模糊和梯形模糊数偏好关系等[106-107] 以及不完整偏好关系的集结[35,108-112]。

（3）大群体决策行为挖掘。决策行为挖掘是为了决策实施者或者监督者识别决策过程中的非合作行为，进而帮助决策实施者、监督者对决策者实施分类管理。大群体决策行为的挖掘是数据挖掘和群体决策的交叉领域，通过运用信息技术提高决策效率和推进群体决策共识达成，是当前和未来决策研究的新方向之一[10,14-15,19-21,41-43]。

数据挖掘算法主要包括聚类和分类算法。聚类算法研究已经有半个世纪的历史[113-119]。目前发展起来的基本聚类方法有基于划分、基于密度、层次方法等，高级聚类方法主要基于概率、图与网络、高维数据、动态数据等。目前运用数据挖掘方法研究大群体决策正处在初始阶段，已有文献采用的基本聚类算法主要是模糊聚类[14]。但在不远的未来，随着大群体决策研究的深入，运用高级别聚类技术处理复杂的决策问题会更加普遍。分类是数据挖掘、机器学习和人工智能领域研究中最重要且应用最广泛的算法之一[120-127]。目前，主流的分类算法包括决策树、贝叶斯分类、人工神经网和支持向量机等[128-132]。分类算法中，小数据类是最受关注和最重要的部分，在大群体决策中同样如此，绝大多数参与者能够参与合作和配合完成群体决策，但少数小群体的非合作决策行为导致群决策不能快速达成共识，因此在大群体决策中需要识别小群体和个别数据组，这就需要发展能够用于不平衡数据集的分类算法。当前，关于不平衡数据的分类算法是数据挖掘研究中的重要课题之一[133-176]。

（4）群体决策的共识模型。群体决策的共识达成是群体决策研究的根本问题，共识达成的过程是实现集体民主和发挥集体智慧的抉择过程[177-181]，对其研究具有坚实的理论基础[182-197]。共识是指决策者反复协商、讨论问题，经过某种设计的程序或者模型将个体偏好转换为群体满意的一致意见。共识过程是妥协的过程，如果不能达到一致，将会中止决策或者进行下一轮群体决策解释并进行再次决策。传统研究重点是异质偏好的集结，但近年来对于决策共识达成过程的研究被认为是群决策领域最重要的问题[40]，因为群体决策的直接集结并不能够保证群体共识程度。

（5）交互式（Interactive）群体决策共识。交互式（Interactive）群体决策是20世纪80年代初发展起来的群体决策共识达成方法，近年来交互式群体决策的研究成果丰硕[198-210]。这一类方法的特点是预先设定共识度阈值，如果集结的群体偏好不满足参数设置要求，则将群体偏好意见返回给决策者进行评估调整，然后进行集结，直至共识度满足预设参数阈值的要求。交互式群体决策过程中，随着决策行为的交互和决策实施者的协调指导而达成一致意见，是符合社会选择理论、群体行为理论和行为决策理论的决策设计，具有很强的可操作性和可扩展性。

（6）大群体决策共识研究。国际大群体决策的交互共识研究主要从数据挖掘方法切入[10,14,15,20-21]，国内大群体研究则从复杂偏好关系角度展开[41-43,47-49]。国际和国内的大群体决策研究领域，主要关注的领域都是偏好关系之间的影响关系、非合作决策行为识别、大群体决策者管理等方面。总结起来，大群体决策主要研究的问题包括：一是非合作决策行为的定义和识别；二是大群体决策者的管理方法；三是群体决策共识机制和模型研究。

上述几个方面仍然有若干问题需要进一步研究完善，主要如下：

一是异质偏好下的大群体决策问题。当决策参与者增加时，必然存在决策者中偏好习惯的不同以及决策者身份和背景的差异。因此，研究大群体决策中的异质偏好问题是这一领域的现实问题。

二是大群体决策中的数据挖掘方法应用。大群体中非合作行为个体和小群体是极少数参与者，当决策者群体不断扩大时，需要自动检测和发现这一类群体的行为。因此，研究适用于大群体决策的数据挖掘算法，推进机器学习理念与群体决策的交叉融合，是这一领域的又一重要任务。

本书将从上述两个科学问题出发，研究异质偏好情境下的基于数据挖掘的大群体决策共识问题。根据对大群体决策研究的一般过程，本书将从异质偏好集结、异质偏好下大群体偏好行为挖掘和异质偏好下大群体决策共识模型三个方面入手，系统研究完整的大群体决策共识机制。首先建立异质偏好关系集结模型，其次定义适用于大群体异质偏好聚类的距离度量，最后建立基于相似度量和聚类算法的大群体决策共识模型。

1.3　本书主要研究的问题

在大数据和互联网信息时代，群体决策研究更加注重大群体参与决策的共识问题，这是科学管理的实际需要，同时是决策科学在新时期面临的新问题。信息化背景下的大群体决策需要面对参与者偏好结构的多样化、决策者行为的复杂化和决策机制的合理化等问题，需要设计一系列针对性的实验机制和管理系统以提升大群体决策的有效性。因此，本书将针对大群体决策中的若干科学问题开展相关研究，提出异质偏好下大群体的决策共识模型，完善目前大群体决策研究中的异质偏好关系的处理方法。

本书研究的主要目的是建立异质偏好下的大群体决策共识模型，提出系统的异质偏好下大群体决策共识达成的框架。研究主要包含三个问题，而主要解决的科学问题如图1-1所示。

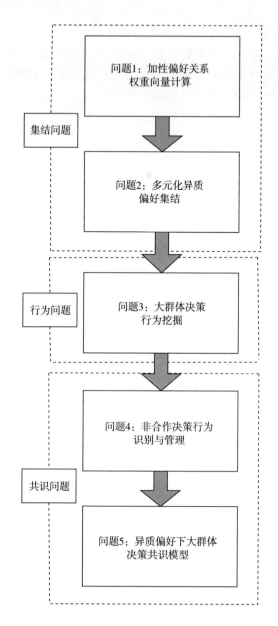

图 1-1　异质偏好下大群体决策共识研究相关问题

　　一是异质偏好关系的集结问题。为解决异质偏好下的大群体决策共识问题，提出应用于异质偏好关系聚类的集结方法。作为特例，研究了模糊偏好关系的权重向量计算。

　　二是研究异质偏好下的大群体决策行为挖掘问题。提出异质偏好关系的聚类和分类算法。

三是研究异质偏好下的大群体决策共识达成问题。提出非合作行为的识别方法,进而利用大群体决策行为的聚类算法建立大群体决策共识达成模型。

因此,本书以异质偏好集结、大群体决策中数据挖掘技术、大群体决策共识机制为重点研究内容,主要贡献如下:

(1) 运用向量相似度量建立异质偏好集结模型。提出新的异质偏好集结方法,作为特例,用于模糊偏好关系的权重向量计算。该模型具备处理大规模数据的快速计算能力,与目前方法相比,具有更低的计算成本。

(2) 建立了代价敏感多目标二次规划模型。该模型可以提升处理不平衡数据的分类预测能力,是基于管理经验和先验知识的大群体决策者行为分类的有效方法。

(3) 建立基于数据挖掘的异质偏好下大群体决策共识模型。通过异质偏好之间的距离度量和聚类算法,提出非合作行为识别和群体共识达成机制,获得交互共识机制收敛的数学原理。

(4) 建立基于公平关切的群体决策博弈共识模型。首次在群体决策领域系统性地研究公平关切性行为对群体共识的影响机制。

(5) 提出共识阈值的客观确定方法,弥补了当前通过主观经验判断来设定共识阈值的不足。

(6) 提出异构偏好信息在内积空间上的性质,并设计了内积空间上的支持向量机偏好分类算法,解决了大规模社交网络(超过 1000 人)中的决策共识问题。

上述基于数据挖掘的异质偏好下的大群体决策共识模型填补了这一问题研究领域的空白。本书的方法解决了 Labella 等[21] 提出的大群体决策的四个挑战,完善了异质偏好下的大群体决策共识研究的相关方法,为该领域决策支持系统建设提供了理论支持。本书不仅对解决实际管理问题具有重要的指导意义,而且对群体决策研究的推动具有一定的理论意义。

1.4 本书的结构与框架

本小节重点阐述本书的研究思路和研究框架。异质偏好下的大群体决策共识过程一般分为三个环节:一是异质偏好下的群体偏好集结。形成大群体偏好,并计算共识度量。二是异质偏好下的大群体偏好集聚和划分。根据偏好行为将大群体进行分类或者聚类,划分为小群体进行管理。三是异质偏好下的大群体决策交互调整和权重调整。决策实施者反馈偏好调整信息给决策者进行交互偏好调整，并在动态偏好调整过程中识别和管理非合作决策行为，直到达到预定的共识程度。因此，本书的主体部分根据上述三个环节分为异质偏好集结、异质偏好下大群体决策行为挖掘、群决策的共识阈值、大规模网络群决策的共识、异质偏好下大群体决策共识和群体决策的应用六个部分，而加性偏好关系的权重向量计算是异质偏好集结的重要基础，我们将在第三章中单独作为一节进行讨论。本书的研究逻辑关系如下：

首先，处理异质偏好的集结问题。研究大群体决策共识问题的第一个环节是群体偏好的集结，这是共识度量和下一步共识达成的基础。本书对异质偏好的研究基于偏好序、效用值、乘性偏好关系和模糊偏好关系四种常见的偏好形式，通过不同偏好关系与群体偏好之间的相似关系建立优化模型，得到异质偏好关系和不完整异质偏好关系的集结方法。由于效用值和偏好序的排序是显而易见的，而乘性偏好关系的研究已经相对成熟，作为异质偏好集结的基础问题，模糊偏好关系的研究相对较少，本书就模糊偏好关系权重向量计算提出新的导出方法，并应用到具体的决策问题中。

其次，研究大群体决策行为挖掘问题。由于大群体决策参与者数量大，并且决策行为复杂，对大群体决策行为的挖掘和管理是提升群体决策效率的信息化技术解决途径。因此，本书研究了大群体决策行为的数据挖掘算法，为提升大群体决策效率提供管理思路。

最后，基于上述两个问题，研究大群体决策的共识达成机制。针对数据挖掘算法，提出大群体决策共识的基本解决思路，并进行算例验证，提出异质偏好下大群体决策共识达成的方案。

综上，全书共分为八章，各章具体内容如下：

第 1 章为绪论部分。本部分重点介绍大群体决策共识研究的背景、产生过程和主要应用等。详细阐述大群体研究的现状，简要介绍异质偏好集结、大群体行为数据挖掘和群体决策共识模型的研究历史和研究进展。介绍本书重点研究的理论问题、研究思路、主要内容、章节关联关系和框架结构。

第 2 章为相关理论与文献综述。详细介绍群体决策研究的主要理论背景，重要的参考文献和主要方法、结论。综述大群体决策研究的主要成果和模型方法。阐述群体决策研究的基础理论和科学研究来源。详细叙述近期大群体决策研究的重要进展、当前存在不足以及本书研究的思想来源。

第 3 章为异质偏好关系集结研究。首先介绍异质偏好结构特点和主要性质。其次针对模糊偏好关系，引入模糊偏好关系的列向量与导出向量之间的余弦相似度量关系，并基于余弦相似度量建立优化模型而得到权重向量计算方法。同时将该模型应用到运动员排序问题中，并证明在解决不完整大规模候选方案排序问题上比已有的方法更加高效。再次基于余弦相似度量给出异质偏好关系的集结模型。最后针对不完整异质偏好关系，给出群体偏好集结方法，并通过不同的算例验证上述模型的优势。

第4章为异质偏好下大群体决策者的行为挖掘。首先对群体决策的主要任务、主要问题和解决思路进行概述，阐述数据挖掘方法与大群体决策的结合路径。其次定义异质偏好关系之间的距离度量，给出基于大群体决策的聚类方法。提出一种不平衡数据的分类方法，用于大群体决策中少数决策者行为的预测。最后针对群决策中公平关切的博弈行为，分析了群体决策共识的博弈收敛过程。

第5章为异质偏好下大群体决策共识研究。首先提出基于乘性偏好关系的群体决策共识方法，给出乘性偏好关系的群体决策的自动共识实现机制。其次定义基于聚类的非合作行为识别方法。再次给出基于相似度的共识度量指标和交互式偏好调整方案，并给出大群体决策共识模型。最后举例阐述大群体决策共识模型的管理应用。

第6章为大规模社交网络群体决策的共识过程。首先针对决策者偏好相似关系与信任关系构建决策网络，给出一般网络结构与融合方法。其次针对大规模异质偏好信息设计内积空间上的支持向量机分类方法，对偏好信息进行分类管理。再次给出社交网络群体决策的最小成本共识优化模型。最后在城市拆迁案例中进行实证分析。

第7章为群体决策共识阈值的客观测定。首先分析当前群体决策共识阈值的衡量往往靠一些主观、直觉上的判断确定，如管理经验、满意度估计等。群体决策研究关注共识达成的成本或共识过程的收敛性，而关键因素就是共识效率被长期忽略。其次将效率指标引入群体决策的共识达成进程中，并通过对共识成本和共识改进的效率分析实现对当前共识方法的全面评估。再次从效率的角度出发，在没有明确投入的基准模型下，借助数据包络分析设计共识达成阈值的基准确定方法。最后通过数值例子说明该方法的可用性。

第8章为金融监管科技与系统性风险。首先综述当前监管科技中的主要机器学习应用算法。其次以我国贸易监测为例，分析当前国家的现实需求，提出监测框架。最后通过真实数据来验证方法的有效性。

第 2 章　相关理论与文献综述

大群体决策研究具有坚实的理论研究基础。本书研究的大群体决策共识理论包括异质偏好集结、异质偏好下的大群体决策行为挖掘和异质偏好下的大群体决策共识模型三部分。本章就上述三个研究主题涉及的基本理论和文献进行综述，分析目前该研究领域中存在的不足和亟待解决的问题，引出本书的主体研究内容。

2.1　异质偏好集结

异质偏好是指决策者由于知识背景和个人喜好，对决策问题的偏好形式呈现出不同的表达结果。例如，决策者对一组候选方案进行直接排序，即给出候选方案的排列顺序，此时偏好形式实际上是一组向量。如果决策者对候选方案的偏好选择进行两两比较，此时偏好关系则是一组比较矩阵。因此，由于决策者的不同偏好形式表达，形成了向量或者矩阵等截然不同的偏好结构。在决策过程中，异质偏好关系是决策面临的主要研究对象，比如偏好关系的权重向量计算、偏好关系集结和偏好关系的分类聚类、偏好关系的调整迭代等。所以，对于偏好关系的研究既是决策研究的基础内容，也是决策研究中成果最丰富的研究领域之一。

异质偏好集结研究包括两方面的内容：一是偏好关系的权重向量计算，即通过偏好关系导出决策者对候选方案的权重向量，以进一步进行排序选择。二是不同偏好关系的集结，即根据不同决策者的偏好形式，获得群体偏好权重向量，从而进行候选方案排序。偏好关系的集结问题主要包括乘性偏好关系的集结和异质偏好关系集结。异质偏好关系集结可分为直接集结（即通过优化模型求妥协解）以及间接集结过程（即通过偏好关系转化获得统一形式的偏好关系，然后进行集结）。本节将对异质偏好关系的集结文献进行回顾。

2.1.1　异质偏好关系的权重向量求解

本小节将分别介绍乘性偏好关系和模糊偏好关系的权重向量计算方法。乘性偏好关系又称为互反判断矩阵，模糊偏好关系又称加性偏好关系或者互补判断矩阵。两者都是对候选方案进行两两比较得出比较值，形成偏好矩阵。两者的区别是刻度和运算关系不同，乘性偏好关系两两比较用 $1\sim9$ 的刻度标识，比较矩阵对角线元素为互反关系；而模糊偏好关系则用 $[0,1]$ 区间的任意实数标识，对角线位置元素为互补关系。

2.1.1.1　乘性偏好关系的权重向量计算

Saaty 提出用乘性判断矩阵的特征向量作为权重向量的近似估计[50-51]，这就是著名的特征向量法。

设 $w=(w_1,w_e,\cdots,w_n)^T$ 为乘性偏好关系 $A=(a_{ij})_{n\times n}$ 的导出权重向量，特征向量法则是解如下方程：

$$Aw=\lambda w \tag{2-1}$$

其中，$\sum w_i=1$，$w_i\geq0$，且 $i=1,2,\cdots,n$。

对于完美一致的偏好矩阵（即 $a_{ij}=w_i/w_j$），A 的特征根 $\lambda=n$，否则 $\lambda>n$。在较少候选方案比较的偏好关系中，特征向量法得到的权重向量的相应元素的比最接近于判断矩阵的对应元素（即 $a_{ij}=w_i/w_j$），但这一论断在候选方案较多的偏好关系中很难保持，特别是大规模候选方案决策中决策者实现完美一致是很难的。

但是，特征向量法也受到线性代数中经典理论的挑战，出现了不同的声音[51-54]。因此，大量新的权重向量导出方法纷纷涌现，并一度成为决策领域极为热门的话题。其中代表性的方法有最小二乘方法[51]。

最小二乘法的导出通过非线性优化函数实现，其目标函数是最小化偏好值和权重向量比例，计算如下：

$$\min\sum_{i=1}^{n}\sum_{j=1}^{n}(w_i-a_{ij}w_j)^2$$
$$\text{s. t.}\sum_i w_i=1 \tag{2-2}$$

优化函数（2-2）的解便是偏好关系 A 的导出向量，已有的结论证明上述优化函数解存在且唯一。

Saaty[3] 提出了一种简易的权重向量计算方法，称为正则法。这种方法实际上是将偏好关系的列向量进行正则化，即：$a'_{ij}=1/\sum_i a_{ij}$。

然后，对标准向量取均值得到导出权重向量，即：$w_i=(\sum_j a'_{ij})/n$。

其他乘性偏好关系的导出方法还包括最小距离方法[54]、卡方方法[55]、对数最小二乘方法[56]、数据包络分析方法[57]、几何最小二乘方法[58]、混合最小二乘方法[59]、广义最小距离方法[60]、目标规划方法[61]、稳健估计方法[62]、奇异值分解方法[63]、线性规划模型方法[64] 等。

Srdjevic[67] 指出，正则化方法实际上是特征向量法的近似，但是如果偏好关系的一致性较低，则无法进行替代。

对数几何二乘法则是对最小二乘法的推广，其目标函数是最小二乘法的取对数。函数如下：

$$\min \sum_{i=1}^{n} \sum_{j=1}^{n} (\ln a_{ij} - \ln w_i + \ln w_j)^2$$
$$\text{s. t.} \sum_i w_i = 1 \tag{2-3}$$

优化函数（2-3）是存在唯一解的，并且其解等价于偏好关系的几何平均，这一结果是乘性偏好关系权重向量导出的主流方法之一。

近期这一问题的重要研究是 Kou 和 Lin[65] 创造性地运用余弦相似度建立优化模型，导出权重向量。这一方法也是本书的思路来源之一。他们的研究发现，乘性偏好关系的导出权重向量与偏好关系的列向量存在相似关系。特别是当两两比较矩阵完美一致时，导出向量与偏好关系列向量余弦相似度为 1。于是，他们通过最大化导出向量与偏好关系列向量的余弦相似度计算权重向量。公式如下：

$$\min \sum_{i=1}^{n} \sum_{j=1}^{n} \frac{w_i a_{ij}}{\sqrt{\sum w_i^2} \sqrt{\sum a_{ij}^2}}$$
$$\text{s. t.} \sum_i w_i = 1 \tag{2-4}$$

比较有趣的研究方向是综合上述导出方法的结果进行权重向量合成[66-67]，以及比较分析上述方法的优势[60,68]。关于这些方法的优劣争论依旧存在[51,58,69-73]，这也正是研究得以发展的动力之一[52]。

乘性偏好关系的权重向量计算结果相对成熟和完善，单纯的向量计算研究已经较少。当前的主要研究是比较矩阵一致性改进、不完整比较矩阵权重向量计算、比较矩阵的实际应用等。

2.1.1.2　模糊偏好关系权重向量计算

模糊偏好关系（又称互补判断矩阵、加性偏好关系）是本书研究的主要偏好形式之一，此处的模糊偏好关系不同于模糊层次分析法[74-76]，其两两比较取值于 [0, 1] 区间上二元关系[77-83]。模糊偏好关系是乘性偏好关系的补充和发展，推广了 Saaty 经典的 1~9 刻度，对不确定问题具有更广的度量方法。模糊偏好关系的导出排序的方法有多目标优化导出法[78]、特征向量法[79]、目标规划法[80]、最小偏差法[81]、对应原则法[82] 和线性规划法[83] 等。

Mikhailov[77] 通过模糊规划方法获得模糊偏好关系的权重向量，他的思想实际上是乘性偏好关系的推广。对于给定的截 α_l 和模糊区间 $F_l = [\,l_{ij}(\alpha_l)\,,\ u_{ij}(\alpha_l)\,]$，权重向量 $w = (w_1,\ w_e,\ \cdots,\ w_n)^T$ 满足不等式：$l_{ij}(\alpha_l) \leqslant \dfrac{w_i}{w_j} \leqslant u_{ij}(\alpha_l)$。

实际上这是将乘性偏好关系中权重向量对应元素比例等于偏好值扩展到一个模糊区间。对上式进行变换获得如下优化模型：

$$\max \lambda$$
$$\text{s. t. } d_k \lambda + Rw \leqslant d_k$$
$$\sum w_i = 1 \tag{2-5}$$

其中，λ 模糊区域隶属函数，R 为 w 的生成域，d_k 为容忍参数。

多目标优化导出法[78] 实际上是上述方法的扩展，其将函数（2-5）的单目标函数进行扩充，引入 fittness 函数 f 和 unfittness 函数 u，将优化函数（2-5）进一步转换为如下多目标优化模型：

$$\max \lambda$$
$$\min u,\ f$$
$$R,\ \lambda \tag{2-6}$$

Xu 和 Da[81] 提出了最小偏差法计算导出权重向量，他们的方法是通过将模糊偏好关系进行转化，然后运用最小偏差建立如下优化模型：

$$\min \sum_{j=1}^{n} \sum_{i=1}^{n} \left[9^{2p_{ij}-1}(w_i/w_j) + 9^{2p_{ji}-1}(w_j/w_i) - 2 \right]$$
$$\text{subject to} \begin{cases} \sum_{i=1}^{n} w_i = 1, \\ w_i > 0,\ i = 1,\ 2,\ \cdots,\ n \end{cases} \tag{2-7}$$

将模糊偏好关系转化为乘性偏好关系并计算导出向量是异质偏好关系中常见的处理方式。在早期的研究中，偏好关系之间的相互转化是主要的研究分支，因为从理论上实现相互转化后乘性偏好关系的经典方法均可以推广到模糊偏好关系上。

对应原则法[82] 和线性规划法[83] 两种方法的思路是最小化偏好值与权重向量之间的偏差，两者的区别是建立目标函数的过程不同。

综上所述，由于乘性偏好关系和模糊偏好关系存在转换关系，因此两种偏好关系的导出权重向量过程和思路类似。尽管对模糊偏好关系的权重向量导出的研究要少于乘性偏好关系，但是在实际应用中，由于模糊偏好关系更具有操作性，所以它是一种更加实用的决策技术。

在大规模候选方案的排序中，现有的排序方法需要求解线性方程组或者优化模型，线性规划或者非线性规划由于计算复杂度受到前所未有的挑战，因此，发展新的模糊偏好关系导出权重向量方法是这一领域新的研究方向之一。本书将针对这一问题提出计算时间成本更低的模糊偏好关系权重向量计算方法。

2.1.1.3 残缺偏好关系的权重向量计算

残缺的偏好关系权重向量计算是根据实际管理应用的需要而产生的，由于决策者的实际行为受到个体知识局限或者自身习惯，其对不确定问题很难进行全部比较并得到完整的偏好关系，因此实际决策中需要考虑不完整的偏好关系[84-93]。

Bozóki 等[85] 和 Bozóki 等[86] 研究了残缺乘性偏好的权重向量计算，他们发现这一问题可以转化为一个线性方程组来求解，其中系数矩阵是判断矩阵的阶，并且他们将这一结果运用到 14 名不同时期网球选手的排序中。他们将最小二乘法转换为线性方程组进行求解，从理论上实现了大规模残缺偏好关系的求解。对数最小二乘法求解残缺偏好关系是就已知元素实现偏差最小，具体如下：

$$\min \sum_{(i, j): a_{ij}} \left[\log a_{ij} - \log\left(\frac{w_i}{w_j}\right) \right]^2$$

$$\text{s. t.} \sum w_i = 1 \tag{2-8}$$

优化模型（2-8）可以通过图论理论转化为线性方程组（2-9）。矩阵中顶点之间的边实际上就是行列对应位置元素完整与否的二元关系变量。

$$\begin{pmatrix} d_1 & -1 & \cdots & -1 \\ -1 & d_2 & \cdots & -1 \\ \vdots & \vdots & \vdots & \vdots \\ -1 & -1 & \cdots & d_n \end{pmatrix} \begin{pmatrix} y_1 \\ y_2 \\ \vdots \\ y_n \end{pmatrix} = \begin{pmatrix} -r_{i1} \\ -r_{i2} \\ \vdots \\ -r_{in} \end{pmatrix} \tag{2-9}$$

其中，d_i 是定点的度，y_i 是权重向量对应的元素的对数，r_{ij} 则是已知元素行对数和。模型（2-9）为大规模残缺偏好关系的导出权重向量求解开创了一条道路。

实际上，对于残缺偏好矩阵来说，完整偏好关系导出方法都是适用的，只是原优化模型变成只有已知元素参与的优化模型。但是，优化模型的求解却成为障碍，大规模的优化模型求解本身就是一个难题。特别是非线性优化模型，计算效率将成为这些方法的瓶颈。

Harker[89] 给出了填补空缺值的另一种方法，他认为空缺值实际上是与该顶点相连接的所有定点的平均值。

Ergu 等[87] 研究了残缺乘性偏好的填充问题，他们研究发现，保持最优一致性的比较值满足 $AA-nA$ 等于 0，其中，A 是 n 阶判断矩阵。根据这一原理，建立优化模型可以求解缺失值。他们研究发现，$AA-nA$ 得到的矩阵与偏好矩阵的一致性存在如下关系：

$$AA-nA=\begin{cases} =0 & a_{ik}a_{kj}=a_{ij} \\ \approx 0 & a_{ik}a_{kj}\approx a_{ij} \end{cases} \tag{2-10}$$

在此基础上，求残缺位置元素实际上是建立优化模型获得 $AA-nA$ 最优解的过程。因此，该方法先填充缺失元素，然后导出权重向量。

Gomez-Ruiz 等[88] 用多层感知机神经网络预测缺失值，并得出关键结论，填充后的判断矩阵缺失值依赖于原始矩阵的一致性程度。也就是说，对于一致性程度较低的判断矩阵，不可能通过填补缺失值提升一致性。

其他缺失值填补方法有图论[89]、后向传播神经网络[90]、蒙特卡洛模拟[91] 和优化方法[92-93] 等。

通过上述文献分析，乘性偏好关系和模糊偏好关系的权重向量计算是异质偏好集结的根本问题。残缺的偏好关系权重向量导出可以分为先填充缺失值然后导出权重向量和根据判断矩阵的已知元素直接导出两种。对两种方法的研究是群体决策偏好关系集结研究的重要组成部分。前者方法中的填充元素实际上是预测偏好值，在实际应用中将受到限制，因为有些决策问题的偏好值预测并无实际意义。在大数据和信息技术背景下，处理大规模候选方案排序和大规模群体决策是当前偏好关系集结研究面临的主要问题之一，本书就这一问题展开进一步研究。

2.1.2　异质偏好的直接和间接集结

本书主要研究的异质偏好关系包括偏好序、效用值、乘性偏好关系和模糊偏好关系。因此，本小节将对包含上述四种偏好关系的群体决策偏好的直接集结和间接集结进行综述。

（1）乘性偏好集结是群体决策研究初始阶段的主要方向[94-101]。这一类研究主要从两个角度入手：一是集结个体偏好判断（AIJ），二是集结个体权重向量（AIP）。两类问题采用的数学方法都是加权算数平均和加权几何平均，两者的区别是，前者对偏好矩阵进行集结，后者对导出权重向量进行集结，两类方法均符合帕累托最优原则[96-97]。

设 $W^k=(w_1^k, w_2^k, \cdots, w_n^k)^T$ 是第 k 个决策者（$A^k=(a_{ij}^k)$ 是判断矩阵）的导出向量，$(\lambda_1, \lambda_2, \cdots, \lambda_K)$ 是决策者的决策权重。群体偏好向量 $W^G=(w_1^G, w_2^G, \cdots, w_n^G)^T$ 的加权几何平均集结是将偏好向量对应元素进行几何平均，然后进行归一化处理，得到的群体偏好如下：

$$w_i^G = \frac{\prod\limits_{k=1}^{K}(w_i^k)^{\lambda_k}}{\sum\limits_{i=1}^{n}\prod\limits_{k=1}^{K}(w_i^k)^{\lambda_k}} \tag{2-11}$$

对于集结个体偏好判断（AIJ）来说，群体偏好向量 $A^G = (a_{ij}^G)$ 的加权几何平均集结是将个体判断矩阵对应元素几何平均如下：

$$a_{ij}^G = \prod\limits_{k=1}^{K}(a_{ij}^k)^{\lambda_k} \tag{2-12}$$

但是，Ramanathan 和 Ganesh[101] 认为，当采取特征向量法导出乘性偏好权重时，集结个体判断不满足上述原则。Forman 和 Peniwati[96] 认为，于判断和权重的两类集结方案应取决于个体之间是否存在协同关系。因此上述结论表明，这两类集结方案应有适用条件和具体的决策关系前提，这给群体偏好集结的应用带来了不便。

（2）在异质偏好的集结中，更被关注的问题是如何处理异质偏好关系。早期的异质偏好集结研究主要探讨如何将异质偏好关系转化为统一的偏好形式，实际是实现偏好关系之间的相互转化。

Chiclana 等[27] 研究了偏好序、效用值、乘性偏好关系和模糊偏好关系等不同形式偏好的性质，并提出了不同偏好之间的转化函数，运用序权重几何平均算子（OWA）完成偏好集结。该文中使用的方法和例子成为异质偏好研究中用于比较不同方法的基准。

例如：偏好序 o_i 与效用值 u_i 之间的转换通过如下函数完成：

$$u_i = f(n-o_i) = \frac{n-o_i}{n-1}, \quad i=1, 2, \cdots, n \tag{2-13}$$

乘性偏好关系 a_{ij} 和模糊偏好关系 p_{ij} 之间的转换通过如下函数完成：

$$p_{ij} = f(a_{ij}) = \frac{1}{2}(1 + log_9 a_{ij}) \tag{2-14}$$

Herrera-Viedma 等[17] 提出了异质偏好结构的共识达成模型，其中，集结模型仍然使用的是转化函数和 OWA 选择算子，该文中偏好交互反馈调整的迭代共识达成机制成为日后研究的热点。Chiclana 等[29] 提出了一种模糊多目标决策模型研究偏好序、效用值和模糊偏好关系三种偏好形式的集结。关于转化函数的研究还包括偏好序与效用值[30]、模糊偏好关系与乘性偏好关系[31]、语义偏好转化等[102-104] 等。

（3）异质偏好的直接集结方法。不通过异质偏好形式转化，直接从异质偏好形式中得到群体偏好，称为异质偏好的直接集结。2004～2012 年是这一类研究比较集中的时期，学者主要采用优化方法，建立不同形式的目标函数，其目的是寻求与不同偏好形式"距离最近"的优化解作为群体偏好，主要"距离度量"方法有卡方优化、线性和非线性优化等。

Fan 等[33] 建立了乘性偏好关系和模糊偏好关系集结优化模型，其目标函数是最小化群体偏好距离与乘性偏好和模糊偏好之间的欧氏距离，算例证明通过该方法得到的群体偏好比通过转换函数和选择算子得到的偏好有更小偏差。

Wang 和 Parkan[105] 同样对乘性偏好关系和模糊偏好关系进行了研究，他们的方法结合了主观信息和客观信息，形成了三类多属性决策模型并探讨了模型的参数。

Ma 等[34] 研究了偏好序、效用值、乘性偏好关系和模糊偏好关系四种偏好关系集结优化模型（2-15）。该文中的优化解来自严格的数学运算，获得了优化函数的解析解形式，为异质偏好集结研究奠定了基础。

$$\min \sum_{k=1}^{m_1} \sum_{j=1}^{n} \sum_{i=1}^{n} (w_i u_j^{(k)} - w_j u_i^{(k)})^2 + \sum_{k=m_1+1}^{m_2} \sum_{j=1}^{n} \sum_{i=1}^{n} (w_i(n-o_j^{(k)}) - w_j(n-o_i^{(k)}))^2 +$$

$$\sum_{k=m_2+1}^{m_3} \sum_{j=1}^{n} \sum_{i=1}^{n} (w_i - w_j a_{ij}^{(k)})^2 + \sum_{k=m_3+1}^{m_4} \sum_{j=1}^{n} \sum_{i=1}^{n} (w_i - (w_i + w_j)p_{ij}^{(k)})^2$$

$$\text{subject to} \begin{cases} \sum_{i=1}^{n} w_i = 1, \\ w_i > 0, \ i = 1, \ 2, \ \cdots, \ n \end{cases} \tag{2-15}$$

Xu 等[26] 提出了非线性模型用于集结偏好序、效用值、乘性偏好关系和模糊偏好关系四种偏好关系，他们的目标函数是二阶范数，并且用遗传算法解优化模型（2-16）。但是，这种优化模型的求解依赖于初值的给定，需要确定群体偏好向量每一分量的先验比较值或者取值范围。

$$\min \left(\sum_{k=1}^{m_1} \sum_{j=1}^{n} \sum_{i=1}^{n} \left| w_i - u_i^{(k)} \Big/ \sum_{j=1}^{n} u_j^{(k)} \right|^p + \sum_{k=m_1+1}^{m_2} \sum_{j=1}^{n} \sum_{i=1}^{n} \left| w_i - \frac{n-o_i^{(k)}}{n-1} \right. \right.$$

$$\left. \Big/ \sum_{j=1}^{n} \frac{n-o_j^{(k)}}{n-1} \right|^p + \sum_{k=m_2+1}^{m_3} \sum_{j=1}^{n} \sum_{i=1}^{n} \left| a_{ij}^{(k)} - \frac{w_i}{w_j} \right|^p + \sum_{k=m_3+1}^{m_4} \sum_{j=1}^{n} \sum_{i=1}^{n} \left| p_{ij}^{(k)} - \frac{w_i}{w_i + w_j} \right|^p \right)^{1/p}$$

$$\text{subject to} \begin{cases} \sum_{i=1}^{n} w_i = 1, \\ w_i > 0, \ i = 1, \ 2, \ \cdots, \ n \end{cases} \tag{2-16}$$

Xu 等[35] 建立优化模型确定不同偏好的相对权重。Wang 等[36] 引入了卡方"距离"目标函数，研究乘性偏好关系和模糊偏好关系。其他异质偏好集结还包括区间数、语义模糊和梯形模糊数偏好关系等[106-107] 以及不完整偏好关系的集结[35,108-112]。

Ma 等[34] 的优化模型（2-15）和 Xu 等[26] 的方法（2-16）实际上都是从群体偏好与个体偏好的距离最小的思路出发，建立目标函数。两篇文献是优化方法直接获得群体偏好的代表研究成果。从形式上看，如果将偏好关系数值进行适当变换，则两者应该有等价的简化形式。

近期，异质偏好的集结研究主要转为决策共识模型的研究，这一内容将在后续章节中进行详细叙述。综上所述，异质偏好的集结问题经历了间接集结、直接集结和共识集结等过程，其中，间接集结和直接集结仍然是共识达成过程中的一个重要环节，尽管单纯的集结研究已经越来越少。

2.2　大群体决策行为挖掘

大群体决策者参与使决策实施者管理决策过程面临新的挑战。通过数据挖掘技术进行归类或者分类预测，能够帮助决策管理者、协调人和监督者等中立角色更有效地实施群体决策管理。一般过程是：根据大群体决策者的偏好和决策行为数据，运用数据挖掘算法，将大群体聚集成人数较少的子群，或者通过管理经验建立训练集，然后预测决策者类别等，目的都是达到对大群体决策者的有效管理。2014 年以来，群体决策的研究逐步转向复杂偏好、决策行为识别、偏好数据挖掘等，这成为大群体决策研究的新方向[10,14-15,19-21,41-43]。本节将综述数据挖掘中的聚类和分类算法以及它们在大群体决策中的运用。

2.2.1　聚类算法以及在群体决策中的应用

聚类是数据挖掘算法中具有广泛应用的一类算法。聚类是将数据对象划分成若干个子类的过程，在划分过程中，每一个对象均没有预先设定的类别，而是通过聚类算法进行分类，使未知标签数据对象的类别能够被发现。聚类的本质目的是将一组对象划分为若干簇类，同簇对象保持相似性，使异簇对象具有较大的差异。在大群体决策中，对未知类别的决策参与者进行聚类，能够将大群体划分为若干子群，对每一子群进行区别管理，即根据子群体的决策行为特征赋予不同的权重，促进大群体决策共识的达成。

聚类算法的研究已经有半个世纪的历史[113-114]。其中：一种基本的经典聚类算法是基于划分的聚类，而基于划分的聚类方法的代表性算法是 K-均值[115-116]，其聚类原理是随机选取 k 个初始聚类中心，然后将剩余对象分配给每个聚类中心，并计算每个簇的变差，重新计算每个簇的均值作为新的聚类中心，再次分配数据对象,直到聚类条件达到或者迭代结束;另一种基本聚类是基于层次的聚类,其开发的主要动力是基于对在不同层上进行组群划分的需要。但是,在实际应用中,除了划分簇类,还需要可视化数据对象的层次结构。例如,在线销售中对不同等级的消费者进行产品推介,人力资源管理中对不同级别管理人员在层次上进行聚类、生物学中对不同等级生物链条的聚类分析等。层次聚类作为主要的数据挖掘方法,具有广泛的应用领域和实用价值,已经在金融、通信、电子商务、决策分析等管理领域被广泛研究。层次聚类方法主要分为凝聚层次聚类(AGNES)和分裂层次聚类(DIANA)[117-118]。分裂方法首先将所有对象作为一个簇类,然后根据对象的相似性进行划分,形成较小的簇,进行递归划分,直至达到预设的簇划分要求。凝聚方法首先将每一个对象作为一个簇类,然后根据对象之间的相似性进行合并,直到达到预设的终止条件。

目前,在群体决策中运用比较成熟的聚类算法是 Palomares 等[14]创立的,他们采用模糊均值聚类算法对大群体进行划分。模糊均值聚类的优点是可以根据模糊隶属度函数划分对象的群组归属,并且用于决策者影响权重的确定。

国内学者陈娜[119]研究了犹豫模糊环境下的决策聚类算法,她在论文中定义了犹豫模糊环境下的系数公式和关联矩阵,并研究了相关的层次聚类和均值聚类算法。

刘蓉[49]推广了模糊均值聚类算法,并在此基础上提出了基于模糊均值聚类的一致性修正方法以及分布异构式多属性大群体决策的关联算子模型。

通过上述文献分析,可以发现聚类算法在群体决策中的应用仍处在探索阶段,在异质偏好环境下,目前还没有方法能够解决异质偏好的聚类问题。主要的困难是,在不同的属性决策和偏好形式下,定义聚类时需要的数据对象之间的"距离"并非显而易见。常用的欧几里得距离并不是有效的,例如,偏好序是向量形式,而模糊偏好关系则是判断矩阵,两者之间的"距离"并不能通过欧氏距离进行简单的定义。

综上所述,对于异质偏好关系,传统的欧氏距离定义并不有效,特别是向量与矩阵之间的距离度量,这一障碍限制了数据挖掘中聚类技术的运用。未来研究的主要方向是不同决策环境下的不同偏好形式之间"距离"的定义,使更多的聚类算法得以"施展拳脚"。本书将提出异质偏好的距离度量方法,并在大群体决策中进一步引入数据挖掘方法。

2.2.2 分类方法和知识驱动的群体决策

分类是数据挖掘三大算法之一。在人工智能和工业应用中有广泛的实践基础[120-127]。分类算法的目的是将给定数据集中的元组划分为预先设定的类别。一般的分类过程是将数据集划分为训练集和测试集，在训练集中训练学习算法，然后在测试集中进行准确性验证，所以，分类算法同时也是预测模型。

分类过程实际上由两个阶段组成：第一阶段是学习阶段，通过已经标识类别的数据进行模型构建；第二阶段是分类阶段，通过分类模型预测给定数据的类标号。在分类器的性能评价中，预测能力是最重要的评价指标。近年来，随着互联网以及科学技术的快速发展，数据被大量地生产和收集，为大数据分析和知识挖掘提供了良好的契机。在电子商务、工程技术、智能制造、金融产品、医疗技术等领域中，基于大数据的分类技术已经成为产业发展和决策支持的重要基础。

但是，在大量的数据生产和收集过程中，不同类别的数据往往分布不同，并且不同类别数据的数量具有很大的差别。例如，在生产过程中，不合格产品仅仅是一小部分；在医疗检测过程中，癌症患者与健康人群的比例非常小；在信用卡欺诈检测中，欺诈行为仅仅是个别现象。但是，这些小数据类却是最受关注和最重要的部分。在大群体决策中，对决策者根据管理经验和先验知识建立训练集，然后预测决策者的类别，根据分类结果确定分配决策影响权重，从而实现对决策者的有效管理。根据群体行为理论，非合作决策者仅仅是决策中的少数人。因此，在大群体决策实施过程中，需要关注少数决策行为，准确地识别非合作决策者，并采取相应的管理措施。

目前，经典的分类算法包括基于规则、优化、贝叶斯理论等形成的决策树、贝叶斯分类、人工神经网和支持向量机等分类算法[128-132]。分类算法的应用涵盖金融欺诈检测、情感分析、文本挖掘、制造业质量控制以及医疗检测等众多领域[123-144]，其是目前数据挖掘中最为活跃的研究领域之一。

2.2.2.1 不平衡分类算法

不平衡数据集是分类算法研究中最重要的课题之一[133-145,145-146]。现实世界中，不同类别数据的原始分布并不相同，表现为不同类别标签的观测值个数比例差异较大，例如，在网络入侵检测的 KDD99 数据中，数据较多的类与较少的类的数据量比例超过了 10000 : 1。再比如计算机安全、信用卡检测、疾病检测等领域也广泛存在数据不平衡的现象。在这些不平衡数据集中，分类算法最关注的是数据中少类数据的准确性。虽然部分文献表明在个别特殊的数据集中，不平衡数据不影响算法的准确率[149-150]，但是经典的分类器在绝大多数不平衡数据集中的表现随之下降[147-148]。因此，不平衡分类也被认为是数据挖掘领域的十大挑战性问题之一[123]。目前不平衡分类技术主要有：

（1）抽样方法。这一类算法采用抽样技术重构数据集，常用的方法是随机欠抽样和过抽样[144-146]、混合抽样[151] 和提升抽样[152]，其目的是通过各类抽样方法使不同类别的数据达到平衡以提升分类的准确性。但这一类方法改变了原始数据集，人工制造的新数据集使原始数据集中的重要信息缺失或者增加，影响分类算法的泛化。

（2）支持向量机的改进算法。支持向量机在解决不平衡数据问题时，已有的研究支持向量机与抽样方法的组合使用[153]，有的研究针对不平衡数据集调整支持向量机的分类边界，主要方法有边界移动、误差惩罚列边界对齐等[154]。

（3）离群点检测。这类方法将数据集中的极少数类作为数据集中离群点进行分离，也被称作是单点分类[155]。

2.2.2.2 代价敏感算法

代价敏感（Cost Sensitive）作为处理不平衡数据的方法越来越受到广泛的关注[132,137-138,156-168]。代价敏感方法的思路来自经济学领域中数据被错误分类的代价[169]。相应地，这一算法通过对少类数据的误分类赋予较高的成本，对多类数据的误分类赋予较低成本，使分类的总成本最小，以提升分类器在不平衡数据集中的性能。代价敏感方法不需要通过抽样制造新的数据集，而是通过成本矩阵控制误分类成本达到总成本最低。后来，代价敏感方法被用来分类不平衡数据，并且已经被验证在某些数据集中是处理不平衡数据的有效方法，其分类准确率超过了传统分类器[170]。随着代价敏感算法的发展，不同的算法对代价（成本）的定义和使用并不相同，定义方式包括类别不平衡比[134]、错分类成本[171]、检测成本[136] 以及惩罚系数[159] 等。目前关于代价敏感算法的主要研究方法有代价敏感抽样[172] 和传统分类算法的代价敏感改进[132,159,171,173]。前者将设定成本作为数据的权重，在抽样过程中具有较高成本的数据被选取的概率高于较低成本的数据，如代价敏感提升[172,174]；后者将成本引入传统的决策树[132] 和神经网络[173] 等分类算法中。其中，代价敏感的决策树是在节点分裂规则和剪枝策略中加入成本，导出新的决策树算法。神经网络算法是对输出节点的概率估计和错误总成本等进行优化计算，得到最优参数。

2.2.2.3 基于优化的分类器

近十年来，基于优化的分类技术在数据分析和挖掘领域得到了长足的发展[128-131,133-135,175-176]。除支持向量机之外，多目标线性规划（MCLP）和多目标二次规划（MCQP）是这一领域最新算法的代表性成果，并且在信用卡风险预测、网络入侵检测、公司破产预测和垃圾邮件检测[134-135,146,175-176] 等领域得到了广泛的应用。基于多目标优化的分类模型建立了多个目标准则，常见的两个目标准则（MCLP）是最小化点到超平面的重叠距离、最大化点到超平面的距离。多目标优化问题的帕累托解即是分类边界，因此，多目标优化分类技术是支持向量机的扩展。多目标二次规划可以直接利用极值条件求解并处理大规模数据集分类问题[133]。其他多目标优化分类方法有惩罚的 MCLP[134] 和多组多目标规划[176] 等。

但是,多目标优化分类模型的目标函数设定准则是最大正确分类点到超平面的总距离和最小化错误分类点到超平面的总距离,因此当分类数据集不平衡时,超平面会被"推向"少类数据分布的边缘,导致少类数据分类准确率下降。甚至,当数据集中少类数据占比很小的时候,分类器会失去对少类的识别能力,而将少类数据全部分为多类。

归纳起来,聚类和不平衡分类是大群体决策中最重要的两类数据挖掘算法。分类和聚类在大群体决策中的作用相似,都是对决策者进行划分或者分类,便于决策管理者(实施者、监督者或者组织者)识别决策者的群组或者类别,实现群体决策共识。但两者的区别是聚类实现未知群组的划分,而分类需要知识驱动来进行分类器的训练。

经典分类器和主要不平衡分类技术如表 2-1 所示。

表 2-1 经典分类器和主要不平衡分类技术

方法	代表算法
经典分类器[128-132]	决策树 C4.5
	朴素贝叶斯
	逻辑斯蒂回归
	RBF 网络
	多层感知机
集成方法	提升 M1[233]
	装袋[234]
数据预处理	混合少类抽样(SMOTE)
	单边选择(OSS)[141]
	紧致近邻规则[235]
混合抽样方法	SMOTE Wilson's 近邻(ENN)[236]
	SMOTE Tomek Links[237]
代价敏感分类器	代价敏感 SVM
	和传统分类算法的代价敏感改进[132,159,171,173]
	代价敏感抽样[172]

总而言之,对数据挖掘算法的研究和应用是大群体决策中的核心环节之一,

聚类算法已经被引入到大群体决策中，而不平衡分类技术与大群体决策的结合研究将是群决策领域一个新的尝试。并且，对适合大群体决策的数据挖掘算法的研究也是重要而十分有价值的工作。在实际应用中，优化分类器是处理大规模计算的主要方法，它的计算空间和计算时间效率均在工业中得到实际验证，本书将改进多目标二次优化方法，以提升对不平衡数据进行分类的性能。

2.3 群体决策的共识（Consensus）模型

早在 2001 年就有学者对异质偏好下的群体决策共识问题进行了系统研究[17]，长期以来，共识问题是群决策研究的热点问题，群体决策共识是指群体偏好意见一致或者对群体偏好达成妥协状态。近年来，决策共识达成过程被认为是群体决策领域最重要的研究对象[40]。本节将介绍群体决策的理论基础、群体决策行为理论和群体决策的方法论。

2.3.1 群体决策基本理论

本小节简单介绍群体决策的理论基础，这也是本书研究内容的理论来源。群体决策具有坚实的理论基础，主要是来自经济学领域的社会选择理论和效用理论，在理论研究过程中，社会学、心理学、行为学和数学等学科知识的交融和发展为群体决策理论注入了新鲜的血液。正因为如此，群体决策在不同学科领域的定义和研究侧重有所不同。例如：经济学研究中的群体决策更关注群体博弈行为和决策效用的最大化；而管理科学中的群体决策更关注决策机制和共识实现过程；行为科学研究侧重的是行为实验和行为特征；社会心理学研究侧重社会对群体心理的影响、个体的偏好随着外部因素影响的变化趋势等。对于群体决策的一般定义也因为研究目标的不同而存在较大差别。

徐玖平和陈建中[45] 从系统论的角度对群体决策进行了定义，即群体决策是由决策者、决策评价、决策方法、决策方案和决策环境构成的复合函数。李怀祖[177] 则认为群体决策是决策者相互竞争或者相互合作的抉择。Hwang 和 Lin[178] 的定义在管理科学中被广泛采用，他们认为"群体决策就是把不同成员的偏好按某种规则集结成决策群体的一致或妥协的群体偏好序"。

其他关于群体决策的研究中，Luce 和 Raiffa[179] 的关注点是"集结"唯一社会偏好，Bacharach[180] 的关注点是"协调"群体意见一致，Keeney[181] 的关注点是"消除"群体中个体不公平等。

总而言之，群体决策就是把决策群体的意见进行集中从而实现集体民主和发挥集体智慧的方案选择及抉择过程。

（1）社会选择理论。社会选择理论是群体决策的理论来源之一，其研究的内容是个体偏好排序和群体偏好排序之间的关系。诺贝尔经济学奖获得者阿罗著名的"不可能性定理"[182-183] 总结了社会选择理论的基本原理（包括两个公理和五个条件）。社会选择理论实际上表明任何一个决策方法都有适合使用的规则，没有任何一个方法是最优的。因此，研究群体决策中共识模型和帕累托最优方案是具有理论意义的工作。

（2）效用理论。效用理论也是群体决策的基础理论之一。在效用理论的完备和发展阶段，效用的存在公理逐渐完善和建立[184]。效用理论是决策者对决策对象的喜好程度，因此实际上是量化的偏好，满足 7 个公理[184]，分别是自反性、完备性、传递性、连续性、控制性、独立性和替代性。公理化的效用度量作为群体决策的来源，使决策偏好的度量具有坚实的理论基础。在群体决策中，偏好形式的测度和距离度量及不同偏好形式的刻度等都建立在效用理论公理的基础上。一个显然的结论是，无论是欧几里得距离、赋范空间的范数度量或者空间解析几何的矢量运算，还是线性空间的投影、模与范畴等抽象概念中的距离度量，都是满足公理化的距离定义，因此将其引入决策偏好度量必然满足效用存在性公理。

（3）行为决策理论。诺贝尔经济学奖获得者赫伯特·亚历山大·西蒙[2] 在行为主义理论中提出决策者是追求执行结果的"满意"状态和具有"有限理性"原则的"社会人"（"行政人"），而不是"经济人"。群体决策中的参与者会选择令他最满意的结果，但是不会完全理性地看待决策的内外部因素，而是根据外部环境改变他的偏好选择。在这一理论基础上，人们开始关注决策者行为对群体决策的影响，行为决策过程分为判断和选择两个步骤，更加贴近人类决策的实际情景，紧密结合决策的实际过程。研究成果有前景理论等[185-186]。

行为决策理论的主要内涵是：决策者并非完全的理性人，会受到外部信息的限制，容易产生决策偏差。但是，决策者会充分了解已知信息，判断风险和收益关系，在风险可控前提下，选择满意的方案。因此决策者的决策行为研究对群体决策具有重要的意义。

（4）福利经济学定理。福利经济学第一定理和福利经济学第二定理指出，均衡配置和帕累托最优配置之间存在对应关系。而帕累托最优则是群体决策共识的基本状态，是决策者之间达到的均衡过程。在微观经济学模型中，建立均衡模型，求解帕累托最优解，通过福利经济学定理获得解的均衡性。这一研究过程实际上与群体决策的研究过程一致。

综上所述，群体决策的基本理论基础是社会选择理论、效用理论和行为决策理论。群体决策研究具有科学理论的支撑，根植于管理实践行为，是理论与实践相结合的研究领域。

2.3.2 群体行为与群体决策

群体行为是指群体决策活动中个体受外部影响，放弃原先观点，融入群体意见，最后导致群体意见趋于一致的过程。群体行为是群体决策的重要理论基础，也是群体决策中的共识理论、交互式偏好调整、协调和妥协等机制设计的理论来源。群体行为理论的奠基人，法国著名的社会心理学家、群体心理学创始人古斯塔夫·勒庞[187]认为，社会活动或者群体活动中存在趋同现象，这就是著名的"群体精神统一性的心理学定律"。这种群体活动的一致化过程存在是由社会压力或者心理效应产生的动力，导致个体改变态度。简单地讲，这是一种个体从众心理。到目前为止，群体行为的研究已经延伸到了行为科学和心理学等领域[188-189]，成果非常丰富。代表性的成果有 Janis[190-191] 的群体思维理论，他提出了群体思维的两面性，并对群体决策产生的正面和负面影响进行了系统分析，他认为群体数量趋于变大时，群体思维不利于群体决策的客观性。这一观点在 Janis[192] 的研究中得到进一步延伸，他认为大群体决策中的群体行为对决策结果影响更大。此外，群体中的非理性行为[193-195] 和群体决策的协调机制[13,196-197] 研究也是群体行为研究中的热点问题。

归纳起来，这一领域的研究是大群体决策机制的理论前提，即决策的组织者或者实施者能够针对群体决策中的冲突和不同意见通过协调处理、综合评判而达成意见共识。本书的研究建立在群体行为理论基础上，是群体决策支持系统和大群体共识机制的理论支撑。

2.3.3 群体决策共识过程

共识达成（或者共识模型、共识机制）是共识决策研究的核心内容，也是目前群体决策研究最活跃的领域。偏好关系是决策者表达对候选方案偏好的载体，也是最常见的决策工具之一。20 世纪 80 年代，迭代调整个体偏好直至达成共识的交互形式共识研究开始兴起，共识达成过程被称为交互式决策共识过程[198-201]。Xu 和 Cai[217] 提出了一种迭代算法，该算法通过优化确定决策者模糊偏好的权重，即当群体偏好无法达到共识度量时要求决策者修改偏好，直到满足共识度阈值。这一类决策共识达成中，决策实施者将控制群体共识程度，如果不能达到一致，将中止决策或者在交互过程中将群体偏好信息返回给决策者，要求进行偏好调整。因此，交互形式的群体决策共识需要提前设置共识控制参数，如果集结的群体偏好不满足参数设置要求，则将群体偏好意见返回给决策者进行评估调整，然后进行偏好迭代，再次进行集结，直至共识程度满足预设参数阈值要求。

交互式群体决策分为决策共识控制、数值型决策共识、异质偏好决策共识和大群体决策共识。

2.3.3.1 共识度测量指标

共识度指标是根据决策者偏好结构设定的共识水平的测度，用来衡量群体偏好与个体偏好的接近程度。对于共识度量的研究是群体决策研究的一个重要分支[202]。

一般来说，共识度指标可以分为硬约束和软约束两种指标。硬约束是计算出的个体偏好与群体偏好之间的"距离"，它们可以通过个体判断矩阵和群体判断矩阵的距离进行定义。Escobar 等[203] 设计了群体决策中个体与群体偏好之间的误差指数，定义如下：

$$\frac{2}{(n-1)(n-2)} \sum_{i<j} \log\left(a_{ij}^{(k)} \frac{w_i^{(k)}}{w_j^{(k)}}\right)^2 \qquad (2-17)$$

式（2-17）被称为几何共识指数。在此基础上他们还定义了群体决策共识指数，该指数指标是典型的硬约束指标。

Herrera-Viedma[17] 提出的硬约束实际上是建立在个体偏好向量与群体偏好向量的位置偏差之上的。候选方案为 x_j，个体偏好向量中的位置序数为 $V_j^{(k)}$（即候选方案 x_j 排序处在第 $V_j^{(k)}$ 位），群体偏好响铃中位置序数为 V_j^G，定义如下函数：

$$f(V^G - V^i) = \left(a \cdot \frac{V^G - V^i}{n-1}\right)^b \in [0, 1] \qquad (2-18)$$

其中，a 是 $1/(n-1)$，b 的取值是 0.5、0.7、0.9 和 1。候选方案 x_j 的群体决策共识程度的计算如下：

$$1 - \sum_{i=1}^m \frac{f(V^G - V^i)}{m} \qquad (2-19)$$

其中，m 是决策者个数。对上述个体候选方案进行集成就成为群体决策共识的度量指标。

其他距离定义包括个体偏好排序与群体偏好排序的位置相似程度[17]、群体偏好与个体偏好之间的模糊度[204] 和距离函数[205] 等。例如：在 Quesada 等[15] 的研究中，利用群体偏好矩阵与个体偏好矩阵的对应位置元素的偏差来定义共识程度。

上述共识指标在群体决策中的应用非常广泛。软约束指的是语义评价，即对群体偏好的满意程度，主要通过决策者中相同意见的比例或者肯定意见群体进行语义度量[206]。González-Arteaga 等[207] 提出了一种关联共识测度。Chiclana 等[208] 提出了基于皮尔逊相关系数的共识测度。Herrera-Viedma 等[209] 则对"软"共识指标给出了精彩的综述。总之，软约束实际上是通过模糊语义的评价思路，定义不同的模糊隶属函数，对群体决策共识程度进行度量。群体决策共识度量的相关研究如表 2-2 所示。

表 2-2　群体决策共识度量相关研究（2013~2017 年）

作者	杂志	计算方法
Dong 等[213]	*Decision Support Systems*	$GCI = \dfrac{1}{(n-1)(n-2)} \sum_{i<j} \log^2 \left(\dfrac{a_{ij}^{(k)} w_j^G}{w_i^G} \right)$
Wu 等[214]	*Decision Support Systems*	$GGCI = \sum_{k=1}^{K} \lambda_k \dfrac{1}{(n-1)(n-2)} \sum_{i<j} \log^2 \left(\dfrac{a_{ij}^{(k)} w_j^G}{w_i^G} \right)$
Escobar 等[215]	*Decision Support Systems*	$GOCI(A^{(k)}) = \dfrac{1}{n} \sum_{i=1}^{n} |v^{(k)} - v^G|$
Kacprzyk 和 Fedrizz[216]	*European Journal of Operational Research*	$GCI_H(A^{(k)}) = \dfrac{1}{n^2} \sum_{i=1}^{n} \sum_{j=1}^{n} a_{ij}^{(k)} a_{ji}^G$

其他关于异质偏好下的群体决策共识指标的研究还有 Beliakov 和 James[210]，他们的研究指出群决策共识指标可以分为两种：一种是个体偏好之间的距离度量，另一种是个体与群体偏好之间的距离度量。他们研究了共识指标的数学性质，并给出了新的度量指标，该度量指标集中了积分和相似度量等数学知识，是近年来新的群体决策共识度量思路。

基于乘性偏好关系的共识模型主要研究框架是：首先集结个体偏好，然后给出特定的指标分析共识程度[211-212]，最后进行个体偏好调整。Chiclana 等[212] 利用统计中非参数检验验证不同距离函数的显著性，他们认为不同的共识指标具有较大的差异，因此为了提升决策共识达成速度，在不同问题中应使用相应的决策支持策略。Dong 等[213] 提出了几何一致性指标衡量决策者的共识程度，然后进行偏好调整。Wu 和 Xu[214] 提出基于 Hadamard 乘积的共识指标。Escobar 等[215] 扩展了几何一致性指标。基于模糊偏好关系的共识模型则利用模糊逻辑和语义指标来度量共识程度[216]。总之，在群体决策中，共识的度量并没有统一的指标，不同的偏好集结方式和交互偏好调整均有不同的共识测度指标。

2.3.3.2　异质偏好下的群体决策共识模型

群体决策中由于参与者文化、社会背景和管理经验不同，对于决策偏好的掌握程度不同，因此，在决策中提供的偏好结构并不相同。考虑异质偏好结构的群体决策共识是群体决策中单一偏好结构问题的自然扩展，决策共识模型研究能够解决转换函数和优化模型集结群体偏好的共识度问题，受到广泛关注[40]。常见的异质偏好结构有效用值[17,30]、偏好序[17,30,219]、乘性偏好关系[3,50-51,68,71] 和模糊偏好关系[220-221] 等。

Dong 和 Zhang[39] 提出了一种异质偏好下的群体决策共识框架，他们的思路是：如果群体偏好不满足共识度量，则将群体偏好参考返回给决策者进行偏好修正，直至共识达成。该研究的一个贡献是根据群体偏好转换不同的偏好参考值，这是很有价值的决策偏好迭代方法。

Dong 等[222] 基于前景理论给出了偏好调整的方法。他们结合了经典的前景理论，在将偏好参考返回给决策者进行决策偏好调整时，利用前景理论给出修正值。Palomares 等[37] 则构建了异质偏好下的 Web 共识模型。

Perez 等[16] 定义了三种个体偏好与群体偏好的相似度，将决策者的共识程度分成高、中、低三类，并予以不同的权重调整模式，达成群体共识。该文是关于软约束共识的代表文献之一。

对于偏好值调整方法，一种方法是 Xu 和 Wei[229] 提出的，具体如下：

$$a_{ij}^{(t+1)} = \left(a_{ij}^{(t)} \right)^{\theta} \left(\frac{w_i^{(t)}}{w_j^{(t)}} \right)^{1-\theta} \tag{2-20}$$

另一种方法是 Dong 和 Zhang[39] 中提出的调整区间方法。以乘性偏好为例，他们给出的调整值应该满足如下区间：

$$a_{ij}^{(t+1)} \in \left[\min\left(a_{ij}^{(t)}, \ \frac{w_i^G}{w_j^G} \right), \ \max\left(a_{ij}^{(t)}, \ \frac{w_i^G}{w_j^G} \right) \right] \tag{2-21}$$

综上所述，异质偏好的共识模型框架基本是相似的，只是在共识度量、个体偏好的修正调整等环节存在细节差异。

2.3.3.3 大群体决策共识研究

大群体决策共识是本书研究的主要科学问题。大群体决策共识研究是近三年的研究热点，也是群体决策的新方向之一。随着互联网的兴起，社交网络的决策共识也成为大群体共识的主要研究对象[218]。大群体决策共识有两个典型特征：一是参与者群体数量庞大（一般认为超过 20 人[10]）；二是决策过程存在非合作行为。我们将 2013~2017 年的大群体决策相关研究的代表性文献进行整理，具体如表 2-3 所示。

表 2-3　大群体决策主要成果（2013~2017 年）

研究主题	作者	杂志
大规模群决策	Palomares 等[14]	*IEEE Transactions on Fuzzy Systems*
	Quesada 等[15]	*Applied Soft Computing*
	Palomares 等[20]	*Knowledge Based Systems*
	Xu 等[10]	*Decision Support Systems*
	Labella 等[21]	*Applied Soft Computing*

续表

研究主题	作者	杂志
非合作决策行为	Dong 等[18]	*Decision Support Systems*
	Xu 等[10]	*Decision Support Systems*
	Palomares 等[10]	*IEEE Transactions on Fuzzy Systems*
	Wu 和 Liu[223]	*Knowledge-Based Systems*
异质偏好下的群决策	Dong 和 Zhang[218]	*Knowledge-Based Systems*
	Perez 等[16]	*IEEE Transactions on Systems，Man，and Cybernetics：Systems*
	Dong 等[222]	*Applied Soft Computing*
	Chen 等[40]	*Information Fusion*
	Ureñaa 等[84]	*Information Sciences*
共识度量	González-Arteaga 等[207]	*Knowledge-Based Systems*
	Chiclana 等[208]	*Applied Soft Computing*
	Herrera-Viedma 等[209]	*Information Fusion*
	Beliakov 和 James[210]	*Applied Soft Computing*

大群体研究的代表是 Palomares 等[14] 和 Xu 等[10]，非合作行为的代表是 Dong 等[18]、Palomares 等[14] 和 Xu 等[10]。上述学者的研究引入了大群体决策新的研究模式，将数据挖掘、决策行为研究作为大群体决策研究的重要工具，并各自提出了管理大群体的权重调整模式。

Palomares 等[14] 研究了模糊偏好关系下的大群体决策（50 人）共识问题。他们第一次提出了基于数据挖掘的大群体决策管理思路，他们对大群体的决策者偏好调整过程中的行为进行数据挖掘，识别决策者的非合作行为，并根据非合作个体和非合作小群体行为特征提出了两种决策者影响权重的调整方案。他们的研究表明，两种方案中全局调整比局部调整更加有效，同时，他们采用了自组织映射实现决策过程的可视化，提升了决策实施者的管理效率。本书中模糊均值聚类的数据挖掘方法也是大群体决策中的首次使用。

Xu 等[10] 的研究建立在应急管理的案例之上，帮助来自不同领域的专家在地震后选择应急策略。在大群体管理方面，他们给出了模糊函数调整非合作的决策者影响权重系数，提升共识收敛速度。

Dong 等[18] 的研究主要针对非合作行为的监测和管理。他们虽然没有提及大群体决策，但对非合作决策行为进行了深入研究，定义了不同类型的非合作行为，如拒绝合作、远离群体偏好等。他们提出的多属性决策者影响权重因子调整方法同样对大群体决策管理具有借鉴意义。他们提出合作程度、公平性和专业技能三类属性。对于每一轮交互调整后的决策者权重系数，则通过求解优化模型获得。

Labella 等[21] 利用实验将不同的群体决策共识模型运用到大群体决策环境中，比较了不同方法在决策者人数众多时的变化，他们发现权重因子是与大群体决策共识收敛高度相关的因素。因此，他们提出了现有方法面临的主要挑战是权重因子调整的方法、优化模型在大群体决策中的计算效率、模型适用性及时间成本等。他们提出了未来的研究方向是在具体的管理应用中实现大群体决策的有效管理。

综上所述，大群体决策行为与共识研究实际上已经受到众多学者的关注。总体分为非合作行为研究、大群体偏好行为挖掘和群体决策者影响权重的调整等几个方面，并且已有研究对于经典方法在大群体决策中的表现和面临的挑战也进行了实验比较。但实际上，除大群体决策中存在的非合作行为外，还必须考虑决策参与者在大群体环境下产生异质偏好的情形。因此，研究大群体决策中的异质偏好关系是这一领域的现实问题。

2.4　本章小结

本章从异质偏好集结、大群体偏好决策行为挖掘和大群体决策共识模型三个方面详细综述了当前的研究进展和经典文献。大群体行为挖掘侧重于不平衡分类和决策中聚类方法的回顾。大群体决策共识研究则从共识度量、异质偏好集结和大群体决策共识三个方面逐步深入。本章对当前大群体研究的主流杂志文献进行了详细介绍，分析了当前研究需要进一步深入的方向，从而引出了本书研究的主题：异质偏好下的大群体决策行为与共识问题。

第 3 章　异质偏好关系集结研究

异质偏好关系（Heterogeneous Preference Relations 或 Different Preference Forms）是大群体决策共识问题中，决策者在参与决策时具有的基本偏好形式。由于大群体决策中参与者不再局限于专家小组或者咨询委员会，决策参与者的背景不同，因此对于决策结果的表达方式无法要求为统一的指定结构。不同种类的偏好形式是大群体决策中面临的主要决策特征，大群体决策共识首先要对异质偏好进行初步集结，从而得出群体偏好，然后根据共识程度进行决策个体偏好调整促使群体共识达成，因此，异质偏好的集结是大群体决策共识的首要环节。本章首先提出模糊偏好关系的权重向量计算以及在大规模候选方案排序中的应用，然后研究异质偏好的集结以及不完整偏好形式的集结问题。

3.1　异质偏好集结概述

决策偏好形式或者偏好关系主要包括偏好序、效用值、乘性偏好关系和模糊偏好关系及区间数偏好关系、模糊数层析分析法、犹豫模糊偏好、直觉模糊偏好、语义偏好等。本节主要研究偏好序（Preference Orderings）、效用值（Utility Values）、乘性偏好关系（Multiplicative Preference Relations）和模糊偏好关系（Fuzzy Preference Relations）四种偏好结构。

偏好集结的主要目的是将多个决策偏好集结成一个群体偏好。群体偏好需要考虑每一个个体的偏好，是个体偏好的妥协或者折中。因此，群体偏好可以认为是个体偏好的平均或者距离最接近每一个个体偏好的向量。在这个基础上，众多偏好集结方法不断被提出。早期研究单纯的集结方法，2010 年后逐渐转为异质偏好下的共识研究，此时的异质偏好集结开始服务于群体决策共识问题的达成，不再是一个单纯的科学研究问题。同理，对于异质偏好下的大群体决策问题，异质偏好集结原理的使用需要与大群体决策共识相配套，这成为决策共识研究的一部分。本节将简要介绍本书研究的主要异质偏好关系和已有的异质偏好集结方法。

3.1.1 主要异质偏好关系

本小节介绍异质偏好关系的主要特征和差异，以及异质偏好关系与导出权重向量之间的数理关系。

异质偏好是指由于决策者知识背景、个性偏好及决策经验不同，其在对不同的候选方案或者决策属性进行评价或排序时，决策偏好形式也不同。本小节将对本书研究的决策偏好形式进行概述。假设 $E=\{e_1, \cdots, e_i, \cdots, e_m\}$ 是一组 m 个决策者组成的群体；$X=\{x_1, \cdots, x_j, \cdots, x_n\}$ 是一组候选方案的集合；决策者导出权重向量用 $w=\{w_1, \cdots, w_i, \cdots, w_n\}$ 表示，主要异质偏好关系如下：

效用值[17,30]。$U=\{u_1, u_2, \cdots, u_n\}$ 是决策者根据对候选方案集合 X 的比较得出的一组效用值，其中效用值元素 u_i，$i=1, 2, \cdots, n$ 代表候选方案 x_i 的效用价值。一般地，$u_i \in [0, 1]$，并且，u_i 值越接近 0 代表候选方案 x_i 拥有的效用越低。相反，u_i 值越接近 1 代表候选方案 x_i 拥有的效用就越高。效用值与导出权重向量 $w=\{w_1, \cdots, w_i, \cdots, w_n\}$ 有如下关系：

$$w_i = u_i \Big/ \sum_{i=1}^{n} u_i, \ i=1, 2, \cdots, n \tag{3-1}$$

$$\frac{w_i}{w_j} = \frac{u_i}{u_j} \tag{3-2}$$

偏好序[17,30,219]。$O=\{o_1, o_2, \cdots, o_n\}$ 是决策者给出的偏好序集合，其排序是集合 $\{1, 2, \cdots, n\}$ 的一组置换函数。例如，某决策者对候选方案 $X=\{x_1, x_2, x_3, x_4\}$ 的偏好序是 $\{2, 1, 3, 4\}$，则候选方案的排序是 x_2, x_1, x_3, x_4，最佳方案是 x_2，最差方案是 x_4。从序数和效用值的对应关系来看，最小的偏好序对应最大的效用值。Herrera 等[31] 针对效用值和偏好序的转化定义了如下非减的转换函数 f：

$$u_i = f(n-o_i) = \frac{n-o_i}{n-1}, \ i=1, 2, \cdots, n \tag{3-3}$$

因此，偏好序的权重向量 w_i 与偏好序数 o_i 有如下关系：

$$w_i = \frac{n-o_i}{n-1} \Big/ \sum_{i=1}^{n} \frac{n-o_i}{n-1}, \ i=1, 2, \cdots, n \tag{3-4}$$

$$\frac{w_i}{w_j} = \frac{n-o_i}{n-o_j}, \ i=1, 2, \cdots, n \tag{3-5}$$

乘性偏好关系[3,50-51,68,71]。与效用值和偏好序不同，乘性偏好关系用两两比较矩阵（判断矩阵）来表示决策者的偏好形式。判断矩阵偏好能够处理相对更复杂的多目标决策问题，是决策科学中使用最广泛的偏好形式，又被称为互反判断矩阵。假设 $A=(a_{ij})_{n \times n}$，$i, j=1, 2, \cdots, n$ 是决策者给出的判断矩阵，则判断

矩阵 A 的元素 a_{ij} 代表候选方案 x_i 和候选方案 x_j 的比较值。判断矩阵中的元素满足 $a_{ij}a_{ji}=1$ 和 $a_{ij}>0$。乘性偏好关系的判断矩阵的元素刻度用 $1\sim9$ 的自然数标识，数值越大，候选方案 x_i 优于候选方案 x_j 的程度越高。当 $a_{ij}=1$ 时，表明两个候选方案在给定准则下没有区别。对于乘性偏好关系的研究已经有 40 多年的历史，该研究已经非常成熟。判断矩阵的一致性（Consistency）问题是利用乘性偏好关系进行决策的结果有效性的基本保证。判断矩阵满足一致性的基本条件是其元素保持传递性，即 $a_{ij}a_{jk}=a_{ik}$，i，j，$k=1$，2，$\cdots$，n。在一致性条件下，判断矩阵元素 a_{ij} 与权重向量 w_i 具有如下数量关系：

$$a_{ij}=\frac{w_i}{w_j}, \quad i.j=1, \ 2, \ \cdots, \ n \tag{3-6}$$

模糊偏好关系[220-221]。模糊偏好关系的定义与乘性偏好关系类似，其偏好也是定义在判断矩阵中。两者的不同是模糊偏好关系的两两比较刻度使用模糊值，即 $[0, 1]$ 区间内的任意实数。假设 $B=(b_{ij})_{n\times n}$，i，$j=1$，2，$\cdots$，n 是决策者给出的模糊偏好关系，b_{ij} 候选方案 x_i 和候选方案 x_j 的比较值满足关系 $b_{ij}+b_{ji}=1$。如果 $b_{ij}=0.5$，则候选方案 x_i 和候选方案 x_j 具有同等偏好；如果 $b_{ij}>0.5$，则候选方案 x_i 优于候选方案 x_j；如果 $b_{ij}<0.5$，则候选方案 x_i 不如候选方案 x_j。如果偏好比较值越接近 1，则重要程度越高，反之则越低。与乘性偏好数值刻度限制在 $1\sim9$ 不同，模糊偏好关系更加灵活，选择更广。模糊偏好关系的一致性相对于乘性偏好关系也更为复杂。模糊偏好关系的一致性定义为其元素满足 $b_{ij}b_{jk}b_{ki}=b_{ji}b_{kj}b_{ik}$，$i$，$j$，$k=1$，2，$\cdots$，$n$。已有的研究表明如下关系成立时，满足一致性条件[23,26,28,33,37,62]：

$$b_{ij}=\frac{w_i}{w_i+w_j}; \quad i, \ j=1, \ 2, \ \cdots, \ n \tag{3-7}$$

显然，如果获得异质偏好下的群体权重向量，必然要选取最接近异质偏好的帕累托最优解。本节剩余内容将会研究异质偏好下基于相似度的帕累托最优解问题。

3.1.2 异质偏好集结方法

异质偏好集结方法研究可以追溯到 20 世纪 90 年代[96]，最初的偏好集结只考虑同一类型的偏好关系集结，分别对偏好判断和偏好向量进行集结，主要的方法是加权代数平均和加权几何平均。

3.1.2.1 集结个体偏好与集结个体判断

对于集结个体偏好（AIP），实际上是将个体偏好向量对应位置的元素进行加权平均。设 $W^k=(w_1^k, \ w_2^k, \ \cdots, \ w_n^k)^T$ 是第 k 个决策者 A^k 判断矩阵的导出向量，$(\lambda_1, \ \lambda_2, \ \cdots, \ \lambda_K)$ 是决策者之间的预设权重向量，代表决策者不同的影响程度。

群体偏好向量 $W^G = (w_1^G, w_2^G, \cdots, w_n^G)^T$ 的加权几何平均则是将对应元素进行几何平均，然后进行归一化处理得到群体偏好，如下式：

$$w_i^G = \frac{\prod\limits_{k=1}^{K} (w_i^k)^{\lambda_k}}{\sum\limits_{i=1}^{n} \prod\limits_{k=1}^{K} (w_i^k)^{\lambda_k}} \tag{3-8}$$

与之对应的代数平均集结（WAMM）则是将对应位置元素通过代数平均得到权重向量：

$$w_i^G = \frac{\sum\limits_{k=1}^{K} \lambda_k w_i^k}{\sum\limits_{i=1}^{n} \sum\limits_{k=1}^{K} \lambda_k w_i^k} \tag{3-9}$$

对于集结个体偏好判断（AIJ），则将个体偏好判断（实际上是两两比较矩阵）进行加权平均。设 $A^k = (a_{ij}^k)$ 是第 k 个决策者的判断矩阵 $(\lambda_1, \lambda_2, \cdots, \lambda_K)$ 是决策者之间的预设权重向量，代表决策者不同的影响程度。那么，集结个体偏好判断首先将个体偏好判断集结成群体偏好判断。群体偏好向量 $A^G = (a_{ij}^G)$ 的加权几何平均则是将对应元素几何平均，如下式：

$$a_{ij}^G = \prod\limits_{k=1}^{K} (a_{ij}^k)^{\lambda_k} \tag{3-10}$$

代数加权平均则是通过对应的位置元素进行代数加权平均得到群体偏好矩阵，然后进行偏好向量导出，如下：

$$a_{ij}^G = \sum\limits_{k=1}^{K} \lambda_k a_{ij}^k \tag{3-11}$$

3.1.2.2 异质偏好集结

对于异质偏好的集结，首先被关注的问题是如何处理异质偏好关系。早期的异质偏好集结采用异质偏好转化然后进行算子集结。Chiclana 等[27] 研究了偏好序、效用值、乘性偏好关系和模糊偏好关系不同形式偏好的性质，并提出了不同偏好之间的转化函数，最后运用序权重几何平均算子（OWA）完成偏好集结。例如，效用值函数和偏好序函数之间的转换可以通过如下函数进行转化：

$$u_i = f(n-o_i) = \frac{n-o_i}{n-1}, \quad i=1, 2, \cdots, n \tag{3-12}$$

而该文中最重要的转化函数则是模糊偏好关系和乘性偏好关系之间的一一对应函数：

$$p_{ij} = f(a_{ij}) = \frac{1}{2}(1 + Log_9 a_{ij}) \tag{3-13}$$

其中，p_{ij} 是加性偏好关系 a_{ij} 对应的模糊偏好关系值。

当偏好关系进行统一后，同类型集结偏好关系则通过选择算子得到群体偏好向量。选择算子 ϕ_Q 定义如下：

$$p_{ij}^* = \phi_Q(p_{ij}^1, \ p_{ij}^2, \ \cdots, \ p_{ij}^n) = \sum_{h=1}^n v_h d_{ij}^h, \ i = 1, \ 2, \ \cdots, \ n; \ j = 1, \ 2, \ \cdots, \ n$$

$$(3-14)$$

其中，d_{ij}^h 是第 h 个最大值 $p_{ij}^1, \ p_{ij}^2, \ \cdots, \ p_{ij}^n$。而 $v_1, \ v_2, \ \cdots, \ v_n$ 则是将权重向量通过 $v_h = Q\left(\dfrac{h}{n}\right) - Q\left(\dfrac{h-1}{n}\right)$，$h = 1, \ 2, \ \cdots, \ n$ 计算得到。$Q(\cdot)$ 定义为如下模糊隶属函数：

$$Q(r) = \begin{cases} 0, & r < \gamma \\ \dfrac{r-\gamma}{\mu-\gamma}, & \gamma \leq r \leq \mu \\ 1, & \mu < r \end{cases} \tag{3-15}$$

其他关于转化函数的研究还包括偏好序与效用值[30]、模糊偏好关系与乘性偏好关系[31]、语义偏好转化等[102-104]。

异质偏好的直接集结方法就是不通过异质偏好形式转化，直接从异质偏好形式中得到群体偏好。这一类方法使用的主要办法是建立优化函数，目标是得到距离个体偏好向量最近的优化解来作为群体偏好。

Fan 等[33] 建立了乘性偏好关系和模糊偏好关系集结优化模型，其目标函数是最小化群体偏好距离与乘性偏好和模糊偏好之间的欧氏距离。具体优化函数如下：

$$\min \sum_{k=1}^{k_m} \sigma_k \left| w_i - a_{ij}^{(k)} w_i \right| + \sum_{k=k_m+1}^{K} \sigma_k \left| w_i - p_{ij}^{(k)}(w_i + w_j) \right|$$

$$\text{subject to} \begin{cases} \sum_{i=1}^n w_i = 1 \\ w_i > 0, \ i = 1, \ 2, \ \cdots, \ n \end{cases} \tag{3-16}$$

其中，σ_k 是决策者影响权重，a_{ij} 和 p_{ij} 分别为乘性偏好和模糊偏好值。

Wang 等[36] 引入了卡方"距离"目标函数，研究乘性偏好关系和模糊偏好关系。他们的优化函数如下：

$$\max \sum_{k=1}^{k_m} \sum_{j=1}^{n} \sum_{i=1}^{n} \sigma_k \left[\frac{(a_{ij}^{(k)} - w_i/w_j)^2}{w_i/w_j} \right] + \sum_{k=k_m+1}^{K} \sum_{j=1}^{n} \sum_{i=1}^{n} \sigma_k \left[\frac{(p_{ij}^{(k)} - w_i/(w_i+w_j))^2}{w_i/(w_i+w_j)} \right]$$

$$\text{subject to} \begin{cases} \sum_{i=1}^n w_i = 1 \\ w_i > 0, \ i = 1, \ 2, \ \cdots, \ n \end{cases} \tag{3-17}$$

其中, σ_k 是决策者影响权重, a_{ij} 和 p_{ij} 分别为乘性偏好和模糊偏好值。

Ma 等[34] 研究了偏好序、效用值、乘性偏好关系和模糊偏好关系四种偏好关系集结优化模型。他们的优化模型如下：

$$
\min \sum_{k=1}^{m_1} \sum_{j=1}^{n} \sum_{i=1}^{n} (w_i u_j^{(k)} - w_j u_i^{(k)})^2 + \sum_{k=m_1+1}^{m_2} \sum_{j=1}^{n} \sum_{i=1}^{n} (w_i(n - o_j^{(k)}) - w_j(n - o_i^{(k)}))^2 +
$$

$$
\sum_{k=m_2+1}^{m_3} \sum_{j=1}^{n} \sum_{i=1}^{n} (w_i - w_j a_{ij}^{(k)})^2 + \sum_{k=m_3+1}^{m_4} \sum_{j=1}^{n} \sum_{i=1}^{n} (w_i - (w_i + w_j) p_{ij}^{(k)})^2
$$

$$
\text{subject to} \begin{cases} \sum_{i=1}^{n} w_i = 1 \\ w_i > 0, \ i = 1, 2, \cdots, n \end{cases} \tag{3-18}
$$

其中, u_i 和 o_i 分别是效用值和偏好序, a_{ij} 和 p_{ij} 分别为乘性偏好和模糊偏好值。

Xu 等[26] 提出了非线性模型用于集结偏好序、效用值、乘性偏好关系和模糊偏好关系四种偏好关系，他们的目标函数是二阶范数，并且用遗传算法解优化模型。他们的优化函数如下：

$$
\min \left(\sum_{k=1}^{m_1} \sum_{j=1}^{n} \sum_{i=1}^{n} \left| w_i - u_i^{(k)} \middle/ \sum_{j=1}^{n} u_j^{(k)} \right|^p + \sum_{k=m_1+1}^{m_2} \sum_{j=1}^{n} \sum_{i=1}^{n} \left| w_i - \frac{n - o_i^{(k)}}{n-1} \middle/ \right. \right.
$$

$$
\left. \sum_{j=1}^{n} \frac{n - o_j^{(k)}}{n-1} \right|^p + \sum_{k=m_2+1}^{m_3} \sum_{j=1}^{n} \sum_{i=1}^{n} \left| a_{ij}^{(k)} - \frac{w_i}{w_j} \right|^p + \sum_{k=m_3+1}^{m_4} \sum_{j=1}^{n} \sum_{i=1}^{n} \left| p_{ij}^{(k)} - \frac{w_i}{w_i + w_j} \right|^p \right)^{1/p}
$$

$$
\text{subject to} \begin{cases} \sum_{i=1}^{n} w_i = 1, \\ w_i > 0, \ i = 1, 2, \cdots, n \end{cases} \tag{3-19}
$$

其中, u_i 和 o_i 分别是效用值和偏好序, a_{ij} 和 p_{ij} 分别为乘性偏好和模糊偏好值。

3.2 基于余弦相似度量的权重向量计算模型

由于乘性偏好关系的权重向量的计算方法已经非常成熟，本节将介绍基于余弦相似度的模糊偏好关系权重向量计算方法。该方法可以应用于大规模候选方案的快速排序中，并且可以通过集结个体偏好（AIP）进行群体偏好计算，是群体决策的基础方法之一和重要组成部分。

3.2.1 异质偏好集结方法

余弦相似度量是解析几何和线性代数等向量相似度量中最基本也是运用最广

泛的相似度量方法。实际上，余弦相似度是两个向量点积与模长的商，对于两个
向量 $\vec{v}_1 = (a_1, a_2, \cdots, a_n)$ 和 $\vec{v}_2 = (b_1, b_2, \cdots, b_n)$，它们的余弦相似度定义
如下：

$$\langle \vec{v}_1, \vec{v}_2 \rangle = \frac{\sum_{i=1}^{n} a_i b_i}{\sqrt{\sum_{i=1}^{n} (a_i)^2} \sqrt{\sum_{i=1}^{n} (b_i)^2}} \tag{3-20}$$

余弦相似度的取值范围是 [0, 1]，代表两个向量之间的相似程度。Salton
和 Mcgill[224] 证明了对于任意的 $i, j, k \in \{1, 2, 3, \cdots\}$，向量的余弦相似度量
满足如下关系：

（1）如果 $\vec{v}_i$ 等同于 $\vec{v}_j$，则 $\langle \vec{v}_i, \vec{v}_i \rangle = 1$。

（2）如果 $\vec{v}_i$ 和 $\vec{v}_j$ 没有相似关系，则 $\langle \vec{v}_i, \vec{v}_j \rangle = 0$。

（3）如果 $\vec{v}_i$ 与 $\vec{v}_k$ 的相似度比 $\vec{v}_i$ 与 $\vec{v}_j$，则 $\langle \vec{v}_i, \vec{v}_j \rangle < \langle \vec{v}_i, \vec{v}_k \rangle$。

把余弦相似度应用于乘性偏好关系的权重向量导出研究中的是 Kou 和
Lin[65]，他们发现当判断矩阵满足完美一致性时，乘性判断矩阵的每一列与权重
向量的余弦相似度等于 1。这是一个有趣的发现，即权重向量与判断矩阵列向量
存在平行关系。而在模糊偏好关系中，这一相似关系仍然存在，当对模糊偏好关
系进行数值变换后，新的偏好关系的列向量与导出偏好向量之间仍然保持平行性
质。这是本书研究的基础，下面将详细叙述这一相似关系。

对于乘性偏好矩阵和模糊判断矩阵（3-21），设 $p_{ij} = \dfrac{b_{ij}}{1 - b_{ij}}$，则变换后的矩
阵（3-22）与导出向量存在相似关系。

$$B = \begin{pmatrix} 0.5 & b_{12} & \cdots & b_{1n} \\ b_{21} & 0.5 & \cdots & b_{2n} \\ \vdots & \vdots & \vdots & \vdots \\ b_{n1} & b_{n2} & \cdots & 0.5 \end{pmatrix}_{n \times n} \tag{3-21}$$

$$P = (p_{ij})_{n \times n} = \begin{pmatrix} 1 & \dfrac{b_{12}}{1-b_{12}} & \cdots & \dfrac{b_{1n}}{1-b_{1n}} \\ \dfrac{b_{21}}{1-b_{21}} & 1 & \cdots & \dfrac{b_{2n}}{1-b_{2n}} \\ \vdots & \vdots & \vdots & \vdots \\ \dfrac{b_{n1}}{1-b_{n1}} & \dfrac{b_{n2}}{1-b_{n2}} & \cdots & 1 \end{pmatrix}_{n \times n} \tag{3-22}$$

矩阵（3-22）的列向量与权重向量的关系如命题 3.1 所述：

定理 3.1 如果模糊判断矩阵（3-21）具有完美一致性，矩阵（3-22）的列向量与导出向量余弦的相似度等于 1。

证明：不妨设 $\vec{p_j}$ 为矩阵（3-22）的列向量，$\langle \cdot , \cdot \rangle$ 为两列向量的余弦相似度量。对于矩阵（3-21）的导出向量 $\vec{w} = (w_1, w_2, \cdots, w_n)^T$，已有的研究（Fan 等[33]；Ma 等[34]；Wang 等[36]）认为，当满足如下关系时，矩阵保持完美一致性。

$$b_{ij} = \frac{w_i}{w_i + w_j} \quad i=1, 2, \cdots, n; \ j=1, 2, \cdots, n \tag{3-23}$$

因此，式（3-24）成立。

$$\langle \vec{p_j}, \vec{w} \rangle = \frac{\vec{p_j} \cdot \vec{w}}{\|\vec{p_j}\| \|\vec{w}\|} = \frac{\sum_i \frac{b_{ij}}{1-b_{ij}} w_i}{\sqrt{\sum_i \left(\frac{b_{ij}}{1-b_{ij}}\right)^2} \cdot \sqrt{\sum_i w_i^2}} = \frac{\sum_i \frac{w_i}{w_j} w_i}{\sqrt{\sum_i \left(\frac{w_i}{w_j}\right)^2} \cdot \sqrt{\sum_i w_i^2}} = 1$$

$$\tag{3-24}$$

其中，$\|\vec{p_j}\|$ 是向量的模长。

但是，在管理实践中，完美一致的偏好关系是很难保持的，或者完美一致的偏好关系很难在实践中获得。因此，对于一般模糊偏好关系，求满足相似程度最大的优化模型（3-25）的解作为该模糊偏好关系的权重向量。

$$\max \sum_{j=1}^n \langle \vec{p_j}, \vec{w} \rangle$$

$$\text{s.t.} \ \sum_{i=1}^n w_i = 1 \tag{3-25}$$

其中，$\vec{p_j} = (p_{1j}, p_{2j}, \cdots, p_{nj})^T$ 是矩阵（3-22）的列向量。

定理 3.2 优化模型（3-25）的唯一解是（3-26）。

$$\vec{w} = \frac{\vec{v}}{\sum_{i=1}^n v_i} \tag{3-26}$$

其中：

$$\vec{v} = (v_1, v_2, \cdots, v_n)^T = \sum_j \frac{\vec{p_j}}{\|\vec{p_j}\|} \tag{3-27}$$

证明：优化模型（3-25）等价于优化模型（3-28）。

$$\max \sum_j \langle \vec{p}_j, \vec{w} \rangle = \sum_j \frac{\vec{p}_j \cdot \vec{w}}{\|\vec{p}_j\|\|\vec{w}\|} \tag{3-28}$$

对向量进行标准化并定义 $\vec{p}'_j$ 和 $\vec{\omega}$ 如下：

$$\vec{p}'_j = \frac{\vec{p}_j}{\|\vec{p}_j\|} \tag{3-29}$$

$$\vec{\omega} = \frac{\vec{\omega}}{\|\vec{\omega}\|} \tag{3-30}$$

根据向量点积的性质，优化模型（3-28）变形如下：

$$\max \sum_j \vec{p}'_j \cdot \vec{\omega}$$

$$\text{s. t. } \|\vec{\omega}\| = 1 \tag{3-31}$$

为了简化记号，令 $\vec{v} = (v_1, v_2, \cdots, v_n)^T$ 代换向量的合成 $\sum_j \vec{p}'_j$。优化模型（3-31）变形如下：

$$\text{maximum } \vec{v} \cdot \vec{\omega} \tag{3-32}$$

因为 $\langle \vec{v}, \vec{\omega} \rangle = \dfrac{\vec{v} \cdot \vec{\omega}}{\|\vec{v}\|\|\vec{\omega}\|}$ 的最大值是 1，所以 $\vec{v} \cdot \vec{\omega}$ 最大值是 $\|\vec{v}\|\|\vec{\omega}\|$（$n$ 是有限维数）。此时，$\vec{\omega} = \dfrac{\vec{v}}{\|\vec{v}\|}$ 或者 $\vec{\omega} = \dfrac{-\vec{v}}{\|\vec{v}\|}$。因为 $\|\vec{\omega}\| = 1$，后者在管理实际中无意义。因此，在管理学意义中，$\vec{\omega}$ 是存在唯一解的。

根据 $\vec{\omega}$ 导出 $\vec{w}$，如下关系成立：

$$\vec{w} = \vec{\omega} \cdot \|\vec{w}\| = \frac{\vec{v}}{\|\vec{v}\|} \|\vec{w}\|$$

$$\sum_i w_i = \frac{\sum_i v_i}{\|\vec{v}\|\|\vec{w}\|} = 1 \tag{3-33}$$

因此，$\|\vec{w}\| = \dfrac{\|\vec{v}\|}{\sum_i v_i}$。进一步有：

$$\vec{w} = \vec{\omega}\|\vec{w}\| = \frac{\vec{v}}{\|\vec{v}\|}\|\vec{w}\| = \frac{\vec{v}}{\|\vec{v}\|} \frac{\|\vec{v}\|}{\sum_{i=1}^{n} v_i} = \frac{\vec{v}}{\sum_{i=1}^{n} v_i} \tag{3-34}$$

举一个简单的例子：$\begin{pmatrix} 0.5 & 0.7 & 0.6 & 0.8 \\ 0.3 & 0.5 & 0.4 & 0.6 \\ 0.4 & 0.6 & 0.5 & 0.7 \\ 0.2 & 0.4 & 0.3 & 0.5 \end{pmatrix}$ 是文献［81］和文献［36］中

使用的模糊偏好关系，转换矩阵为 $\begin{pmatrix} 1.0000 & 2.3333 & 1.5000 & 4.0000 \\ 0.4286 & 1.0000 & 0.6667 & 1.5000 \\ 0.6667 & 1.5000 & 1.0000 & 2.3333 \\ 0.2500 & 0.6667 & 0.4286 & 1.0000 \end{pmatrix}$，标准化

矩阵得到 $\begin{pmatrix} 0.7691 & 0.7718 & 0.7617 & 0.8049 \\ 0.3296 & 0.3308 & 0.3385 & 0.3019 \\ 0.5127 & 0.4962 & 0.5078 & 0.4695 \\ 0.1923 & 0.2205 & 0.2176 & 0.2012 \end{pmatrix}$。

其权重向量为 $w = (0.4300, 0.1800, 0.2749, 0.1151)$。

尽管如此，在实际问题中，并不是所有的偏好关系都是完整的。决策者有限的知识或者决策时间，使其无法对候选方案一一进行比较，并得出结论。例如，在运动员的排序研究中，并不是所有的运动员都有交手记录，因此，来自不同时期的选手和没有比赛记录的选手很难进行准确的比较。此外，运动员的排序无法使用填补残缺判断矩阵的方法完成，因为填补的预测值对于没有交手的运动员或者不同时期的选手来说是无意义的，或者说他们之间的比较无法进行预测。因此我们将上述基于余弦相似度的权重向量计算方法推广到残缺的模糊偏好关系上，使该方法具有更加广泛的应用价值。

假设 $\Gamma_1 = \{i \mid b_{ij} \neq \varnothing\}$ 和 $\Gamma_1 = \{i \mid b_{ij} \neq \varnothing\}$ 是偏好关系中完整元素对应行与列的序数集合。由于（3-26）是存在唯一解的，残缺列向量实际上是完整向量在子空间上的投影，并且向量的伸缩不改变向量的夹角，所以余弦保持不变。因此，优化模型（3-25）转化为不完整的情形是（3-35），定理 3.2 可以推广到不完整的情形中。即定理 3.3：

$$\max \sum_{j=1}^{n} \langle \vec{p_j}, \vec{w} \rangle = \sum_{j=1}^{n} \sum_{i \in \Gamma_1} \frac{p_{ij} w_i}{\|\vec{p_j}\| \|\vec{w}\|}$$

$$\text{s. t. } \sum_{i=1}^{n} w_i = 1 \qquad\qquad (3-35)$$

定理 3.3 模型（3-35）存在唯一解，其唯一解是（3-36）。

$$w = \frac{\vec{\mu}}{\sum_i u_i} \qquad\qquad (3-36)$$

其中：

$$\vec{\mu} = (u_1, u_2, \cdots, u_n)^T = \sum_{j \in T_2} \frac{\vec{p_j}}{\|\vec{p_j}\|} \qquad (3-37)$$

证明：证明过程与定理 3.3 的推导过程相同。

3.2.2　模型应用：围棋选手排序

围棋选手排序问题和其他运动项目选手的排序一样，是一个有趣而困难的问题。不同的评价人选取的角度不同，或者是通过冠军个数、胜率、关键比赛（例如奥运会、大满贯赛事等）的冠军数等进行排序，而在运动员、记者、粉丝等心目中，排序存在较大差异，主要原因之一是没有运动员能够永远保持不败，因此，在运动员两两比较矩阵中，偏好矩阵的一致性并不能够保证完美一致，运动员之间的胜负关系无法完全保持传递性。

目前运动员评价中运用比较广泛的方法是国际象棋中的等积分方法[225]。Coulom[226] 基于贝叶斯概率建立了 Bradley-Terry 模型，指出历史积分方法是目前围棋选手排序网站 Goratings. org 使用的方法。但是该方法只能用于有失败战绩的选手的排序。Glickman[227] 在 Coulom 的基础上改进了等积分方法。Bozóki 等[85] 运用优化方法排列历史网球选手，他们的方法基于不完整判断矩阵的权重向量计算方法[86]。不同历史时期的选手没有交锋记录，因此判断矩阵自然是不完整的。该文中判断矩阵的两两比较值使用的是 Saaty 的 1~9 刻度。

2017 年 5 月 23~27 日，人工智能程序 AlphaGo 的升级版与当前围棋第一人 Jie Ke（Goratings. org）的对决再度引起世界关注。此前，AlphaGo 分别以 4∶1 和 5∶0 战胜史上公认最伟大的围棋选手之一的 Sedol Lee 和欧洲冠军 Hui Fan。那么，如何评价人类选手与人工智能程序？下面将运用上节提出的方法对其进行排序。

本小节用于围棋选手排序的数据来自专业围棋比赛记录网站 Go4Go. net（比赛记录从 1971 年 1 月 1 日至 2016 年 3 月 23 日）。选取 15 名中日韩三国最具代表性的不同历史时期的围棋选手构建判断矩阵（见表 3-1）。应用设计分为三个部分，首先根据 Jie Ke 与 AlphaGo 的比赛结果对 14 名人类选手进行排序并且预测排序变化。其次对包括 AlphaGo 在内的 100 名围棋选手进行排序。最后比较不同方法在 1544 名有记录的选手之间的排序，说明上节所提出方法的有效性。

3.2.2.1　不同时期的围棋选手排序

本小节选取的 14 名人类围棋选手囊括了截至目前 100 个八大世界性围棋锦标赛冠军头衔中的 69 个。从表 3-1 可以看出按照选手的胜率和获得的冠军数进行排序的结果不尽相同。如果使用胜率进行排序，那么 Chang-ho Lee 作为获得世界冠军最多的选手仅能排在第六位。AlphaGo 虽然没有获得过世界冠军，但是胜率却达到90%。而 GoRatings. org 网站采用的 WHR 方法不再提升退役选手的排序，退役选手将逐渐退出排名榜前列。

表 3-1　不同时期的选手

姓名	总场次（场）	胜场（场）	胜率（%）	世界冠军数（个）	最早比赛（年）
AlphaGo	10	9	90.0	—	2015
Iyama Yuta（J）	639	455	71.2	1	2002
Junghwan Park（K）	607	425	70.0	2	2007
Jie Ke（C）	249	174	69.9	3	2009
Sedol Lee（K）	1177	801	68.1	14	1997
Chang-ho Lee（K）	1285	864	67.2	17	1989
Li Gu（C）	961	614	63.9	8	1998
Chikun Cho（J）	1604	964	60.1	2	1975
Kobayashi Koichi（J）	1192	710	59.6	1	1971
Yoda Norimoto（J）	1042	604	58.0	1	1982
Hunhyun Cho（K）	796	456	57.3	9	1988
Hao Chang（C）	915	513	56.1	3	1988
Xiaochun Ma（C）	603	331	54.9	2	1982
ChangHyuk Yoo（K）	597	326	54.6	6	1989
Weiping Nie（C）	440	220	50.0	—	1982

设 W_{ij} 是选手 i 击败选手 j 的次数，T_{ij} 是选手 i 和 j 的比赛总场数。b_{ij} 是选手 i 相对于选手 j 基于胜率的判断矩阵比较值，b_{ji} 等于 $1-b_{ij}$。我们采用如下比较值调整函数：

$$
b_{ij} = \begin{cases} \dfrac{W_{ij}}{T_{ij}} - \lambda \cdot 2^{-\frac{T_{ij}}{Max\{T_{ij}\}}}, & W_{ij} > \dfrac{T_{ij}}{2} \\[2mm] 0.5, & W_{ij} = \dfrac{T_{ij}}{2} \\[2mm] \dfrac{W_{ji}}{T_{ij}} + \lambda \cdot 2^{-\frac{T_{ij}}{Max\{T_{ij}\}}}, & W_{ij} < \dfrac{T_{ij}}{2} \end{cases}
\tag{3-38}
$$

其中，λ 是平衡调整因子，目的是保证函数调整不改变原胜负关系。本书中平衡因子取值为 0.01。

显然函数（3-38）是将胜率用 $\lambda\left(2^{-\frac{T_{ij}}{\max\limits_{h}\{T_{kh}\}}}\right)$ 进行调整，其中的 max $\{T_{ij}\}$ 是所有选手 i 和选手 j 的比赛总场次的最大值。

表 3-2　14 名围棋选手排序

姓名	本书方法	胜率排序	冠军数排序	GoRatings. org 排序
Jie Ke（C）	1	3	7	1
Junghwan Park（K）	2	2	8	3
Li Gu（C）	3	6	4	24
Chang-ho Lee（K）	4	5	1	64
Sedol Lee（K）	5	4	2	7
Iyama Yuta（J）	6	1	11	6
Yoda Norimoto（J）	7	9	12	245
ChangHyuk Yoo（K）	8	13	5	194
Hao Chang（C）	9	11	6	107
Hunhyun Cho（K）	10	10	3	157
Kobayashi Koichi（J）	11	8	13	273
Chikun Cho（J）	12	7	9	161
Xiaochun Ma（C）	13	12	10	204
Weiping Nie（C）	14	14	14	350

本节采用 $\lambda = 0.01$ 保持比赛信息的完整性和胜负关系的一致性。例如，Norimoto 和 Koichi 的比赛结果是 20：19，当取值 $\lambda = 0.01$ 时，比较值分别是 0.5047 和 0.4953，与调整之前的值（0.5128 和 0.4872）保持胜负关系一致；如果 $\lambda = 0.05$，则比较值调整为 0.4723 和 0.5277，此时模糊偏好关系改变了最初比赛结果的胜负关系；进一步地，当 $\lambda = 0.008$，0.005，0.003 和 0.001 时，结果没有显著改变。

表 3-2 是使用本书方法的排序结果，C 表示中国，J 表示日本，K 表示韩国。从排序结果可以看出排序第一的 Jie Ke 与 Goratings. org 的排序是一致的，但是胜率第一的 Iyama Yuta 和获得冠军总数最多的 Chang-ho Lee 排在第 6 位和第 4 位，Li Gu 的排序在第 3 位。本书的排序与 Goratings. org 的差异在于本书的方法注重不同历史时期选手的评价，与其他排序方法有本质的不同。

接下来，考虑人类棋手与 AlphaGo 的联合排序。结果（见表 3-3）显示，尽管 AlphaGo 排序高达世界第 2（2016 年 10 月 26 日），但是在本书的方法下仅排在第 7 位。主要原因是本书考虑棋手全面的成绩，而不是采用个别场次或者系列赛的结果。

表 3-3　14 名围棋选手和 AlphaGo 的排序结果

姓名	本书排序	胜率排序	冠军数排序	GoRatings. org 排序
Jie Ke（C）	1	4	7	1
Junghwan Park（K）	2	3	8	3
Li Gu（C）	3	7	4	24
Chang-ho Lee（K）	4	6	1	64
Sedol Lee（K）	5	5	2	7
Iyama Yuta（J）	6	2	11	6
AlphaGo	7	1	15	2
Yoda Norimoto（J）	8	10	12	245
ChangHyuk Yoo（K）	9	14	5	194
Hao Chang（C）	10	12	6	107
Hunhyun Cho（K）	11	11	3	157
Kobayashi Koichi（J）	12	9	13	273
Chikun Cho（J）	13	8	9	161
Xiaochun Ma（C）	14	13	10	204
Weiping Nie（C）	15	15	14	350

3.2.2.2　JieKe 与 AlphaGo 的赛果对排序的影响

本小节加入 Jie Ke 与 AlphaGo 的不同比赛结果，考虑不同的比赛结果对排序结果的影响和变化。结果（见表 3-4）表明如果 Jie Ke 以 0：5 负于 AlphaGo，则 AlphaGo 的排名将从第 7 位上升到第 4 位，其余结果对表 3-3 的排序结果没有显著影响。

表 3-4 的结果表明，击败更多的顶级棋手是排名提升的主要原因。如果 AlphaGo 与多位世界冠军交手会提升排名，但是例子中所选取的围棋大师大多数已经退役或者不再处于职业生涯的巅峰时期，这样的假设只存在理论上的可能。

表 3-4　Jie Ke 与 AlphaGo 的赛果与排序变化

排名	当前排序	Jie Ke vs AlphaGo（0：5）	Jie Ke vs AlphaGo（1：4）	Jie Ke vs AlphaGo（2：3）
1	Jie Ke（C）	Jie Ke（C）	Jie Ke（C）	Jie Ke（C）

排名	当前排序	Jie Ke vs AlphaGo（0：5）	Jie Ke vs AlphaGo（1：4）	Jie Ke vs AlphaGo（2：3）
2	Junghwan Park（K）	Li Gu（C）	Li Gu（C）	Li Gu（C）
3	Li Gu（C）	Junghwan Park（K）	Junghwan Park（K）	Junghwan Park（K）
4	Chang-ho Lee（K）	AlphaGo	Chang-ho Lee（K）	Chang-ho Lee（K）
5	Sedol Lee（K）	Chang-ho Lee（K）	AlphaGo	AlphaGo
6	Iyama Yuta（J）	Sedol Lee（K）	Sedol Lee（K）	Sedol Lee（K）
7	AlphaGo	Iyama Yuta（J）	Iyama Yuta（J）	Iyama Yuta（J）
8	Yoda Norimoto（J）	Yoda Norimoto（J）	Yoda Norimoto（J）	Yoda Norimoto（J）
9	ChangHyuk Yoo（K）	ChangHyuk Yoo（K）	ChangHyuk Yoo（K）	ChangHyuk Yoo（K）
10	Hao Chang（C）	Hao Chang（C）	Hao Chang（C）	Hao Chang（C）
11	Hunhyun Cho（K）	Hunhyun Cho（K）	Hunhyun Cho（K）	Hunhyun Cho（K）
12	Kobayashi Koichi（J）	Kobayashi Koichi（J）	Kobayashi Koichi（J）	Kobayashi Koichi（J）
13	Chikun Cho（J）	Chikun Cho（J）	Chikun Cho（J）	Chikun Cho（J）
14	Xiaochun Ma（C）	Xiaochun Ma（C）	Xiaochun Ma（C）	Xiaochun Ma（C）
15	Weiping Nie（C）	Weiping Nie（C）	Weiping Nie（C）	Weiping Nie（C）

3.2.2.3　前 100 名选手排序

本小节将对前 100 名围棋选手进行排序。计算机运行环境（CPU 3.30GHz，RAM 8.00GB），运行时间 0.014 秒。表 3-5 和表 3-6 是使用本书方法后得到的结果与 Goratings.org 的结论的比较。

表 3-5　100 名选手中前 20 名的排序比较（使用本书方法）

本书排序	姓名	GoRatings.org 排名	本书排序	姓名	GoRatings.org 排序
1	S. D. Lee	7	11	Yeonghun Park	18
2	Junghwan Park	3	12	Dongyun Kang	22
3	Jiseok Kim	8	13	Xiao Tan	20
4	Jiaxi Tuo	5	14	Yuting Mi	4
5	Cheolhan Choi	15	15	Xiao Lian	19
6	Li Gu	25	16	Xi Wang	32
7	Yaoye Chen	10	17	Jun Qiu	49
8	Yue Shi	9	18	Hanseung Cho	44
9	Jie Ke	1	19	Weixing Tang	17
10	Weijie Jiang	24	20	Donghoon Lee	21

表 3-6　100 名选手中前 20 名的排序比较（Goratings. org）

GoRating. org 排序	姓名	本书排序	GoRatings. org 排序	姓名	本书排序
1	Jie Ke	9	11	Yunsong Huang	38
2	AlphaGo	89	12	Ruiyang Zhou	57
3	Junghwan Park	2	13	Jinseo Shin	29
4	Yuting Mi	14	14	Qincheng Li	31
5	Jiaxi Tuo	4	15	Cheolhan Choi	5
6	Iyama Yuta	62	16	Yunruo Fan	33
7	Sedol Lee	1	17	Yeonghun Park	11
8	Jiseok Kim	3	18	Weixing Tang	19
9	Yue Shi	8	19	Xiao Lian	15
10	Yaoye Chen	7	20	Xiao Tan	13

实际上，由于退役选手总场次不变而现役选手的总场次仍然增加，所以退役选手的排序呈现下降趋势。更有意思的是两种排序中 Junghwan Park 均排在前列（第 3 和第 2），因此，我们认为他是另一位可以挑战 ALphaGo 的人类选手。

使用本书方法进行排序的另一个显著差异是在 14 名选手排序中 Jie Ke 排名第 1，而在 100 名选手排序中他排名第 9。这说明不同选手参与排序的结果是不同的，因为比较值不同。例如，乒乓球运动员的国内排名、亚洲排名和世界排名是不同的，选手在各级别比赛中的表现存在差异。因此，评价对象的选取是运动员排序问题的另一个有意思的问题。

100 名选手的详细排名见表 3-7。

表 3-7　100 名选手排序

排序	姓名	排序	姓名
1	Sedol Lee	8	Yue Shi
2	Junghwan Park	9	Jie Ke
3	Jiseok Kim	10	Weijie Jiang
4	Jiaxi Tuo	11	Yeonghun Park
5	Cheolhan Choi	12	Dongyun Kang
6	Li Gu	13	Xiao Tan
7	Yaoye Chen	14	Yuting Mi

续表

排序	姓名	排序	姓名
15	Xiao Lian	47	Xinran Tao
16	Xi Wang	48	Hongseok Paek
17	Jun Qiu	49	Zihao Gu
18	Hanseung Cho	50	Wenjing Zhong
19	Weixing Tang	51	Xingwen Liao
20	Donghoon Lee	52	Li Zhang
21	He Xie	53	Haoyang Wang
22	Tingyu Fan	54	Sungjoon An
23	Jie Kong	55	Jihyun（m）Lee
24	Liyao Peng	56	Xuanhao Li
25	Yaoyu Hu	57	Ruiyang Zhou
26	Dingxin Yang	58	Yutian Niu
27	Lingyi Gu	59	Erhao Xie
28	Wenyao Piao	60	Ruilong Mao
29	Jinseo Shin	61	Tengyu Sun
30	Hyun Na	62	Yuta Iyama
31	Qincheng Li	63	Junghyun Kim
32	Yunruo Fan	64	Junsang Yun
33	Tailing Meng	65	Seongjae Kim
34	Changho Lee	66	Seongji Hong
35	Yeongkyu Lee	67	Minjun Shin
36	Seongjin Weon	68	Jing Cai
37	Hexi Zhou	69	Yootaek Kang
38	Yunsong Huang	70	Sanghoon Han
39	Sangil Byun	71	Myounghoon Kim
40	Yifei Dang	72	Jiayang Xu
41	Zhe Li	73	Yuefeng Hu
42	Mok Jinseok	74	Chenyu Zhao
43	Mengcheng Tong	75	Dongxu An
44	Guangya Wu	76	Xian Chen
45	Yongho Heo	77	Kaiwen Yang
46	Quan Peng	78	Siyoung Jin

排序	姓名	排序	姓名
79	Wenchao Guo	90	Rin Kono
80	Minkyu Park	91	Zhiying Yu
81	Hyenchan Kim	92	Ryo Ichiriki
82	Xin Tao	93	Yulin Tong
83	Yuzhen Guo	94	Shinji Takao
84	Taehee Han	95	Yuanhe Liao
85	Keigo Yamashita	96	Chiayuan Hsu
86	Sedong Kim	97	Hao Ding
87	Jinsol Park	98	Jeong Choi
88	Chanhee Yun	99	Zhengqi Yu
89	AlphaGo	100	Yin Fan

3.2.2.4 不同方法下1544名选手的排序比较

Bozóki 等[85] 和 Bozóki 等[86] 使用的最小二乘法（LLS）是处理大规模残缺矩阵的另一种方法，其运算复杂度相当于解线性方程组[86]。本小节将本书方法与 LLS 的性能进行比较。结果如表 3-8 所示。

表 3-8 本书方法与 LLS 的比较

姓名	LLS 权重	LLS 排序	本书方法	GoRatings.org 排序
Jie Ke	0.22574	1	1	1
Sedol Lee	0.11442	2	5	4
Chang-ho Lee	0.10288	3	4	6
Iyama Yuta	0.08380	4	6	3
Junghwan Park	0.08109	5	2	2
Li Gu	0.07576	6	3	5
Yoda Norimoto	0.05435	7	7	12
ChangHyuk Yoo	0.04921	8	8	10
Hao Chang	0.03990	9	9	7
Kobayashi Koichi	0.03955	10	11	13
Chikun Cho	0.03852	11	12	9
Hunhyun Cho	0.03697	12	10	8
Xiaochun Ma	0.02971	13	13	11

续表

姓名	LLS 权重	LLS 排序	本书方法	GoRatings. org 排序
Weiping Nie	0. 02809	14	14	14

注：如果选手 k 场比赛全部胜利，LLS 方法的判断矩阵的比较值为 $2k$。

比较两种方法的排序结果，第 1 位和第 14 位是相同的，并且有 6 位选手的排序是相同的，其余选手的排序则不同。两种排序方法调整后的比较矩阵存在两个差异导致排序结果不尽相同：一是全部获胜的比较值处理存在差异，如 Jie Ke 与 Iyama Yuta，LLS 的比较值是 4，而使用本书方法则是 8.4；并且处理模糊偏好关系的比较值与乘性偏好关系的比较值存在差异[27]。如 Jie Ke 和 Sedol Lee 的比较值在两种方法下分别为 4 和 3.58。二是导出方法原理不同，两者的差异自然存在。Kou 和 Lin[65] 中的三个例子说明两者排序存在差异，甚至排序中的第 1 位都不一致。

此外，两种方法的时间成本的比较见表 3-9。可以看出随着排序选手数量的增长，两种方法的计算时间成本变化情况。当候选方案是 100 时，使用本书方法所耗费的时间不到 LLS 的一半。但是当选手增加到 1544 位时，使用本书方法所耗费的时间仅仅是使用 LLS 进行计算的 0.7%。

表 3-9　本书方法与 LLS 的时间成本

候选方案数	LLS	本书方法	时间比
100	0. 034	0. 014	2. 43
200	0. 049	0. 017	2. 88
500	0. 191	0. 022	8. 68
800	0. 824	0. 028	29. 43
1000	1. 737	0. 033	52. 64
1300	3. 977	0. 036	110. 47
1400	5. 045	0. 041	123. 05
1544	6. 644	0. 048	138. 42

两者产生差异的主要原因是计算时间的复杂度不同。对于矩阵 $A_{m \times n}$ 和 $B_{n \times p}$，矩阵乘法的时间复杂度是 $O(mnp)$。本书方法的计算过程是：$\dfrac{\vec{p_j}}{\|\vec{p_j}\|}$，$\sum\limits_{i=1}^{n} \nu_i$ 和

$\dfrac{\vec{v}}{\sum\limits_{i=1}^{n} \nu_i}$，核心计算 $\|\vec{p}_j\| = (\vec{p}_{n\times1}^{T} \vec{p}_{1\times n})^{1/2}$ 的时间复杂度是 $O(n^2)$。因此本书方法的

时间成本是 $O(n^2)$，而 LLS 时间复杂度是 $O(n^3)$。

总结实验可以发现，全面的运动员评价取决于评价对象的选择，不同的选手排序所使用的偏好关系不同，评价结果就不同。另外，运动员的排序问题不同于专家评价，其判断矩阵并不绝对满足一致性，这是因比赛结果是客观的而形成的。本书提出的模糊偏好关系的权重向量计算方法可以用于大规模运动员排序。

3.3 基于相似度量的异质偏好关系的集结

本节主要研究异质偏好关系的集结问题。在大群体决策中，首先要集结出群体偏好，然后再进行共识协调，最后取得一致性意见。因此，异质偏好集结是大群体决策的第一环节。

3.3.1 异质偏好集结模型

下面将探究四类偏好关系与权重向量客观存在的相似关系。

效用值。由式（3-1）、式（3-2）和式（3-21）可知，下面的偏好关系与权重向量的相似关系成立：

$$\langle \vec{u}_j, w \rangle = \frac{\sum\limits_{i=1}^{n} \dfrac{u_i w_i}{u_j}}{\sqrt{\sum\limits_{i=1}^{n}\left(\dfrac{u_i}{u_j}\right)^2} \sqrt{\sum\limits_{i=1}^{n} w_i^2}} = \frac{\sum\limits_{i=1}^{n} \dfrac{w_i}{w_j} w_i}{\sqrt{\sum\limits_{i=1}^{n}\left(\dfrac{w_i}{w_j}\right)^2} \sqrt{\sum\limits_{i=1}^{n} w_i^2}} = 1 \qquad (3-39)$$

其中，$\vec{u}_j = \left(\dfrac{u_1}{u_j}, \dfrac{u_2}{u_j}, \cdots, \dfrac{u_n}{u_j}\right)^T$，$j = 1, 2, \cdots, n$。

偏好序。由式（3-3）、式（3-4）、式（3-5）和式（3-21）可知，下面的偏好关系与权重向量的相似关系成立：

$$\langle \vec{o}_j, w \rangle = \frac{\sum\limits_{i=1}^{n} \dfrac{(n-o_i)w_i}{n-o_j}}{\sqrt{\sum\limits_{i=1}^{n}\left(\dfrac{n-o_i}{n-o_j}\right)^2} \sqrt{\sum\limits_{i=1}^{n} w_i^2}} = \frac{\sum\limits_{i=1}^{n} \dfrac{w_i}{w_j} w_i}{\sqrt{\sum\limits_{i=1}^{n}\left(\dfrac{w_i}{w_j}\right)^2} \sqrt{\sum\limits_{i=1}^{n} w_i^2}} = 1 \qquad (3-40)$$

其中，$\vec{o}_j = \left(\dfrac{n-o_1}{n-o_j}, \dfrac{n-o_2}{n-o_j}, \cdots, \dfrac{n-o_n}{n-o_j}\right)^T$，$j = 1, 2, \cdots, n$。

乘性偏好关系。由式（3-6）和式（3-21）可知，下面的乘性偏好关系与权重向量的相似关系成立：

$$\langle \vec{a_j},\ w \rangle = \frac{\sum_{i=1}^{n} a_{ij} w_i}{\sqrt{\sum_{i=1}^{n} a_{ij}^2}\sqrt{\sum_{i=1}^{n} w_i^2}} = \frac{\sum_{i=1}^{n} \frac{w_i}{w_j} w_i}{\sqrt{\sum_{i=1}^{n} \left(\frac{w_i}{w_j}\right)^2}\sqrt{\sum_{i=1}^{n} w_i^2}} = 1 \tag{3-41}$$

上述相似关系已经由 Kou 和 Lin[65] 进行了论证。

模糊偏好关系。由式（3-7）、式（3-21）和式（3-22）可知，下面的乘性偏好关系与权重向量的相似关系成立：

$$\langle \vec{p_j},\ w \rangle = \frac{\sum_i \frac{b_{ij}}{1-b_{ij}} w_i}{\sqrt{\sum_i \left(\frac{b_{ij}}{1-b_{ij}}\right)^2}\cdot \sqrt{\sum_i w_i^2}} = \frac{\sum_i \frac{w_i}{w_j} w_i}{\sqrt{\sum_i \left(\frac{w_i}{w_j}\right)^2}\cdot\sqrt{\sum_i w_i^2}}$$

$$= \frac{\sum_i w_i^2}{\sqrt{\sum_i w_i^2}\cdot\sqrt{\sum_i w_i^2}} = 1 \tag{3-42}$$

但是，上述的关系在实际问题中并不能保持完美一致性，特别是在群体决策中，群体偏好不可能与每一个个体偏好都保持平行关系，即它们之间的相似度为 1。所以在式（3-39）、式（3-40）、式（3-41）和式（3-42）不满足的情况下，建立一组优化模型如下：

$$\max \sum_{j=1}^{n} \langle \vec{u_j},\ w \rangle$$

$$\max \sum_{j=1}^{n} \langle \vec{o_j},\ w \rangle$$

$$\max \sum_{j=1}^{n} \langle \vec{a_j},\ w \rangle$$

$$\max \sum_{j=1}^{n} \langle \vec{p_j},\ w \rangle \tag{3-43}$$

为了获得与个体偏好最接近的群体偏好，建立上述多目标优化模型。但是上述模型的向量标准化过程仍需要进一步简化，然后推演上述优化模型。对于权重向量，建立以下标准化矩阵：

效用值。令 $u_{ij}=\frac{u_i}{u_j}$，则 $\left(\frac{u_i}{u_j}\right)_{n\times n}$，$i,j=1,2,\cdots,n$ 列向量保持与 w 的相似关系。矩阵如下：

$$\overline{U} = (\overline{u}_{ij})_{n \times n} = \begin{pmatrix} \dfrac{u_{11}}{\sqrt{\sum\limits_{i=1}^{n}(u_{i1})^2}} & \dfrac{u_{12}}{\sqrt{\sum\limits_{i=1}^{n}(u_{i2})^2}} & \cdots & \dfrac{u_{1n}}{\sqrt{\sum\limits_{i=1}^{n}(u_{in})^2}} \\ \dfrac{u_{21}}{\sqrt{\sum\limits_{i=1}^{n}(u_{i1})^2}} & \dfrac{u_{22}}{\sqrt{\sum\limits_{i=1}^{n}(u_{i2})^2}} & \cdots & \dfrac{u_{2n}}{\sqrt{\sum\limits_{i=1}^{n}(u_{in})^2}} \\ \vdots & \vdots & \vdots & \vdots \\ \dfrac{u_{n1}}{\sqrt{\sum\limits_{i=1}^{n}(u_{i1})^2}} & \dfrac{u_{n2}}{\sqrt{\sum\limits_{i=1}^{n}(u_{i2})^2}} & \cdots & \dfrac{u_{nn}}{\sqrt{\sum\limits_{i=1}^{n}(u_{in})^2}} \end{pmatrix} \tag{3-44}$$

偏好序。令 $o_{ij} = \dfrac{n - o_i}{n - o_j}$，标准化偏好序矩阵如下：

$$\overline{O} = (\overline{o}_{ij})_{n \times n} = \begin{pmatrix} \dfrac{o_{11}}{\sqrt{\sum\limits_{i=1}^{n}(o_{i1})^2}} & \dfrac{o_{12}}{\sqrt{\sum\limits_{i=1}^{n}(o_{i2})^2}} & \cdots & \dfrac{o_{1n}}{\sqrt{\sum\limits_{i=1}^{n}(o_{in})^2}} \\ \dfrac{o_{21}}{\sqrt{\sum\limits_{i=1}^{n}(o_{i1})^2}} & \dfrac{o_{22}}{\sqrt{\sum\limits_{i=1}^{n}(o_{i2})^2}} & \cdots & \dfrac{o_{2n}}{\sqrt{\sum\limits_{i=1}^{n}(o_{in})^2}} \\ \vdots & \vdots & \vdots & \vdots \\ \dfrac{o_{n1}}{\sqrt{\sum\limits_{i=1}^{n}(o_{i1})^2}} & \dfrac{o_{n2}}{\sqrt{\sum\limits_{i=1}^{n}(o_{i2})^2}} & \cdots & \dfrac{o_{nn}}{\sqrt{\sum\limits_{i=1}^{n}(o_{in})^2}} \end{pmatrix} \tag{3-45}$$

乘性偏好关系。标准化互反判断矩阵如下：

$$\overline{A} = (\overline{a}_{ij})_{n \times n} = \begin{pmatrix} \dfrac{a_{11}}{\sqrt{\sum\limits_{i=1}^{n}(a_{i1})^2}} & \dfrac{a_{12}}{\sqrt{\sum\limits_{i=1}^{n}(a_{i2})^2}} & \cdots & \dfrac{a_{1n}}{\sqrt{\sum\limits_{i=1}^{n}(a_{in})^2}} \\ \dfrac{a_{21}}{\sqrt{\sum\limits_{i=1}^{n}(a_{i1})^2}} & \dfrac{a_{22}}{\sqrt{\sum\limits_{i=1}^{n}(a_{i2})^2}} & \cdots & \dfrac{a_{2n}}{\sqrt{\sum\limits_{i=1}^{n}(a_{in})^2}} \\ \vdots & \vdots & \vdots & \vdots \\ \dfrac{a_{n1}}{\sqrt{\sum\limits_{i=1}^{n}(a_{i1})^2}} & \dfrac{a_{n2}}{\sqrt{\sum\limits_{i=1}^{n}(a_{i2})^2}} & \cdots & \dfrac{a_{nn}}{\sqrt{\sum\limits_{i=1}^{n}(a_{nn})^2}} \end{pmatrix} \tag{3-46}$$

模糊偏好关系。标准化互补判断矩阵如下：

$$\bar{B} = (\bar{p}_{ij})_{n \times n} = \begin{pmatrix} \dfrac{p_{11}}{\sqrt{\sum\limits_{i=1}^{n} (p_{i1})^2}} & \dfrac{p_{12}}{\sqrt{\sum\limits_{i=1}^{n} (p_{i2})^2}} & \cdots & \dfrac{p_{1n}}{\sqrt{\sum\limits_{i=1}^{n} (p_{in})^2}} \\ \dfrac{p_{21}}{\sqrt{\sum\limits_{i=1}^{n} (p_{i1})^2}} & \dfrac{p_{22}}{\sqrt{\sum\limits_{i=1}^{n} (p_{i2})^2}} & \cdots & \dfrac{p_{2n}}{\sqrt{\sum\limits_{i=1}^{n} (p_{in})^2}} \\ \vdots & \vdots & \vdots & \vdots \\ \dfrac{p_{n1}}{\sqrt{\sum\limits_{i=1}^{n} (p_{i1})^2}} & \dfrac{p_{n2}}{\sqrt{\sum\limits_{i=1}^{n} (p_{i2})^2}} & \cdots & \dfrac{p_{nn}}{\sqrt{\sum\limits_{i=1}^{n} (p_{nn})^2}} \end{pmatrix} \quad (3-47)$$

特别地，当模糊偏好的比较值取 1 时，为了保证数值运算有意义，用 0.9999 代替 1。同样地，偏好序中的 $o_j = n$ 时，用 0.0001 代换数值 0。令：

$$\bar{w} = \left(\frac{w_1}{\sqrt{\sum\limits_{i=1}^{n} w_i^2}}, \frac{w_2}{\sqrt{\sum\limits_{i=1}^{n} w_i^2}}, \cdots, \frac{w_n}{\sqrt{\sum\limits_{i=1}^{n} w_i^2}} \right)^T \quad (3-48)$$

用 → 标识矩阵的列向量。$\Lambda = \{\sigma_1, \sigma_2, \cdots, \sigma_K\}$ 表示决策者的权重系数。用 (k) 表示第 k 个决策者的偏好关系。用 $\Omega = \{\Omega_U, \Omega_O, \Omega_A, \Omega_B\}$ 分别表示效用值、偏好序、乘性偏好关系和模糊偏好关系四类偏好关系的决策者集合。下面，将优化模型（3-43）将转化为如下模型：

$$\max \sum_{k \in \Omega_U} \sum_{j=1}^{n} \langle \vec{u}_{ij}^{(k)}, w \rangle$$

$$\max \sum_{k \in \Omega_O} \sum_{j=1}^{n} \langle \vec{o}_{ij}^{(k)}, w \rangle$$

$$\max \sum_{k \in \Omega_A} \sum_{j=1}^{n} \langle \vec{a}_{ij}^{(k)}, w \rangle$$

$$\max \sum_{k \in \Omega_B} \sum_{j=1}^{n} \langle \vec{p}_{ij}^{(k)}, w \rangle$$

$$\text{subject to} \begin{cases} \sum\limits_{i=1}^{n} w_i = 1 \\ 0 \leqslant w_i \leqslant 1 \end{cases} \quad (3-49)$$

其中，$\vec{u}_{ij}^{(k)}$，$\vec{o}_{ij}^{(k)}$，$\vec{a}_{ij}^{(k)}$ 和 $\vec{p}_{ij}^{(k)}$ 表示上述偏好矩阵的列向量。

下面将优化模型（3-49）转化为一般多目标优化模型形式：

$$\max \ C = \sum_{k \in \Omega_U} \sum_{i=1}^{n} \sum_{j=1}^{n} \sigma_k \overline{w}_i \overline{u}_{ij}^{(k)} + \sum_{k \in \Omega_O} \sum_{i=1}^{n} \sum_{j=1}^{n} \sigma_k \overline{w}_i \overline{o}_{ij}^{(k)} + \sum_{k \in \Omega_A} \sum_{i=1}^{n} \sum_{j=1}^{n} \sigma_k \overline{w}_i \overline{a}_{ij}^{(k)} +$$

$$\sum_{k \in \Omega_B} \sum_{i=1}^{n} \sum_{j=1}^{n} \sigma_k \overline{w}_i \overline{p}_{ij}^{(k)} \tag{3-50}$$

$$\text{subject to} \begin{cases} \sum_{i=1}^{n} \overline{w}_i^2 = 1 \\ \\ 0 \leqslant \overline{w}_i \leqslant 1 \end{cases}$$

定理 3.3 模型（3-50）存在唯一解，且具有如下形式：

$$\overline{w}_i = \frac{\sum_{k \in \Omega_U} \sum_{j=1}^{n} \sigma_k \overline{u}_{ij}^{(k)} + \sum_{k \in \Omega_O} \sum_{j=1}^{n} \sigma_k \overline{o}_{ij}^{(k)} + \sum_{k \in \Omega_A} \sum_{j=1}^{n} \sigma_k \overline{a}_{ij}^{(k)} + \sum_{k \in \Omega_B} \sum_{j=1}^{n} \sigma_k \overline{p}_{ij}^{(k)}}{\sum_{i=1}^{n} \left(\sum_{k \in \Omega_U} \sum_{j=1}^{n} \sigma_k \overline{u}_{ij}^{(k)} + \sum_{k \in \Omega_O} \sum_{j=1}^{n} \sigma_k \overline{o}_{ij}^{(k)} + \sum_{k \in \Omega_A} \sum_{j=1}^{n} \sigma_k \overline{a}_{ij}^{(k)} + \sum_{k \in \Omega_B} \sum_{j=1}^{n} \sigma_k \overline{p}_{ij}^{(k)} \right)},$$

$$i = 1, 2, \cdots, n \tag{3-51}$$

证明： 上述优化模型可行域有界，目标函数为有界函数，因此，上述模型的解存在。

模型（3-50）的目标函数的 Lagrangian 函数形式如下：

$$L(C, \lambda) = \sum_{k \in \Omega_U} \sum_{j=1}^{n} \sum_{i=1}^{n} \sigma_k \overline{w}_i \overline{u}_{ij}^{(k)} + \sum_{k \in \Omega_O} \sum_{j=1}^{n} \sum_{i=1}^{n} \sigma_k \overline{w}_i \overline{o}_{ij}^{(k)} + \sum_{k = \Omega_A} \sum_{j=1}^{n} \sum_{i=1}^{n} \sigma_k \overline{w}_i \overline{a}_{ij}^{(k)} +$$

$$\sum_{k \in \Omega_B} \sum_{j=1}^{n} \sum_{i=1}^{n} \sigma_k \overline{w}_i \overline{p}_{ij}^{(k)} - \lambda \left(\sum_{i=1}^{n} \overline{w}_i^2 - 1 \right) \tag{3-52}$$

对（3-52）求偏导数：

$$\frac{\partial L(C, \lambda)}{\partial \overline{w}_i} = \sum_{k \in \Omega_U} \sum_{j=1}^{n} \sigma_k \overline{u}_{ij}^{(k)} + \sum_{k \in \Omega_O} \sum_{j=1}^{n} \sigma_k \overline{o}_{ij}^{(k)} + \sum_{k = \Omega_A} \sum_{j=1}^{n} \sigma_k \overline{a}_{ij}^{(k)} + \sum_{k \in \Omega_B} \sum_{j=1}^{n} \sigma_k \overline{p}_{ij}^{(k)} -$$

$$2\lambda \overline{w}_i \tag{3-53}$$

令偏导数为 0，推导 $\overline{w}_i$ 的表达式：

$$\overline{w}_i = \frac{\sum_{k \in \Omega_U} \sum_{j=1}^{n} \sigma_k \overline{u}_{ij}^{(k)} + \sum_{k \in \Omega_O} \sum_{j=1}^{n} \sigma_k \overline{o}_{ij}^{(k)} + \sum_{k = \Omega_A} \sum_{j=1}^{n} \sigma_k \overline{a}_{ij}^{(k)} + \sum_{k \in \Omega_B} \sum_{j=1}^{n} \sigma_k \overline{p}_{ij}^{(k)}}{2\lambda}, \ i = 1,$$

$$2, \cdots, n \tag{3-54}$$

根据约束条件 $\sum_{i=1}^{n} \overline{w}_i^2 = 1$ 得到如下式：

$$\sum_{i=1}^{n} \left(\frac{\sum_{k \in \Omega_U} \sum_{j=1}^{n} \sigma_k \overline{u}_{ij}^{(k)} + \sum_{k \in \Omega_O} \sum_{j=1}^{n} \sigma_k \overline{o}_{ij}^{(k)} + \sum_{k=\Omega_A} \sum_{j=1}^{n} \sigma_k \overline{a}_{ij}^{(k)} + \sum_{k \in \Omega_B} \sum_{j=1}^{n} \sigma_k \overline{p}_{ij}^{(k)}}{2\lambda} \right)^2 = 1$$

$$(3-55)$$

由（3-55）得到 Lagrangian 乘子的表达式：

$$2\lambda = \sqrt{\sum_{i=1}^{n} \left(\sum_{k \in \Omega_U} \sum_{j=1}^{n} \sigma_k \overline{u}_{ij}^{(k)} + \sum_{k \in \Omega_O} \sum_{j=1}^{n} \sigma_k \overline{o}_{ij}^{(k)} + \sum_{k=\Omega_A} \sum_{j=1}^{n} \sigma_k \overline{a}_{ij}^{(k)} + \sum_{k \in \Omega_B} \sum_{j=1}^{n} \sigma_k \overline{p}_{ij}^{(k)} \right)^2}$$

$$(3-56)$$

结合（3-54）和（3-56），得到 $\overline{w}_i$ 如下：

$$\overline{w}_i = \frac{\sum_{k \in \Omega_U} \sum_{j=1}^{n} \sigma_k \overline{u}_{ij}^{(k)} + \sum_{k \in \Omega_O} \sum_{j=1}^{n} \sigma_k \overline{o}_{ij}^{(k)} + \sum_{k=\Omega_A} \sum_{j=1}^{n} \sigma_k \overline{a}_{ij}^{(k)} + \sum_{k \in \Omega_B} \sum_{j=1}^{n} \sigma_k \overline{p}_{ij}^{(k)}}{\sqrt{\sum_{i=1}^{n} \left(\sum_{k \in \Omega_U} \sum_{j=1}^{n} \sigma_k \overline{u}_{ij}^{(k)} + \sum_{k \in \Omega_O} \sum_{j=1}^{n} \sigma_k \overline{o}_{ij}^{(k)} + \sum_{k=\Omega_A} \sum_{j=1}^{n} \sigma_k \overline{a}_{ij}^{(k)} + \sum_{k \in \Omega_B} \sum_{j=1}^{n} \sigma_k \overline{p}_{ij}^{(k)} \right)^2}},$$

$$i = 1, 2, \cdots, n$$

$$(3-57)$$

解的唯一性由约束条件获得：

$$w_i = \overline{w}_i \sqrt{\sum_{i=1}^{n} w_i^2}, \ i = 1, 2, \cdots, n$$

$$(3-58)$$

$$\sum_{i=1}^{n} w_i = \sum_{i=1}^{n} \overline{w}_i \sqrt{\sum_{k=1}^{n} w_k^2} = 1$$

$$(3-59)$$

由（3-59）可得：

$$\sqrt{\sum_{k=1}^{n} w_k^2} = \frac{1}{\sum_{i=1}^{n} \overline{w}_i}$$

$$(3-60)$$

由（3-58）和（3-60）可得：

$$w_i = \overline{w}_i \sqrt{\sum_{i=1}^{n} w_i^2} = \frac{\overline{w}_i}{\sum_{i=1}^{n} \overline{w}_i}, \ i = 1, 2, \cdots, n$$

$$(3-61)$$

因此，结合（3-57）与（3-61）可得：

$$w_i = \frac{\sum_{k \in \Omega_U} \sum_{j=1}^{n} \sigma_k \overline{u}_{ij}^{(k)} + \sum_{k \in \Omega_O} \sum_{j=1}^{n} \sigma_k \overline{o}_{ij}^{(k)} + \sum_{k=\Omega_A} \sum_{j=1}^{n} \sigma_k \overline{a}_{ij}^{(k)} + \sum_{k \in \Omega_B} \sum_{j=1}^{n} \sigma_k \overline{p}_{ij}^{(k)}}{\sum_{k=1}^{n} \left(\sum_{k \in \Omega_U} \sum_{j=1}^{n} \sigma_k \overline{u}_{ij}^{(k)} + \sum_{k \in \Omega_O} \sum_{j=1}^{n} \sigma_k \overline{o}_{ij}^{(k)} + \sum_{k=\Omega_A} \sum_{j=1}^{n} \sigma_k \overline{a}_{ij}^{(k)} + \sum_{k \in \Omega_B} \sum_{j=1}^{n} \sigma_k \overline{p}_{ij}^{(k)} \right)},$$

$$i = 1, 2, \cdots, n$$

$$(3-62)$$

证毕。

3.3.2 数据算例与结果比较

算例 1[27,33,36]：该算例的群体决策由 4 位决策者组成，提供的偏好关系为乘性偏好关系和模糊偏好关系。决策矩阵分别为：

$$DM_1 = \begin{pmatrix} 1 & 1/7 & 1/3 & 1/5 \\ 7 & 1 & 3 & 2 \\ 3 & 1/3 & 1 & 1/2 \\ 5 & 1/2 & 2 & 1 \end{pmatrix}$$

$$DM_2 = \begin{pmatrix} 1 & 3 & 1/4 & 5 \\ 1/3 & 1 & 2 & 1/3 \\ 4 & 1/2 & 1 & 2 \\ 1/5 & 3 & 1/2 & 1 \end{pmatrix}$$

$$DM_3 = \begin{pmatrix} 0.5 & 0.1 & 0.6 & 0.7 \\ 0.9 & 0.5 & 0.8 & 0.4 \\ 0.4 & 0.2 & 0.5 & 0.9 \\ 0.3 & 0.6 & 0.1 & 0.5 \end{pmatrix}$$

$$DM_4 = \begin{pmatrix} 0.5 & 0.5 & 0.7 & 1 \\ 0.5 & 0.5 & 0.8 & 0.6 \\ 0.3 & 0.2 & 0.5 & 0.8 \\ 0 & 0.4 & 0.2 & 0.5 \end{pmatrix}$$

本书方法集结的偏好向量是 $(w_1, w_2, w_3, w_4)^T = (0.2075, 0.3882, 0.2124, 0.1919)^T$，候选方案排序是 $x_2 > x_3 > x_1 > x_4$。与已有的方法进行比较，结果（见表 3-10）表明，本书提出的方法能够获得更高的相似度。

表 3-10 本书方法与已有方法的相似度比较（1）

方法	导出向量	排序	相似度
Chiclana 等[27] 提出的方法	0.2452, 0.2972, 0.2487, 0.2092	$x_2 > x_3 > x_1 > x_4$	12.6642
Fan 等[33] 提出的方法	0.1280, 0.4301, 0.2515, 0.1903	$x_2 > x_3 > x_4 > x_1$	12.4711
Wang 等[36] 提出的方法	0.1696, 0.3376, 0.2741, 0.2184	$x_2 > x_3 > x_4 > x_1$	12.5692
本书方法	0.2075, 0.3882, 0.2124, 0.1919	$x_2 > x_3 > x_1 > x_4$	**12.8284**

算例 2[36,81]：模糊偏好关系的权重向量计算。

$$DM = \begin{pmatrix} 0.5 & 0.7 & 0.6 & 0.8 \\ 0.3 & 0.5 & 0.4 & 0.6 \\ 0.4 & 0.6 & 0.5 & 0.7 \\ 0.2 & 0.4 & 0.3 & 0.5 \end{pmatrix}$$

Xu 和 Da[81] 利用最小偏差优化方法获得模糊偏好关系的权重向量。表 3-11 是本书方法与已有方法结果的对比，可以看出本书方法相比已有方法能够获得更高的相似度。

表 3-11　本书方法与已有方法的相似度比较（2）

方法	导出向量	排序	相似度
Xu 和 Da 等[81] 提出的方法	0.4297, 0.1784, 0.2769, 0.1150	$x_1 > x_3 > x_2 > x_4$	3.998186
Wang 等[36] 提出的方法	0.4284, 0.1802, 0.2755, 0.1159	$x_1 > x_3 > x_2 > x_4$	3.998209
本书方法	0.4300, 0.1800, 0.2749, 0.1151	$x_1 > x_3 > x_2 > x_4$	**3.998231**

3.4　不完整异质偏好关系的集结

实际上，乘性偏好关系和模糊偏好关系在实际问题中并不是完整的。对于不完整偏好关系的研究是异质偏好集结的主要问题之一。近年来，这一问题被广泛关注[26,35,108-112]。本小节将 3.3 节的方法推广并用来解决不完整异质偏好关系的集结问题。

3.4.1　不完整异质偏好集结

设 $\Omega' = \{\Omega'_A, \Omega'_B\}$ 是提供不完整偏好的决策者集合，分别代表乘性偏好关系和模糊偏好关系。提供完整的乘性偏好关系和模糊偏好关系决策者集合为 $\Theta = \{\Theta_{A'}, \Theta_{B'}\}$。假设不完整的乘性偏好关系和模糊偏好关系的判断矩阵形式如下：

$$a'_{ij} = \begin{cases} a_{ij}, & (i, j) \in \Theta_{A'} \\ x_{ij}, & (i, j) \notin \Theta_{A'}. \end{cases} \tag{3-63}$$

$$p'_{ij} = \begin{cases} \dfrac{b_{ij}}{1 - b_{ij}}, & (i, j) \in \Theta_{B'} \\ x_{ij}, & (i, j) \notin \Theta_{B'}. \end{cases} \tag{3-64}$$

对上述矩阵的列向量进行标准化，得到如下矩阵形式：

$$a'_{ij} = \begin{cases} \dfrac{a_{ij}}{\sqrt{\sum\limits_{(i,\,j)\,\in\,\Theta_{A'}} a_{ij}^2} + \sqrt{\sum\limits_{(i,\,j)\,\notin\,\Theta_{A'}} x_{ij}^2}}, & (i,\,j) \in \Theta_{A'} \\[6mm] \dfrac{x_{ij}}{\sqrt{\sum\limits_{(i,\,j)\,\in\,\Theta_{A'}} a_{ij}^2} + \sqrt{\sum\limits_{(i,\,j)\,\notin\,\Theta_{A'}} x_{ij}^2}}, & (i,\,j) \notin \Theta_{A'} \end{cases} \tag{3-65}$$

和

$$a'_{ij} = \begin{cases} \dfrac{p'_{ij}}{\sqrt{\sum\limits_{(i,\,j)\,\in\,\Theta_{B'}} p_{ij}'^2} + \sqrt{\sum\limits_{(i,\,j)\,\notin\,\Theta_{B'}} x_{ij}^2}}, & (i,\,j) \in \Theta_{B'} \\[6mm] \dfrac{x_{ij}}{\sqrt{\sum\limits_{(i,\,j)\,\in\,\Theta_{B'}} p_{ij}'^2} + \sqrt{\sum\limits_{(i,\,j)\,\notin\,\Theta_{B'}} x_{ij}^2}}, & (i,\,j) \notin \Theta_{B'} \end{cases} \tag{3-66}$$

下面进一步明确不完整向量的余弦相似度量。对于不完整列向量，本书是在不完整列向量的投影空间计算余弦相似度。如 $\vec{a}_j = (a_{1j},\ a_{2j},\ \cdots,\ a_{mj},\ x_{m+1,j},\ \cdots,\ x_{nj})^T$ 是一组不完整列向量，则余弦相似度量定义如下：

$$\langle \vec{a}_j,\ w \rangle = \frac{\sum\limits_{i=1}^{m} a_{ij} w_i}{\sqrt{\sum\limits_{i=1}^{m} a_{ij}^2} \sqrt{\sum\limits_{i=1}^{m} w_i^2}} \tag{3-67}$$

此时，不完整偏好关系的优化模型转化为：

$$\max C = \sum_{k \in \Omega_U^i} \sum_{j=1}^{n} \sigma_k \overline{w}_i \overline{u}_{ij}^{(k)} + \sum_{k \in \Omega_O^i} \sum_{j=1}^{n} \sigma_k \overline{w}_i \overline{o}_{ij}^{(k)} + \sum_{k \in \Omega_A^i} \sum_{j=1}^{n} \sigma_k \overline{w}_i \overline{a}_{ij}^{(k)} +$$

$$\sum_{k \in \Omega_{A'}^i,\,(i,\,j)\,\in\,\Theta_{A'}} \sigma_k \overline{w}_i \overline{a}'_{ij}^{(k)} + \sum_{k \in \Omega_B^i} \sum_{j=1}^{n} \sigma_k \overline{w}_i \overline{p}_{ij}^{(k)} + \sum_{k \in \Omega_{B'}^i,\,(i,\,j)\,\in\,\Theta_{B'}} \sigma_k \overline{w}_i \overline{p}'_{ij}^{(k)}$$

$$\text{subject to} \begin{cases} \sum\limits_{i=1}^{n} \overline{w}_i^2 = 1 \\[3mm] 0 \le \overline{w}_i \le 1 \end{cases} \tag{3-68}$$

模型（3-68）的求解过程与定理 3.3 类似，这里不再重复。不完整偏好关系求解的解具有如下形式：

$$w_i = \cfrac{\begin{array}{l}\displaystyle\sum_{k \in \Omega_U}\sum_{j=1}^{n}\sigma_k\overline{u}_{ij}^{(k)} + \sum_{k \in \Omega_O}\sum_{j=1}^{n}\sigma_k\overline{o}_{ij}^{(k)} + \sum_{k \in \Omega_A}\sum_{j=1}^{n}\sigma_k\overline{a}_{ij}^{(k)} + \\[3mm] \displaystyle\sum_{k \in \Omega_{A'}}\sum_{j \in \Theta_{A'}}\sigma_k\overline{a}_{ij}^{(k)} + \sum_{k \in \Omega_B}\sum_{j=1}^{n}\sigma_k\overline{p}_{ij}^{(k)} + \sum_{k \in \Omega_B}\sum_{j \in \Theta_{B'}}\sigma_k\overline{p}_{ij}^{(k)}\end{array}}{\displaystyle\sum_{i=1}^{n}\left(\begin{array}{l}\displaystyle\sum_{k \in \Omega_U}\sum_{j=1}^{n}\sigma_k\overline{u}_{ij}^{(k)} + \sum_{k \in \Omega_O}\sum_{j=1}^{n}\sigma_k\overline{o}_{ij}^{(k)} + \sum_{k \in \Omega_A}\sum_{j=1}^{n}\sigma_k\overline{a}_{ij}^{(k)} + \\[3mm] \displaystyle\sum_{k \in \Omega_{A'}}\sum_{j \in \Theta_{A'}}\sigma_k\overline{a}_{ij}^{(k)} + \sum_{k \in \Omega_B}\sum_{j=1}^{n}\sigma_k\overline{p}_{ij}^{(k)} + \sum_{k \in \Omega_B}\sum_{j \in \Theta_{B'}}\sigma_k\overline{p}_{ij}^{(k)}\end{array}\right)}, \quad i=1,\ 2,\ \cdots,\ n$$

$$(3-69)$$

3.4.2 数据算例

算例 $1^{[26,27,31]}$：算例的群体决策由包含 4 种偏好关系的 8 位决策者组成。决策者偏好形式分别为：

$DM_1 = \{o_i | i=1,\ 2,\ 3,\ 4\} = \{0.5,\ 0.7,\ 1.0,\ 0.1\}$

$DM_2 = \{o_i | i=1,\ 2,\ 3,\ 4\} = \{0.7,\ 0.9,\ 0.6,\ 0.3\}$

$DM_3 = \{u_i | i=1,\ 2,\ 3,\ 4\} = \{3,\ 1,\ 4,\ 2\}$

$DM_4 = \{u_i | i=1,\ 2,\ 3,\ 4\} = \{2,\ 3,\ 1,\ 4\}$

$$DM_5 = \begin{pmatrix} 1 & 1/7 & 1/3 & 1/5 \\ 7 & 1 & 3 & 2 \\ 3 & 1/3 & 1 & 1/2 \\ 5 & 1/2 & 2 & 1 \end{pmatrix}$$

$$DM_6 = \begin{pmatrix} 1 & 3 & 1/4 & 5 \\ 1/3 & 1 & 2 & 1/3 \\ 4 & 1/2 & 1 & 2 \\ 1/5 & 3 & 1/2 & 1 \end{pmatrix}$$

$$DM_7 = \begin{pmatrix} 0.5 & 0.1 & 0.6 & 0.7 \\ 0.9 & 0.5 & 0.8 & 0.4 \\ 0.4 & 0.2 & 0.5 & 0.9 \\ 0.3 & 0.6 & 0.1 & 0.5 \end{pmatrix}$$

$$DM_8 = \begin{pmatrix} 0.5 & 0.5 & 0.7 & 1 \\ 0.5 & 0.5 & 0.8 & 0.6 \\ 0.3 & 0.2 & 0.5 & 0.8 \\ 0 & 0.4 & 0.2 & 0.5 \end{pmatrix}$$

使用本书方法集结的结果是 $x_2>x_3>x_1>x_4$，结果与已有文献使用的方法的结果相同。但是，本书方法可以获得比已有方法更高的相似度。方法比较结果见表3-12。

表3-12　本书方法与已有方法的相似度比较（3）

方法	导出向量	排序	相似度
Chiclana 等[27] 提出的方法	0.5651, 0.7826, 0.6619, 0.4973	$x_2>x_3>x_1>x_4$	26.8227
Ma 等[31] 提出的方法	0.2210, 0.3426, 0.2755, 0.1159	$x_2>x_3>x_1>x_4$	26.9149
Xu 等[26] 提出的方法	0.2210, 0.3426, 0.2827, 0.1537	$x_2>x_3>x_1>x_4$	26.8878
本书方法	0.2303, 0.3588, 0.2563, 0.1547	$x_2>x_3>x_1>x_4$	**27.0200**

注：Chiclana 等[27] 的排序方法通过选择算子进行集结，其余为优化方法。

算例2[26]：由4种偏好形式6为决策者组成，其中决策者4和决策者6提供的乘性偏好关系和模糊偏好关系是残缺的。算例的比较结果见表3-13。

$DM_1 = \{0.15, 0.10, 0.30, 0.20, 0.35, 0.40\}$

$DM_2 = \{4, 6, 5, 3, 2, 1\}$

$$DM_3 = \begin{pmatrix} 1 & 3 & 2 & 1/3 & 1/5 & 1/8 \\ 1/3 & 1 & 1/3 & 1/4 & 1/7 & 1/9 \\ 1/2 & 3 & 1 & 1/2 & 1/5 & 1/6 \\ 3 & 4 & 2 & 1 & 1/2 & 1/4 \\ 5 & 7 & 5 & 2 & 1 & 1/3 \\ 1/8 & 9 & 6 & 4 & 3 & 1 \end{pmatrix}$$

$$DM_4 = \begin{pmatrix} 1 & 4 & x & 1/4 & 1/2 & 1/6 \\ 1/4 & 1 & 1/5 & x & 1/4 & 1/6 \\ x & 5 & 1 & x & 1/3 & x \\ 4 & x & x & 1 & 1/4 & 1/2 \\ 2 & 4 & 3 & 4 & 1 & x \\ 6 & 6 & x & 2 & x & 1 \end{pmatrix}$$

$$DM_5 = \begin{pmatrix} 0.5 & 0.7 & 0.6 & 0.4 & 0.8 & 0.9 \\ 0.3 & 0.5 & 0.4 & 0.3 & 0.2 & 1 \\ 0.4 & 0.6 & 0.5 & 0.4 & 0.3 & 0.2 \\ 0.6 & 0.7 & 0.6 & 0.5 & 0.4 & 0.3 \\ 0.2 & 0.8 & 0.7 & 0.6 & 0.5 & 0.2 \\ 0.1 & 0 & 0.8 & 0.7 & 0.8 & 0.5 \end{pmatrix}$$

$$
DM_6 = \begin{pmatrix}
0.5 & 0.8 & x & 0.3 & 0.7 & 1 \\
0.2 & 0.5 & 0.4 & x & 0.1 & x \\
x & 0.6 & 0.5 & 0.2 & 0.4 & 0.2 \\
0.7 & x & 0.8 & 0.2 & x & 0.3 \\
0.3 & 0.9 & 0.6 & x & 0.5 & x \\
0 & x & 0.8 & 0.7 & x & 0.5
\end{pmatrix}
$$

本书方法的排序结果是 $x_6 > x_5 > x_1 > x_4 > x_3 > x_2$，与 Xu 等[26] 的方法相比，参数 $\rho = 3$ 和 $\rho = 4$ 时，两种方法的排序结果相同，但是，本书方法可以获得更高的余弦相似度，也就是更接近个体偏好矩阵的群体偏好向量。具体结果见表 3-13。

表 3-13　本书方法与已有方法的相似度比较（4）

方法	导出向量	排序	相似度
Xu 等[26] 提出的方法，$\rho = 1$	0.1314，0.0431，0.0826，0.1653，0.2477，0.3299	$x_6 > x_5 > x_4 > x_1 > x_3 > x_2$	27.9275
Xu 等[26] 提出的方法，$\rho = 2$	0.1525，0.0432，0.1038，0.1666，0.2424，0.2915	$x_6 > x_5 > x_4 > x_1 > x_3 > x_2$	28.3055
Xu 等[26] 提出的方法，$\rho = 3$	0.1734，0.0432，0.1151，0.1659，0.2311，0.2712	$x_6 > x_5 > x_1 > x_4 > x_3 > x_2$	28.3894
Xu 等[26] 提出的方法，$\rho = 4$	0.1878，0.0483，0.1213，0.1744，0.2294，0.2388	$x_6 > x_5 > x_1 > x_4 > x_3 > x_2$	28.3616
本书方法	0.1719，0.0591，0.1100，0.1609，0.2296，0.2684	$x_6 > x_5 > x_1 > x_4 > x_3 > x_2$	**28.4229**

3.5　本章小结

本章首先对主要的偏好集结方法特别是异质偏好集结的主要方法以及目标函数进行了回顾。然后从异质偏好关系与权重向量的关系入手，简要介绍了效用值、偏好序、乘性偏好关系和模糊偏好关系四种偏好关系，以及偏好关系与导出向量之间的关系。由于在本书研究的四种异质偏好关系中，乘性偏好关系导出向量已经非常成熟，所以本章重点就模糊偏好关系提出了新的权重向量计算方法，将余弦相似度量引入模糊偏好关系中来计算导出向量，该导出方法通过解析几何中的向量合成原理进行证明。本章该方法应用到围棋选手的排序中，该方法可以用于大规模候选方案评价，并且可以作为集结个体偏好（AIP）方法中模糊偏好关系的权重向量导出算法。并提出基于相似度的优化模型集结异质偏好关系和不完整异质偏好关系，算例证明本书方法可以获得与个体偏好相似程度最高的群体偏好集结向量。

第4章 异质偏好下大群体决策者的行为挖掘

决策者的行为识别与管理是大群体决策中的核心环节。在高度互联的信息化社会，决策群体规模较传统群决策更庞大而复杂。因此，为了提升管理效率，需要对决策群体进行分类或者聚类，将对决策者的个体管理转为小群体管理。数据挖掘技术旨在数据库中发现有价值的规律和知识，在大群体决策中，通过数据挖掘等信息技术手段可以提升管理效率。本章就大群体决策中的数据挖掘技术展开研究，一方面，以决策群体的聚类划分为目标，研究异质偏好情境下的群体聚类实现技术；另一方面，将管理经验和先验知识引入大群体决策。对已知决策行为进行模型训练，预测其余群体的决策行为，通过知识驱动的分类，帮助决策实施者进行协调管理。本章提出的聚类和分类算法是异质偏好下大群体决策者的划分和分类工具，两者是相互独立的两类数据挖掘算法。但是，两类方法都可以应用于大群体决策行为挖掘和对决策者的管理。

4.1 大群体决策概述

大群体决策的发展与当前电子商务、供应链管理、应急管理、社交网络等新的管理热点问题息息相关[14-21,38-40]。在全产业供应链管理、绿色供应商选择和电子政务等领域，通过决策者的广泛参与保证决策的科学性和民主公正性。大群体决策的核心问题仍然是决策共识机制的建立过程。由于决策参与者规模扩大，与传统的群决策问题相比，大群体决策需解决两个主要问题：

一是决策者参与者的异质偏好问题[38-40]。在大群体决策中并不是所有决策者都具有统一的偏好形式，例如，在基层民主决策中，考虑到村民及基层自治组织等的知识背景和决策经验，他们无法提供完整的判断矩阵，只能通过偏好序或效用值形式表达偏好。因此，在大群体决策中，只有开发能够处理异质偏好的数据挖掘技术才能有效通过聚类或者分类等数据挖掘技术处理大群体异质偏好的集聚等问题。

二是决策者的决策行为复杂多变[14-21]。由于决策参与者众多，无法保证决策者全部配合决策。例如，在决策中拒绝调整偏好或者决策中随意修改偏好。还有部分决策者在交互式共识谈判过程中，改变主意而导致共识难以达成等。因此，需要决策实施者发掘这些决策行为，进行相应的决策权重调整，从而有效地推进决策共识达成。

针对上述问题，大群体决策的共识达成分为三个步骤，分别为偏好集结、行为挖掘与识别、交互共识达成。因此，大群体决策的共识过程除了偏好集结之外涉及的关键技术和解决的问题如下：

（1）基于异质偏好的决策者集聚。聚类技术需要建立在数据点的距离度量基础之上。目前已有的文献中使用欧氏距离来统一偏好形式。如果要将其移植到异质偏好中，必须要将异质偏好转换为统一形式或者根据异质偏好的权重向量来计算距离。两种方法均存在弊端，会造成信息缺失[33] 或者较高的决策成本[40]。因此，需要研究异质偏好关系之间距离的直接度量方法，用于偏好行为聚类。

（2）知识驱动的不平衡分类。在大群体决策中，具有非合作行为的决策者是大群体中的少数决策者，这一类决策者的决策行为需要管理者进行识别和判断，从而更加有效地达成决策共识。因此，将决策者管理经验和先验知识用于决策管理需要建立针对不平衡数据的分类模型预测决策者的行为。在大群体多属性决策中，需要通过决策者提供的属性特征和决策实施者管理经验进行决策者类别预测。因此，大群体决策行为的分类预测模型也是大群体决策中需要建立的另一种数据挖掘模型。

大群体决策中首先引进数据挖掘方法的是 Palomares 等[14]，他们的研究问题是同质偏好关系下的大群体决策共识问题，运用的数据挖掘方法是模糊聚类方法，模糊聚类的优势是通过模糊隶属函数确定每一位决策者所属的聚类中心，这实际上是通过距离定义决策者的所属类别。该模糊隶属函数如下：

$$\mu_{C_h}(P_i) = \frac{(1/d(P_i, \ C_i))^{1/b-1}}{\sum\limits_{u=1}^{N} (1/d(P_i, \ C_u))^{1/b-1}} \tag{4-1}$$

其中，P_i 是决策者偏好，C_i 为聚类中心。该方法的聚类还有一个特点，聚类中心的迭代中，将群体偏好作为固定的一个聚类中心，这样的优势是最终的偏好不会偏离迭代前的原始群体偏好。

Xu 等[19]定义非合作行为则是通过采用非合作测度作为决策者隶属于某一聚类中心的依据。他们的方法是将对非合作行为的判断建立在主观调整区间之上，对于两个区间数，$\bar{a} = [a^L, \ a^U]$ 和 $\bar{b} = [b^L, \ b^U]$，$\bar{a} > \bar{b}$ 的概率定义如下：

$$P(\overline{a} > \overline{b}) = \min\left\{\max\left\{\frac{a^U - a^L}{l(\overline{a}) + l(\overline{b})}, \ 0\right\}, \ 1\right\}$$ (4-2)

其中，$l(\overline{a}) = a^U - a^L$，$l(\overline{b}) = b^U - b^L$。该文中的聚类则沿用了他们之前在向量空间中基于凝聚系数的聚类方法。

Dong 等[18] 定义了多属性（专业、合作、公平）交互评估矩阵作为决策共识达成过程中的决策者影响权重的导出矩阵，该矩阵导出权重通过如下优化获得：

$$\min \sum_{k=1}^{K} \sum_{i=1}^{m} \left(\sum_{j=1}^{l} w_i v_{ij} - \lambda_i\right)$$
$$\text{s. t.} \sum_{i=1}^{m} \lambda_i = 1$$ (4-3)

其中，v_{ij} 是三个属性上的专家判断值，w_i 是属性权重，λ_i 则是专家权重。另外本书还介绍了三类非合作行为。

本章剩余部分将根据聚类和分类两个关键技术展开对相关数据挖掘技术的研究，通过聚类和分类技术，丰富大群体决策者的分类管理手段。

4.2 决策者的行为集聚

本小节在偏好关系之间余弦相似度量定义的基础上构建基于异质偏好关系的决策者聚类算法。在开始本节内容之前，为了便于叙述，将本节使用的符号事先一一说明，见表4-1。

表 4-1　本章使用的符号

符号	含义
$E = \{e_1, \cdots, e_i, \cdots, e_m\}$	决策群体集合
$X = \{x_1, \cdots, x_j, \cdots, x_n\}$	候选方案集合
$\vec{v}_1 = (a_1, a_2, \cdots, a_n)$	n-维向量
$w = \{w_1, \cdots, w_i, \cdots, w_n\}$	偏好关系的权重向量
$\sigma = \{\sigma_1, \cdots, \sigma_i, \cdots, \sigma_n\}$	决策者的影响权重
$U = \{u_1, u_2, \cdots, u_n\}$	效用值
$u_i, i = 1, 2, \cdots, n$	候选方案 x_i 的效用值

符号	含义
$O = \{o_1, o_2, \cdots, o_n\}$	偏好序
o_i	候选方案 x_i 的偏好叙述
$A = (a_{ij})_{n \times n}, \ i, j = 1, 2, \cdots, n$	乘性偏好关系
a_{ij}	方案 x_i 相对于方案 x_j 的比较值
$B = (b_{ij})_{n \times n}, \ i, j = 1, 2, \cdots, n$	模糊偏好关系
b_{ij}	方案 x_i 相对于方案 x_j 的模糊比较值
$D(A, B)$	两种偏好结构的距离
$\Omega = \{\Omega_U, \Omega_O, \Omega_A, \Omega_B\}$	不同偏好决策者集合
$u_i^{(k)}, \ o_i^{(k)}, \ a_{ij}^{(k)}, \ b_{ij}^{(k)}$	第 k 个决策者的偏好值

4.2.1 异质偏好关系的余弦相似度量

首先回顾向量的余弦相似度量。对于 n 维向量 $\vec{v}_1 = (a_1, a_2, \cdots, a_n)$ 和 $\vec{v}_2 = (b_1, b_2, \cdots, b_n)$，向量的余弦相似度定义如下：

$$\langle \vec{v}_1, \vec{v}_2 \rangle = \frac{\sum_{i=1}^{n} a_i b_i}{\sqrt{\sum_{i=1}^{n} (a_i)^2} \sqrt{\sum_{i=1}^{n} (b_i)^2}} \tag{4-4}$$

其次定义异质偏好之间的余弦相似度量。通过余弦相似度量测度异质偏好之间的距离，可以避免文献 [14] 用一般欧氏距离无法直接用于异质偏好距离度量的不足。实际上，在理想状况下，即偏好关系保持完美一致时，通过余弦相似度量的传递性，我们可以得到异质偏好关系的平行关系。即由式（3-39）、式（3-40）、式（3-41）和式（3-42），可以得到下式：

$$\langle \vec{u}_j, \vec{o}_j \rangle = \frac{1}{n} \sum_{j=1}^{n} \langle \vec{u}_j, \vec{a}_j \rangle = \frac{1}{n} \sum_{j=1}^{n} \langle \vec{u}_j, \vec{p}_j \rangle = \frac{1}{n} \sum_{j=1}^{n} \langle \vec{o}_j, \vec{a}_j \rangle = \frac{1}{n} \sum_{j=1}^{n} \langle \vec{o}_j,$$
$$\vec{p}_j \rangle = 1 \tag{4-5}$$

其中，$\vec{u}_j = \left(\dfrac{u_1}{u_j}, \dfrac{u_2}{u_j}, \cdots, \dfrac{u_n}{u_j} \right)^T, \ j = 1, 2, \cdots, n$；$\vec{o}_j = \left(\dfrac{n-o_1}{n-o_j}, \dfrac{n-o_2}{n-o_j}, \cdots, \dfrac{n-o_n}{n-o_j} \right)^T, \ j = 1, 2, \cdots, n$。

对于乘性偏好关系和模糊偏好关系，下式成立：

$$\frac{1}{n} \sum_{j=1}^{n} \langle \vec{a}_j, \ \vec{p}_j \rangle = 1 \tag{4-6}$$

基于上述异质偏好之间存在的相似关系，我们定义如下异质偏好的相似距离：

效用值（U）与偏好序（O）。即列向量相似度量为：

$$D(U, \ O) = \sum_{k=1}^{n} \langle \vec{u'}_k, \ \vec{o'}_k \rangle \tag{4-7}$$

其中，$u'_k = u_k \Big/ \sum_i u_i$ 和 $o'_k = \dfrac{n - o_k}{n - 1} \Big/ \sum_{i=1}^{n} \dfrac{n - o_i}{n-1}$。

乘性偏好关系（A）与模糊偏好关系（B）。即矩阵与矩阵相似度量：

$$D(A, \ B) = \frac{1}{n} \sum_{j=1}^{n} \sum_{k=1}^{n} \langle \vec{a}_{kj}, \ \vec{b}_{kj} \rangle \tag{4-8}$$

效用值（U）、偏好序（O）与乘性偏好关系（A）、模糊偏好关系（B）。即列向量与矩阵如下：

$$D(U, \ A) = \frac{1}{n} \sum_{j=1}^{n} \sum_{k=1}^{n} \langle \vec{u'}_k, \ \vec{a}_{kj} \rangle \ \text{和} \ D(O, \ A) = \frac{1}{n} \sum_{j=1}^{n} \sum_{k=1}^{n} \langle \vec{o'}_k, \ \vec{a}_{kj} \rangle \tag{4-9}$$

$$D(U, \ B) = \frac{1}{n} \sum_{j=1}^{n} \sum_{k=1}^{n} \langle \vec{u'}_k, \ \vec{p}_{kj} \rangle \ \text{和} \ D(O, \ B) = \frac{1}{n} \sum_{j=1}^{n} \sum_{k=1}^{n} \langle \vec{o'}_k, \ \vec{p}_{kj} \rangle \tag{4-10}$$

4.2.2 基于相似度量的聚类算法

聚类技术是数据挖掘中的基本算法之一。聚类过程是根据某种事先定义的距离，将数据对象按照距离划分成若干簇，同簇中的数据相似，不同簇中的数据则相异。

基本聚类思想有基于划分、基于密度、层次方法等，高级聚类方法主要基于概率、图与网络、高维数据、动态数据等。最常见的聚类算法是 K-均值，其主要思想是指定初始聚类中心，然后根据相似程度划分数据对象归属，计算均值作为聚类中心，反复迭代直至条件达成。异质偏好的簇中心通过计算式（3-44）、式（3-45）、式（3-46）和式（3-47）得到。本书聚类算法使用成熟的 K-均值算法，详细内容可见一般数据挖掘教程，这里不再赘述。简要介绍如表 4-2 所示。

聚类中心的数目确定是聚类算法中的主要环节，不同的聚类中心个数影响聚类结果的形成。一般的聚类中心根据聚类规则和指定迭代次数进行确定。在决策科学中，聚类中心更多地通过管理经验和决策者的背景确定。本书运用的大群体决策数据来自管理实践中的民主决策问题。数据由52位决策者和4种异质偏好形式构成，具体的数据结构和应用背景将在本章进行详细论述，这里我们将通过可视化聚类图演示设置3个聚类中心和4个聚类中心的聚类分布变化，结果如图4-1所示。

表4-2　K-均值聚类算法

算法1　K-均值	
1	设定聚类中心数目//通过管理经验或者指定迭代次数或者满足聚类规则
2	初始化聚类中心//设定集结偏好作为迭代点
3	While 停止规则未达到 do
4	计算每个决策者到聚类中心的距离，并确定归属
5	更新聚类中心
6	End

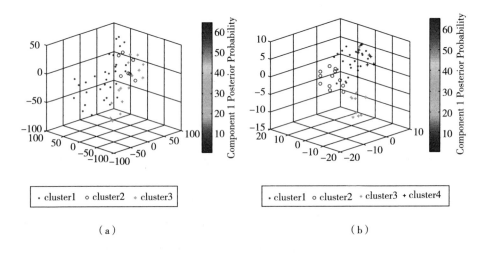

（a）　　　　　　　　　　　　　（b）

图4-1　3个聚类中心和4个聚类中心数据聚类分布变化关系

注：（a）设定3个聚类中心；（b）设定4个聚类中心。

由图4-1可以发现，实际聚类在增加聚类中心时，新增聚类中心与其他类簇的距离相近，结合管理经验和聚类数据分布变化，可以确定3个聚类中心为合理的选择。

通过本节提出的聚类方法，可以进行大群体偏好关系中的决策者偏好行为集聚和划分，形成较小的子集团，并根据迭代动态过程中集团和个体位置变化，检测决策者是否具有非合作偏好行为，并管理这一行为，促进决策共识的达成。

4.3　知识驱动的决策者行为分类

分类算法是根据有标签的数据组训练模型，然后对未知数据集类别进行预测的过程。分类算法是典型的监督学习算法，即需要标定训练数据的类别标签。在大群体决策中，需要决策实施者根据决策者行为规律或者身份地位，结合管理知识和经验对数据进行标签，然后训练分类器，对未知决策者群体进行类别划分和分组管理，从而推进大群体决策共识的形成，这样的分类过程被称为知识驱动的决策者分类。例如：社交网络中的"大 V"、电子商务中的核心供应商等，他们的行为往往可以刻画成已知的类别标签；还有电子政务中的听证会参与者阶层代表等，可以事先进行分组，然后对其他参与者的身份进行分类预测，对不同组别的决策者权重进行有效管理。但是，在大群体中，不同意见者或者非合作决策行为等都是决策群体中的少数部分，因此，对这一类问题的分类需要解决不平衡数据分类的准确性问题。那么，如何构建大群体决策中的数据特征是分类的核心问题。

根据式（4-5）至式（4-8），实际上，个体偏好矩阵与群体偏好之间的距离是各列向量与群体偏好之间余弦相似度量的代数平均。因此，通过变量代换，将决策者的列向量对应位置的代数平均值作为属性的对应值，当作分类的特征，将管理知识当作类标签，进行分类模型训练。此时，式（3-50）具体变换如下：

$$
\begin{aligned}
C =& \sum_{k \in \Omega_U} \sum_{i=1}^{n} \sum_{j=1}^{n} \sigma_k \overline{w}_i \overline{u}_{ij}^{(k)} + \sum_{k \in \Omega_O} \sum_{i=1}^{n} \sum_{j=1}^{n} \sigma_k \overline{w}_i \overline{o}_{ij}^{(k)} + \sum_{k \in \Omega_A} \sum_{i=1}^{n} \sum_{j=1}^{n} \sigma_k \overline{w}_i \overline{a}_{ij}^{(k)} + \\
& \sum_{k \in \Omega_B} \sum_{i=1}^{n} \sum_{j=1}^{n} \sigma_k \overline{w}_i \overline{p}_{ij}^{(k)} \\
=& \left(\sum_{k \in \Omega_U} \sum_{i=1}^{n} \sum_{j=1}^{n} \sigma_k \overline{u}_{ij}^{(k)} + \sum_{k \in \Omega_O} \sum_{i=1}^{n} \sum_{j=1}^{n} \sigma_k \overline{o}_{ij}^{(k)} + \sum_{k \in \Omega_A} \sum_{i=1}^{n} \sum_{j=1}^{n} \sigma_k \overline{a}_{ij}^{(k)} + \right. \\
& \left. \sum_{k \in \Omega_B} \sum_{i=1}^{n} \sum_{j=1}^{n} \sigma_k \overline{p}_{ij}^{(k)} \right) \overline{w}_i \\
=& \left[\sum_{k \in \Omega_U} \sigma_k \left(\sum_{i=1}^{n} \sum_{j=1}^{n} \overline{u}_{ij}^{(k)} \right) + \sum_{k \in \Omega_O} \sigma_k \left(\sum_{i=1}^{n} \sum_{j=1}^{n} \overline{o}_{ij}^{(k)} \right) + \sum_{k \in \Omega_A} \sigma_k \left(\sum_{i=1}^{n} \sum_{j=1}^{n} \overline{a}_{ij}^{(k)} \right) + \right. \\
& \left. \sum_{k \in \Omega_B} \sigma_k \left(\sum_{i=1}^{n} \sum_{j=1}^{n} \overline{p}_{ij}^{(k)} \right) \right] \overline{w}_i
\end{aligned}
\tag{4-11}
$$

本节提出一种基于多目标二次规划的代价敏感算法，用于决策群体分类预

测。本节使用的数学符号叙述如下：$E[\theta, \tilde{\theta}]$ 是 θ 和 $\tilde{\theta}$ 的数学期望；$X \in R^r$ 代表 r-维列向量；e 是所有元素都为 1 的列向量；0 则是所有元素都为 0 的列向量；矩阵的转置矩阵用上标 T 表示；$\|X\|_p^p = \left(\sum\limits_{i=1}^r x_i^p\right)^{\frac{1}{p}}$ 是于 p-维列向量的范数；两个向量的内积用 $X^T Y = \sum\limits_{i=1}^r x_i y_i$ 来表示；$M \in R^{n \times r}$ 是 $n \times r$ 维矩阵，单位矩阵用 I 表示。

4.3.1 大群体决策者不平衡分类模型

多目标数学规划的分类过程用矩阵来表示。一组数据 $A_i = (a_{i1}, a_{i2}, \cdots, a_{in}) \in R^r$ 表示 $n \times r$ 维矩阵的行向量，其中 n 是分类数据的个数，r 是分类数据的特征。b 是划分正类 I_+ 和 I_- 的分界尺度。分类标准 $X = (x_1, x_2, \cdots, x_n)^T \in R^r$ 是一组向量，通过如下关系划分数据类别：

$$\begin{cases} A_i X < b, \quad \forall A_i \in I_+ \\ A_i X \geq b, \quad \forall A_i \in I_- \end{cases} \tag{4-12}$$

令 β_i 是正类点 A_i 被正确分类时到边界 b 的距离，$\tilde{\beta}_i$ 是负类点 A_i 被正确分类时到边界 b 的距离。当负类点 A_i 被错误分类时到边界 b 的距离记为 $\tilde{\alpha}_i$，同时，当正类点 A_i 被错分时到边界 b 的距离记为 α_i。此时，不等式组（4-12）转化为式（4-13）：

$$\begin{cases} A_i X = b + \alpha_i - \beta_i, \quad A_i \in I_+ \\ A_i X = b - \tilde{\alpha}_i + \tilde{\beta}_i, \quad A_i \in I_- \end{cases} \tag{4-13}$$

显然，$\alpha_i = \tilde{\alpha}_i = 0$ 时点被正确分类，$\beta_i = \tilde{\beta}_i = 0$ 时点被错误分类。并且对于松弛变量有 $\alpha_i \tilde{\alpha}_i = 0$，$\alpha_i \tilde{\beta}_i = 0$，$\tilde{\alpha}_i \beta_i = 0$，$\beta_i \tilde{\beta}_i = 0$。为了放宽分类边界的适用范围，引入控制边界 $b + \delta$ 和 $b - \delta$，其中 δ 是给定正尺度。则式（4-13）可以划分为中性模型（4-14）、强模型（4-15）和弱模型（4-16）：

$$\begin{cases} A_i X = b + \alpha_i - \beta_i, \quad A_i \in I_+ \\ A_i X = b - \tilde{\alpha}_i + \tilde{\beta}_i, \quad A_i \in I_- \end{cases} \tag{4-14}$$

$$\begin{cases} A_i X = b + \delta + \alpha_i - \beta_i, \quad A_i \in I_+ \\ A_i X = b - \delta - \tilde{\alpha}_i + \tilde{\beta}_i, \quad A_i \in I_- \end{cases} \tag{4-15}$$

$$\begin{cases} A_i X = b - \delta + \alpha_i - \beta_i, \quad A_i \in I_+ \\ A_i X = b + \delta - \tilde{\alpha}_i + \tilde{\beta}_i, \quad A_i \in I_- \end{cases} \tag{4-16}$$

命题 4.1（1）强模型的可行解是中性模型与弱模型的解。

（2）中性模型的可行解是弱模型的解。

（3）对于固定点，强模型分类结果和中性模型和弱模型分类结果相同。

（4）对于固定点，中性模型分类结果和弱模型分类结果相同。

证明：令 F_S、F_M 和 F_W 分别是强模型、中性模型和弱模型的可行域。X_S^*、X_M^* 和 X_W^* 分别是强模型、中性模型和弱模型的可行解。设 A_i 被正确分类为 I_+。

对 $\forall X_S^* \in F_S$，存在 α_i 和 β_i，使 $A_i X_S^* = b - \delta + \alpha_i - \overline{\beta}_i$。上式进一步等价变形为 $A_i X_S^* = b + \alpha_i - (\overline{\beta}_i + \delta)$。设 $\beta_i = \overline{\beta}_i + \delta$，则 $A_i X_S^* = b + \alpha_i - \beta_i$。因此 $X_S^* \in F_M$，$F_S \subseteq F_M \subseteq F_W$。命题 4.1 中的（2）（3）（4）可以使用相同的方法得到验证。

为了简化模型，用参数 δ 除 X、b、α_i、$\widetilde{\alpha}_i$、β_i、$\widetilde{\beta}_i$。则方程组（4-12）可以转化为如下方程：

$$Y(<A, X> - eb) = \delta'e - \alpha - \widetilde{\alpha} + \beta + \widetilde{\beta} \qquad (4-17)$$

其中，$n \times r$ 维对角矩阵 Y 包含元素 "+1" "-1"，分别对应 $A_i \in I_+$ 和 $A_i \in I_-$。δ' 对应 "+1" "-1" 和 "0"，分别为强模型、弱模型和中性模型。

下面引进误分类成本 C_α 和 $C_{\widetilde{\alpha}}$。C_α 是正类被误分成本，$C_{\widetilde{\alpha}}$ 则是负类被误分的成本。代价敏感多目标二次规划模型定义如下：

$$\min \frac{1}{2}\|x\|_s^s + W_\alpha \left[\sum_{i=1}^n \frac{|\alpha_i|^p}{C_\alpha} + \sum_{i=1}^n \frac{|\widetilde{\alpha}_i|^p}{C_{\widetilde{\alpha}}} \right] - W_\beta \left[\sum_{i=1}^n |\beta_i|^q \right] \qquad (4-18)$$

s.t. $Y(<A, X> - eb) = \delta'e - \alpha - \widetilde{\alpha} + \beta$

其中，$W_\alpha + W_\beta = 1$，$W_\alpha > 0$ 且 $W_\beta > 0$。W_α 和 W_β 预先设定或者由交叉验证获得。

假设 $s = 2$，$p = 2$，$q = 1$，其中 $\frac{W_b}{2}b^2$ 增加模型凸性[228]，则模型（4-18）转化为：

$$\min \frac{1}{2}\|x\|^2 + W_\alpha \left[\sum_{i=1}^n \frac{|\alpha_i|^2}{C_\alpha} + \sum_{i=1}^n \frac{|\widetilde{\alpha}_i|^2}{C_{\widetilde{\alpha}}} \right] - W_\beta \sum_{i=1}^n |\beta_i| + \frac{W_b}{2}b^2 \qquad (4-19)$$

s.t. $Y(<A, X> - eb) = \delta'e - \alpha - \widetilde{\alpha} + \beta$

为了求解模型（4-19），分别根据正类和负类的错误划分，将上述模型转化为两个子模型。如果正类被错分，则子模型为：

$$\min \frac{1}{2}\|x\|^2 + \frac{W_\alpha}{2} \sum_{i=1}^n \frac{|\alpha_i|^2}{C_\alpha} - W_\beta \sum_{i=1}^n |\beta_i| + \frac{W_b}{2}b^2$$

s.t. $Y(<A, X> - eb) = \delta'e - \alpha + \beta \qquad (4-20)$

为简化上述模型记号，用 $\eta_i = \alpha_i - \beta_i$。$\eta_i = \alpha_i$ 如果错误分类，$\eta_i = -\beta_i$ 如果正确分类，则式（4-20）转化为如下模型：

$$\min \frac{1}{2}\|x\|^2 + \frac{W_\alpha}{2} \sum_{i=1}^n \frac{|\eta_i|2}{C_\alpha} + W_\beta \sum_{i=1}^n |\eta_i| + \frac{W_b}{2}b^2 \qquad (4-21)$$

s.t. $Y(<A, X> - eb) = \delta'e - \eta$

根据拉格朗日对偶定理[229] 可得：

$$L(X, b, \eta, \theta) = \frac{1}{2}\|x\|^2 + \frac{W_\alpha}{2}\sum_{i=1}^{n}\frac{|\eta_i|^2}{C_\alpha} + W_\beta\sum_{i=1}^{n}|\eta_i| + \frac{W_b}{2}b^2 - \theta^T(Y(<A, X> - eb) - \delta'e + \eta \tag{4-22}$$

上述拉格朗日函数的梯度函数如下：

$$\nabla_x L(X, b, \eta, \theta) = X - A^T X\theta = 0$$

$$\nabla_b L(X, b, \eta, \theta) = W_b b - e^T Y\theta = 0$$

$$\nabla_\eta L(X, b, \eta, \theta) = \frac{W_\alpha}{C_\alpha}\eta + W_\beta e = \theta \tag{4-23}$$

上述方程组的解是：

$$\theta' = \left[Y\left(AA^T + \frac{1}{W_b}ee^T\right)Y + \frac{C_\alpha}{W_\alpha}I\right]^{-1}\left(\delta' + \frac{W_\beta C_\alpha}{W_\alpha}\right)e \tag{4-24}$$

误分类点属于负类 I_-，则子模型如下：

$$\min \frac{1}{2}\|x\|^2 + \frac{W_\alpha}{2}\sum_{i=1}^{n}\frac{|\tilde{\alpha}_i|^2}{C_\alpha} - W_\beta\sum_{i=1}^{n}|\beta_i| + \frac{W_b}{2}b^2$$

$$\text{s.t. } Y(<A, X> - eb) = \delta'e - \tilde{\alpha} + \beta \tag{4-25}$$

定义 $\eta_i = \tilde{\alpha}_i - \tilde{\beta}_i$，重复前述子模型的求解过程：

$$\min \frac{1}{2}\|x\|^2 + \frac{W_\alpha}{2}\sum_{i=1}^{n}\frac{|\tilde{\eta}_i|^2}{C_\alpha} + W_\beta\sum_{i=1}^{n}|\tilde{\eta}_i| + \frac{W_b}{2}b^2$$

$$\text{s.t. } Y(<A, X> - eb) = \delta'e - \tilde{\eta} \tag{4-26}$$

同理，上述模型的解是：

$$\theta'' = \left[Y\left(AA^T + \frac{1}{W_b}ee^T\right)Y + \frac{C_{\tilde{\alpha}}}{W_\alpha}I\right]^{-1}\left(\delta' + \frac{W_\beta C_{\tilde{\alpha}}}{W_\alpha}\right)e \tag{4-27}$$

因此，代价敏感多目标二次规划模型（4-18）的解是 $\theta = E[\theta', \theta'']$。

证明上述解存在唯一性，实际上只需证明 $Y\left(<A, X> + \frac{1}{W_b}ee^T\right)Y$ 可逆。

命题 4.2 设 W_α、W_β、W_b 是正实数，假设 α、$\tilde{\alpha}$、β 不为 0，则模型（4-18）的解存在。

证明：令 $H = Y(A - W_b^{-\frac{1}{2}}e)$，则 $HH^T = AA^T + \frac{1}{W_b}ee^T$。$HH^T$ 是 Gram 矩阵，所以其逆矩阵存在，是实对角矩阵，所以 $Y\left(AA^T + \frac{1}{W_b}ee^T\right)Y + \frac{C_\alpha}{W_\alpha}I$ 必然可逆。

4.3.2　分类算法实验

本小节对上一小节算法的性能进行不平衡数据集实验。按照算法性能评价的学术惯例，本书选择 UCI 公共数据集[230] 进行算法测试，并对分类结果的显著性进行统计检验[231]，对算法适用数据集的分布特征进行说明。

4.3.2.1 成本矩阵、数据集、分类算法和评价指标

成本矩阵。成本矩阵的目的是通过对错误分类赋予不同的成本，降低少类分类错误率。而对于正确分类的数据，则不标注成本[132,152,159,171]。具体如表4-3所示。

表4-3　成本矩阵

		预测类	
		多类	少类
实际类	多类	0	C_α
	少类	$C_{\tilde{\alpha}}$	0

一般分类算法中将数据较少的类记为正类。错误分类正类的成本一般要高于负类。用 $CR = C_{\tilde{\alpha}}/C_\alpha$ 表示成本比值。

（1）数据集。本书采用 26 个 UCI 不平衡数据集[231,232]（见表4-4）。数据集不平衡比是正类和负类的比值。对于多组别数据，则通过一对多或者多对剩余的数据类别转化为二元分类[171]。

表4-4　实验数据集

数据集	数据数	特征数	少类数	IR	数据集	数据数	特征数	少类数	IR
Wine 1	178	13	59	2.01	Cleveland 0vs4	173	13	13	12.30
Echo	131	13	43	2.04	Ecoli 0146vs5	280	7	20	13.00
Glass_Non-window	214	10	51	3.18	Abalone 9vs18	731	8	42	16.40
Hepatitis	155	19	32	3.84	Pageblocks 13vs4	472	10	27	16.44
Newthyroid 1	215	5	35	5.14	Zoo 3	101	16	5	19.20
Glass 6	214	9	9	6.37	Yeast 4	1484	8	51	28.41
Ecoli 034vs5	200	7	20	9.00	Yeast 5	1484	8	44	32.78
Yeast 0359vs78	506	8	50	9.12	Ecoli 0137vs26	284	7	7	39.14
Yeast 0256vs3789	1004	8	99	9.14	Yeast 6	1484	8	37	39.15
Yeast 02579vs368	1004	8	99	9.14	Abalone 17vs78910	2338	8	58	39.31
Ecoli 0346vs5	185	7	20	9.25	Abalone 21vs8	581	8	14	40.50
Glass 0146vs2	205	9	17	11.06	Shutter 2vs5	3316	9	49	66.67
Pageblock 2vs3	358	10	29	11.34	Abalone 19	4174	8	32	129.43

（2）评价指标。分类器性能的分类与一般的数据挖掘教材的分类相同（见表4-5）。

表4-5　混淆矩阵

		预测类	
		正类	负类
实际类	正类	TP	FN
	负类	FP	TN

分类准确率基础指标为：

$$TP_{rate} = \frac{TP}{TP+FN}; \quad TN_{rate} = \frac{TN}{TN+FP}$$

$$FP_{rate} = \frac{FP}{TN+FP}; \quad FN_{rate} = \frac{FN}{TP+FN}$$

本书将采用两个复合指标：AUC 和 $GeoMean$。两者定义如下：

$$AUC = \frac{1+TP_{rate}-FP_{rate}}{2}$$

$$Geometric(GM) = \sqrt{\frac{TN}{FP+TN} \times \frac{TP}{TP+FN}}$$

一般而言，对于不平衡数据的分类不能使用总体分类准确率，因为其更为关注少类数据的分类准确率。因此，平均准确率是应用更加广泛的评价指标[124,132,136,152,155,159,171,172]。

（3）分类算法。输入：数据集 A；不平衡比。输出：AUC；$GeoMean$。

1）随机划分数据集为 10 份。//将其中 1 份作为测试集，剩余为训练集。

2）for 每个划分 do。

3）训练集上计算 θ。

4）计算 $X = A^T Y\theta$ 和 $b = -\frac{1}{W_b}ee^T\theta$。

5）测试集上测试数据。

6）end for。

7）计算混淆矩阵。

8）输出评价指标。

4.3.2.2　实验结果

本书选择基础优化分类器、集成分类器、抽样方法等经典算法与其他算法进行分类结果比较。主要算法和出处如表4-6所示。

表4-6 本书算法与其他算法的计较

方法			算法说明	缩写
优化分类器	多目标二次规划		Peng 等[133]	MCQP
	支持向量机		径向基和多项式核函数中选取最优	SVM
一般分类器	决策树 C4.5		Quilan's C4.5 算法	C4.5
	朴素贝叶斯		使用监督离散化过程，核密度估计代替正态分布	NB
	逻辑斯蒂回归		Quasi-Newton 方法	LOG
	RBF 网络		使用 k-聚类提供基函数	RBFN
	多层感知机		后向传播	MLP
集成方法	提升 M1 C4.5		使用 C4.5 基分类器、Freund 和 Schapire[233] 提出的分类器	AdBC
	提升 M1 SVM		使用支持向量机作为基函数	AdBS
	装袋 C4.5		基分类器是 C4.5 和 Breiman[234] 提出的分类器	BaC
	装袋 SVM		基分类器是 SVM 和 Breiman[234] 提出的分类器	BaS
数据预处理	混合少类抽样 (SMOTE)	C4.5	混合少类抽样，分类器是 C4.5 和 SVM	SMC
		SMOTE SVM		SMS
	单边选择 (OSS)	C4.5	Kubat 和 Matwin[141]，基础分类器是 C4.5 和 SVM	OSSC
		OSS SVM		OSSS
	紧致近邻规则 (CNN)	C4.5	紧致近邻规则 Hart[235]，基础分类器是 C4.5 和 SVM	CNNC
		CNN SVM		CNNS
混合抽样方法	SMOTE Wilson's 近邻 (ENN) C4.5		使用 SMOTE 过抽样和 Wilson's Edited Nearest Neighbor (ENN) 欠抽样 Wilson[236]，基础分类器是 C4.5 和 SVM	SENC
	SMOTE ENN SVM			SENS
	SMOTE Tomek Link C 4.5		使用 SMOTE 过抽样和 Tomek Links 欠抽样 Tomek[237]，基础分类器是 C4.5 和 SVM	STLC
	SMOTE Tomek Link SVM			STLS
代价敏感分类器	代价敏感 SVM		设定不同成本获得最低总成本	CSVM
	本书方法		前文提出	CMCP

上述分类器的分类结果比较如表4-7和表4-8所示。从实验结果可以看出：①在26个数据集中，本书方法相比其他24个分类器能够获得更优的平均分类准确率。②优化分类器在不平衡数据集上表现最差。③数据预处理能够显著提升分类准确率。④过抽样表现好于欠抽样。⑤混合抽样好于单一抽样。⑥集成分类器

表4-7 分类器分类结果比较（AUC）

	MCQP	SVM	C4.5	NB	LWL	LOG	RBFN	MLP	AdBC	BaC	BaS	SMC	SMS	CNNC	CNNS	OSSC	OSSS	SMEC	SMES	STLC	STLS	CSVM	CMCQP
Echo	72.4	46.3	81.9	82.8	83.5	82.6	82.1	83.6	81.9	**83.9**	82.6	83.1	**83.9**	80.6	81.0	81.1	78.0	81.1	80.8	80.1	78.9	74.8	83.1
Pageblock 2vs3	64.2	76.5	97.6	85.9	95.0	97.6	**99.7**	**99.7**	**99.7**	**99.7**	78.4	97.9	85.6	95.6	81.0	98.6	95.7	95.0	85.6	94.7	85.6	76.5	95.2
Glass_Non-window	87.1	86.1	90.3	86.9	89.4	89.4	87.9	88.4	90.6	89.4	87.4	90.7	89.2	96.5	82.4	96.5	82.4	93.5	89.2	93.7	89.5	92.5	93.8
Wine 1	49.7	93.0	95.0	97.5	95.8	97.5	61.6	98.3	98.3	97.5	87.3	97.1	95.0	95.3	82.4	96.5	95.3	86.7	**97.9**	93.2	85.9	95.4	95.8
Hepatitis	54.8	63.9	62.4	70.8	50.7	64.4	69.7	69.5	64.8	72.5	77.0	59.8	65.4	75.4	66.3	58.4	70.9	85.1	**85.5**	65.6	71.3	49.6	68.7
Newthyroid 1	81.8	77.2	96.6	**98.9**	86.1	98.0	97.7	96.6	96.1	92.3	98.3	87.5	90.0	91.7	87.2	90.4	82.9	90.8	98.0	91.4	**98.9**	90.0	92.0
Ecoli 0137vs26	85.2	85.2	85.5	78.0	85.2	85.2	85.2	85.5	78.0	71.3	85.2	85.2	85.2	**85.5**	85.1	84.4	84.4	81.9	85.4	85.0	84.8	85.2	85.2
Cleveland 0vs4	88.1	76.3	75.7	90.1	68.3	74.7	79.5	78.9	76.3	64.5	76.6	77.0	78.7	66.7	79.9	59.8	68.1	78.3	81.8	72.4	89.1	85.7	**91.6**
Zoo_3	79.1	69.5	50.0	57.4	50.0	68.5	49.5	77.9	68.5	50.0	79.2	78.5	74.5	48.6	79.3	49.4	70.0	76.2	**80.0**	76.2	**80.0**	79.0	79.1
Ecoli 034vs5	70.5	77.1	78.6	87.0	80.3	86.1	91.4	88.6	86.7	86.1	84.7	91.5	90.5	84.0	73.7	85.9	68.3	87.0	91.0	90.7	88.6	90.9	**91.6**
Ecoli 0146vs5	52.5	82.3	79.9	88.9	79.3	86.8	81.2	84.1	84.3	84.6	79.8	83.5	89.3	83.2	84.8	73.8	82.3	85.5	83.6	84.9	84.1	**89.4**	88.8
Glass 6	90.6	86.9	88.6	91.2	92.0	92.0	91.5	91.5	91.2	91.4	92.0	89.3	91.8	49.5	49.2	71.1	65.3	90.4	91.7	91.4	91.2	88.9	**92.0**
Abalone9vs18	49.5	50.0	61.0	69.0	50.0	74.4	50.0	73.2	66.9	51.2	92.0	73.4	67.2	61.4	58.4	59.0	58.4	65.2	66.6	65.9	69.6	**74.8**	73.9
Abalone19	**67.1**	50.0	50.0	54.8	50.0	50.0	50.0	50.0	51.4	50.0	50.0	50.0	50.0	50.0	50.0	50.0	50.0	50.0	50.0	50.0	50.0	50.0	66.9
Abalone17vs78910	68.4	50.0	55.0	65.1	50.0	63.6	50.0	58.4	64.3	55.1	50.0	65.0	58.9	61.7	56.9	54.3	54.1	73.0	61.6	72.8	61.6	71.6	**73.4**
Abalone21vs8	68.4	50.0	88.7	80.9	85.1	**88.8**	50.0	85.3	74.7	78.3	50.0	76.6	69.7	74.6	67.9	67.2	64.3	72.8	69.7	74.3	75.0	85.2	73.4
Shutter 2vs5	94.8	87.8	**100.0**	95.8	**100.0**	**100.0**	**100.0**	**100.0**	**100.0**	**100.0**	87.8	**100.0**	86.6	**100.0**	86.6	**100.0**	86.6	**100.0**	86.6	**100.0**	75.0	93.9	97.8
Yeast02579vs368	50.7	85.5	84.5	87.4	87.0	87.5	85.0	87.8	87.6	82.8	86.5	84.6	84.6	84.0	**88.0**	85.9	85.9	87.1	86.8	87.1	87.6	83.5	**88.0**
Yeast0256vs3789	50.7	55.4	67.0	78.3	64.2	70.2	69.2	75.6	71.2	69.1	56.7	76.4	79.3	70.5	54.6	70.5	54.6	73.0	78.9	75.4	78.7	**79.8**	77.8
Yeast0359vs78	67.3	60.7	59.8	60.6	60.7	59.6	59.5	64.7	60.4	56.6	60.7	62.7	60.7	58.2	60.8	59.6	54.6	67.4	60.9	66.9	60.8	67.0	**69.0**

续表

	MCQP	SVM	C4.5	NB	LWL	LOG	RBFN	MLP	AdBC	AdBS	BaC	BaS	SMC	SMS	CNNC	CNNS	OSSC	OSSS	SMEC	SMES	STLC	STLS	CSVM	CMCQP
Glass0146vs2	50.0	50.0	59.9	60.1	50.0	49.0	49.8	49.2	50.0	60.7	52.4	50.0	64.7	50.0	67.4	53.6	63.2	50.0	**66.9**	49.3	67.9	49.6	67.0	**69.0**
Ecoli0346vs5	64.2	84.8	80.9	88.9	77.6	87.0	86.7	89.5	85.9	70.4	79.2	86.2	80.4	89.5	82.6	77.3	82.0	79.1	88.2	88.1	88.3	88.8	89.6	**91.8**
Pageblocks13vs4	76.7	71.4	96.2	88.9	57.1	83.1	86.5	**98.1**	86.5	83.8	96.1	86.5	94.2	71.2	93.4	85.5	93.4	89.2	92.2	79.9	84.0	76.4	74.8	83.9
Yeast4	60.9	50.0	64.1	68.7	50.0	57.6	50.0	63.5	65.2	57.7	63.4	50.0	75.2	57.7	64.4	51.0	65.3	50.0	73.7	59.6	73.8	59.6	80.3	**81.5**
Yeast5	52.2	50.0	87.1	91.9	50.0	73.4	71.4	82.4	83.8	63.4	81.5	63.5	83.1	77.3	89.9	63.3	86.2	63.0	93.0	80.7	90.7	80.2	93.8	**94.9**
Yeast6	52.1	50.0	76.7	**83.7**	57.1	67.0	50.0	72.6	50.0	50.0	69.7	50.0	81.8	61.2	75.4	51.4	71.0	50.0	82.0	64.8	81.3	61.9	80.2	82.8
Average	67.3	67.9	77.4	80.4	71.3	78.2	72.5	80.5	77.5	76.2	75.7	74.2	80.4	76.3	76.4	70.7	75.1	70.5	81.4	78.2	81.0	77.5	80.4	**83.9**

表4-8 分类器分类结果比较（Geomean）

	MCQP	SVM	C4.5	NB	LWL	LOG	RBFN	MLP	AdBC	AdBS	BaC	BaS	SMC	SMS	CNNC	CNNS	OSSC	OSSS	SMEC	SMES	STLC	STLS	CSVM	CMCQP
Echo	68.4	81.6	81.3	78.9	**83.0**	81.9	81.8	82.8	81.3	80.1	**83.0**	81.9	82.9	**83.0**	80.6	77.0	80.1	80.9	80.9	79.6	79.9	78.9	71.5	**83.0**
Pageblock 2vs3	53.3	73.6	95.3	85.1	94.9	97.6	99.7	99.7	99.7	95.8	99.7	75.5	97.5	84.4	98.5	95.6	95.6	80.9	95.0	84.4	94.7	84.4	74.1	95.1
Glass_Non-window	86.6	85.6	90.1	86.6	**99.0**	89.1	87.7	88.0	90.4	85.8	89.1	86.9	90.6	89.3	96.5	82.3	96.5	82.3	89.0	93.6	93.6	89.2	92.4	93.6
Wine 1	3.7	93.0	94.9	97.4	95.8	97.5	60.3	**98.3**	**98.3**	90.2	97.4	86.8	97.0	94.9	96.5	95.3	95.2	82.3	97.8	93.1	93.1	85.8	95.3	95.8
Hepatitis	40.8	61.6	61.9	70.0	47.6	64.2	69.1	69.4	64.8	64.8	71.6	76.9	59.2	65.2	57.5	69.6	75.4	65.7	**85.1**	85.5	65.1	71.1	14.3	67.6
Newthyroid 1	82.8	73.7	96.6	**98.9**	85.9	98.0	97.7	96.6	96.0	96.8	92.1	98.2	86.8	89.4	90.2	81.1	91.5	86.2	90.7	98.0	91.3	**98.9**	89.4	91.8
Ecoli 0137vs26	84.1	84.1	84.3	75.1	84.0	84.0	84.0	84.3	75.1	84.2	65.4	84.0	84.0	84.0	83.3	83.3	84.3	83.9	80.6	84.3	84.3	84.7	84.0	84.1
Cleveland 0vs4	87.9	72.4	72.4	89.9	61.5	71.7	77.4	77.0	72.9	76.7	55.0	73.1	74.5	77.5	47.2	64.4	60.4	77.8	76.4	80.1	68.8	88.7	85.2	**91.4**
Zoo 3	**77.5**	62.9	0.0	43.5	0.0	62.3	0.0	75.8	62.3	62.9	0.0	77.2	76.2	70.4	0.0	63.2	0.0	76.9	73.5	**77.5**	73.5	**77.5**	76.6	**77.5**
Ecoli 034vs5	68.0	73.2	76.4	86.1	78.8	85.4	91.2	88.2	85.9	83.0	85.4	83.4	91.4	90.4	85.9	65.8	82.8	69.7	86.8	90.6	90.6	87.9	90.7	**91.5**

续表

	MCQP	SVM	C4.5	NB	LWL	LOG	RBFN	MLP	AdBC	AdBS	BaC	BaS	SMC	SMS	CNNC	CNNS	OSSC	OSSS	SMEC	SMES	STLC	STLS	CSVM	CMCQP
Ecoli 0146vs5	22.3	80.5	77.3	88.4	76.9	86.0	79.5	82.9	83.0	80.5	83.3	77.3	82.4	88.8	69.8	80.5	82.1	83.5	89.4	87.9	84.4	83.3	**89.3**	88.8
Glass 6	90.2	86.2	88.1	91.1	**91.8**	91.9	91.3	91.4	90.8	87.8	91.3	**91.8**	88.8	91.6	65.9	56.9	0.0	0.0	90.3	91.6	91.3	90.9	88.3	**91.8**
Abalone9vs18	11.3	0.0	48.3	67.0	0.0	70.3	0.0	68.5	59.1	65.0	15.5	91.8	69.6	58.7	43.3	40.9	48.5	40.9	58.6	57.7	59.7	62.6	72.0	**73.5**
Abalone19	58.5	0.0	0.0	43.8	0.0	0.0	0.0	0.0	17.6	65.0	0.0	0.0	12.6	0.0	0.0	0.0	0.0	0.0	0.0	0.0	0.0	0.0	0.0	**66.1**
Abalone17vs78910	60.6	0.0	32.0	61.9	0.0	52.4	0.0	41.4	53.9	29.3	32.1	0.0	55.9	42.5	29.3	29.3	48.9	37.1	69.8	48.2	69.5	48.2	66.4	**72.7**
Abalone21vs8	60.6	0.0	88.1	80.3	84.0	88.2	0.0	**84.1**	70.5	83.8	75.4	0.0	73.1	62.7	59.3	53.5	70.4	59.7	69.1	62.7	71.3	70.7	84.0	61.9
Shutter 2vs5	94.6	86.9	100.0	95.7	100.0	100.0	99.9	99.9	100.0	99.9	100.0	86.9	100.0	85.6	100.0	85.6	100.0	85.6	100.0	85.7	**100.0**	85.7	93.7	97.8
Yeast0579vs368	11.5	84.4	83.4	**87.8**	86.6	86.7	83.9	87.2	86.9	84.4	81.2	85.5	83.4	83.2	85.0	84.8	82.8	87.2	86.8	85.7	86.8	87.3	83.2	87.6
Yeast0256vs3789	11.5	33.2	59.0	76.2	54.5	64.0	62.9	72.4	65.9	58.4	62.4	37.4	73.8	77.3	65.0	31.6	65.0	31.6	70.3	76.7	73.4	76.6	**79.2**	77.6
Yeast0359vs78	63.1	46.7	46.3	46.7	46.7	44.5	44.5	57.0	48.2	46.7	37.2	46.7	53.5	46.7	46.2	31.6	42.1	46.8	62.0	46.9	64.1	46.8	64.2	**65.1**
Glass0146vs2	0.0	0.0	47.6	57.8	0.0	0.0	0.0	0.0	0.0	46.7	24.2	0.0	57.6	0.0	53.4	0.0	62.1	53.2	64.9	28.1	65.1	28.2	64.2	**65.1**
Ecoli0346vs5	58.8	83.5	79.3	88.5	75.5	86.1	86.7	88.9	85.2	67.4	76.8	85.4	78.9	88.9	81.1	78.5	81.6	75.3	88.0	87.7	88.2	88.8	89.4	**91.7**
Pageblocks13vs4	73.1	65.4	96.1	88.5	37.8	81.7	85.7	**98.1**	86.1	82.9	96.0	86.1	94.2	65.2	93.2	88.9	93.3	85.4	92.1	79.0	83.9	73.9	71.7	83.0
Yeast4	51.1	0.0	53.9	63.8	0.0	39.5	0.0	52.3	55.8	39.6	52.2	0.0	71.5	39.5	55.8	0.0	54.0	14.1	70.8	44.2	70.8	44.2	79.1	**81.0**
Yeast5	20.7	0.0	86.3	91.7	0.0	68.8	65.6	80.7	82.3	52.1	79.5	52.1	81.5	74.2	85.5	51.9	89.5	52.1	92.8	78.6	90.5	78.0	93.8	**94.9**
Yeast6	20.2	0.0	73.4	**82.7**	37.8	58.4	67.4	0.0	0.0	0.0	63.1	0.0	79.9	47.7	65.2	0.0	71.5	17.0	80.4	54.6	79.6	49.2	78.3	82.3
Average	52.4	51.1	69.7	77.8	54.7	71.2	74.3	69.7	69.7	69.6	65.7	60.2	76.1	68.5	65.6	57.4	66.4	59.9	76.9	71.2	77.2	71.1	75.8	**82.8**

不如数据预处理和代价敏感算法。表中加黑部分是数据集中表现最好的分类
算法。

4.3.2.3 统计检验

本小节对上述实验结果进行统计显著性检验，使用的方法是 t 检验和 Wilcoxon 秩和检验，显著性水平为 0.05。检验零假设是算法表现相同和无显著差异。为了简化符号，用"+"表示行中算法显著优于列中算法，用"−"表示列中算法显著优于行中算法；用"="标识两算法无显著差异。括号中为 p 值。t 检验和 Wilcoxon 秩和检验分别是应用最为广泛的参数检验和非参数检验方法，两类方法的基本原理和主要过程在此不再赘述。检验结果如表 4-9 ~ 表 4-12 所示。

表 4-9　对 AUC 值 t 检验结果

	SVM	MLP	Adaboost M1	SMOTE	SMOTE ENN	CS-MCQP
SVM	—	−（0.000）	−（0.000）	−（0.000）	−（0.000）	−（0.000）
MLP	+（0.000）	—	=（0.059）	=（0.839）	=（0.405）	−（0.032）
Adaboost M1	+（0.000）	=（0.059）	—	=（0.087）	−（0.032）	−（0.001）
SMOTE	+（0.000）	=（0.839）	=（0.087）	—	=（0.410）	−（0.004）
SMOTE ENN	+（0.000）	=（0.405）	+（0.032）	=（0.410）	—	−（0.048）
CS-MCQP	+（0.000）	+（0.032）	+（0.001）	+（0.004）	+（0.048）	—

表 4-10　对 GM 值 t 检验结果

	SVM	MLP	Adaboost M1	SMOTE	SMOTE ENN	CS-MCQP
SVM	—	−（0.000）	−（0.000）	−（0.001）	−（0.001）	−（0.000）
MLP	+（0.000）	—	+（0.046）	=（0.640）	=（0.876）	−（0.016）
Adaboost M1	+（0.000）	−（0.046）	—	=（0.064）	=（0.056）	−（0.003）
SMOTE	+（0.001）	=（0.640）	=（0.064）	—	=（0.601）	−（0.014）
SMOTE ENN	+（0.001）	=（0.876）	=（0.056）	=（0.601）	—	−（0.048）
CS-MCQP	+（0.000）	+（0.016）	+（0.003）	+（0.014）	+（0.048）	—

表 4-11　对 AUC 值 Wilcoxon 检验结果

	SVM	MLP	Adaboost M1	SMOTE	SMOTE ENN	CS-MCQP
SVM	—	−（0.000）	−（0.000）	−（0.000）	−（0.000）	−（0.000）
MLP	+（0.000）	—	+（0.042）	=（0.879）	=（0.734）	−（0.037）
Adaboost M1	+（0.000）	−（0.042）	—	=（0.174）	−（0.034）	−（0.001）
SMOTE	+（0.000）	=（0.879）	=（0.174）	—	=（0.732）	−（0.003）

续表

	SVM	MLP	Adaboost M1	SMOTE	SMOTE ENN	CS-MCQP
SMOTE ENN	+ (0.000)	= (0.734)	+ (0.034)	= (0.732)	—	- (0.002)
CS-MCQP	+ (0.000)	+ (0.037)	+ (0.001)	+ (0.003)	+ (0.002)	—

表 4-12　对 GM 值 Wilcoxon 检验结果

	SVM	MLP	Adaboost M1	SMOTE	SMOTE ENN	CS-MCQP
SVM	—	- (0.000)	- (0.000)	- (0.001)	- (0.001)	- (0.000)
MLP	+ (0.000)	—	+ (0.015)	= (0.517)	= (0.962)	- (0.007)
Adaboost M1	+ (0.000)	- (0.015)	—	= (0.054)	- (0.034)	- (0.001)
SMOTE	+ (0.001)	= (0.517)	= (0.054)	—	= (0.638)	- (0.002)
SMOTE ENN	+ (0.001)	= (0.962)	+ (0.034)	= (0.638)	—	- (0.001)
CS-MCQP	+ (0.000)	+ (0.007)	+ (0.001)	+ (0.002)	+ (0.001)	—

由表 4-9 至表 4-12 的结果可以看出，本书方法的分类平均准确率在 95% 的置信度下显著优于其他代表性分类器。

4.3.2.4　数据集分布特征

López 等[232] 指出分类器的性能与数据集相关。换言之，不同的数据集中适用不同的算法。那么本书提出的不平衡分类算法适合哪一类数据集是本小节将要探讨的内容。本小节用到的数据可视化采用 t-SNE[238] 技术实现。

带噪声数据。噪声是指数据中少类数据点移动到多类中导致数据无法区分[232]。在不平衡数据准备中，噪声会影响分类边界移动。数据集中的噪声数据如图 4-2 所示。

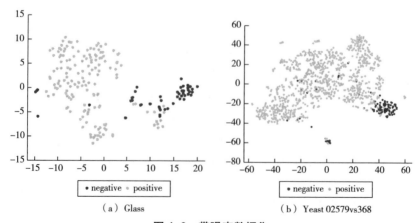

（a）Glass　　　　　　　（b）Yeast 02579vs368

图 4-2　带噪声数据集

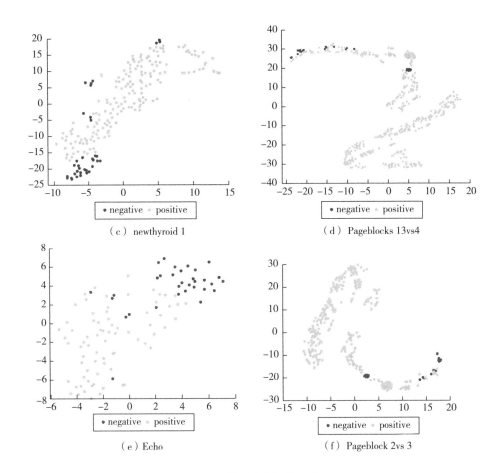

图 4-2　带噪声数据集（续）

　　小分子团（Disjunct）。数据集中一类数据无法进行明确剥离，使分类器无法识别为同一类数据。对于这一类数据，所有的分类器都将无法进行准确分类，需要进行数据变换才能提高分类准确率。具体如图 4-3 所示。

　　分布区域重叠数据。重叠数据指两类数据分布部分区域重合，但是数据分布明确。在这一类数据集中，代价敏感优化分类器的表现显著优于其他分类器。分布区域重叠数据是本书方法适用的数据集。具体如图 4-4 所示。

　　因此，本书算法适合对重合不平衡数据集合进行分类。该类数据集两类数据分布具有明确的正态性，边界地区数据分布重合，但是分类边界可以通过代价敏感控制其移动，以获得最优准确。本书提出的新方法适用的数据集应为两类数据集边界交叉，且两类数据分布比较集中的数据集。在大群体决策分类中，决策行为分布分类集中，意见交叉区域部分的决策者存在决策判断模糊，是一个典型

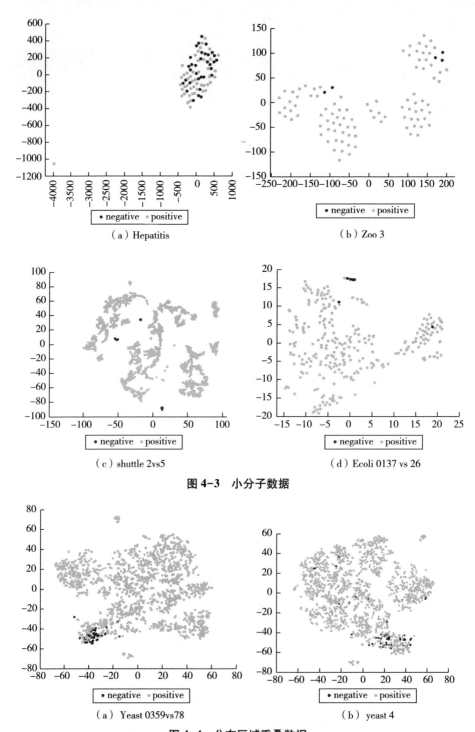

（a）Hepatitis

（b）Zoo 3

（c）shuttle 2vs5

（d）Ecoli 0137 vs 26

图 4-3　小分子数据

（a）Yeast 0359vs78

（b）yeast 4

图 4-4　分布区域重叠数据

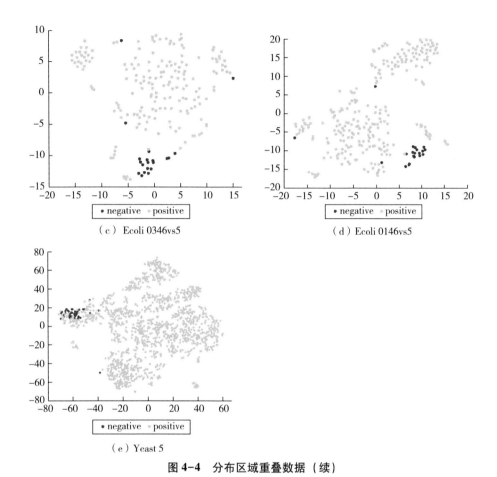

（c）Ecoli 0346vs5　　　　　　　　　　（d）Ecoli 0146vs5

（e）Yeast 5

图 4-4　分布区域重叠数据（续）

的重叠区域分类问题，所以上述方法适用于大群体决策。本书算法适用的数据集
的分布特征如图 4-5 所示。

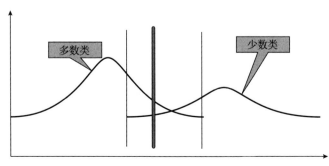

图 4-5　算法适用数据集分布特征

本节针对不平衡分类问题，建立了基于多目标优化的数据分类方法。对于大群体决策问题，多属性偏好矩阵和多目标偏好矩阵可以转化为分类特征属性，通过该方法进行模型训练和分类预测，将未知决策者行为进行类别预测，实现决策者群体的行为划分，进一步实现分类管理，适时调整决策者影响权重，促进决策共识达成。

4.4 群体决策中的公平关切博弈行为

群体决策中的公平关切是指决策者对自身和决策组织者之间利益不平等的关注[243,244]，这种关切程度通常用一个区间来表示。

对于水资源配置、城市移民安置、交通路线规划等诸多群体决策问题，决策参与者的利益与集体决策的结果密切相关。事实上，达成共识的进程是决策者和决策组织者之间的博弈过程。尽管群体决策中的公平性问题会影响决策者的偏好修改并影响共识的达成，但是该问题长期以来一直被忽视。将公平关切引入群体决策的共识达成进程中，需要并建立一种博弈机制。首先提出考虑公平关切的一般共识博弈。其次证明决策者和组织者间存在纳什均衡，同时建立最小补偿成本共识模型，并通过设计一种模拟退火算法求出均衡解。最后根据以往研究中使用的数值实例以及绿色供应链管理中的应用实例分析群体决策中公平关切、协调度和有效性之间的关系，并论证公平关切对共识达成的影响。

4.4.1 信息不对称与公平关切行为

现实群体决策问题中集体意见决定了决策者的获利程度。例如，在城市拆迁安置中，不同拆迁方案中的决策者收益差异很大，坐落在城市中心的老住宅往往商业价值更高。如果居民选择位于郊区的房产进行置换，其收益将远低于位于原住址的新房产权。而作为决策组织者，房地产开发商则需尽可能地满足居民的诉求以通过房屋拆迁实现自身利益最大化。通常，房地产开发商会提出一系列备选方案，然后召开模拟拆迁会议，征求居民的偏好选择，并与居民就拆迁方案中的冲突偏好进行协商。在此过程中，双方必须从各自可接受的方案中进行选择，进而获得相应的利益。此类群体决策问题以决策者和决策组织者之间相互竞争的利益博弈为主要特征。

决策组织者为了促使决策者改变意见，常常会通过激励决策者调整偏好实现群体共识。传统的共识达成进程研究侧重于最小共识成本或最大程度共识的改进。然而，这些共识的调整都没有考虑到决策者和决策组织者之间的利益均衡。

这种均衡策略通常包括个体偏好修改获得的回报以及决策组织者所要支付的成本。在群体决策中，决策组织者为促进共识达成而需花费的大量时间和资源被称为共识成本[245,246]。在传统研究中，决策者是完全理性的，即决策者总是以利益最大化作为自身的决策标准。然而行为研究发现，人们在现实决策中往往会表现出对公平性的极大关注[247,248]。已有研究中提出的共识机制都忽略了决策者的公平关切[249]。出于对公平的关切，决策者未必能完全按照决策组织者的要求改变偏好。

决策者在调整偏好的同时自身也会产生成本，因此其在共识过程中表现出不同的合作意愿或努力水平，我们称为协调度。例如，在绿色供应链中，供应商承诺的绿色发展所需要的自身技术投入、研发成本以及利润补贴必须通过产品份额和采购价来偿付。因此，不同的供应商总是在平衡自身的成本和收益，自然会形成不同的努力水平来参与供应链协调。现有的共识模型简单地最大化共识度或者最小化共识成本，这反映在不同决策者的权重设置或补偿成本上，由于忽略了决策者对公平的关切，这些研究缺乏决策行为的心理基础，可能导致共识达成的过程中止或无效。当群体意见无法满足某些决策者的意愿时，会表现出非合作行为或表达虚假的决策偏好，这将导致共识达成进程的延时或终止。以往的研究往往采用权重系数惩罚机制或权重调整机制来减少非合作行为的影响，但这可能会加剧不公平并导致忽视某些个体意见。在许多实际群决策中，例如城市移民安置中，只要有人拒绝集体意见，决策结果就将无效。目前，基于公平关切的共识达成进程机理尚不清楚。

因此，为解决决策者对群体决策中个体偏好调整和补偿成本的公平关切问题，本章提出一个考虑公平关切的均衡共识达成进程并讨论求解过程，通过设计数值和应用实例比较分析来证明公平关切对共识达成进程的影响。通过案例分析评估公平关切机制在绿色供应链管理中的应用。

4.4.2 公平关切下的偏好调整均衡机制

在交互共识过程中，为实现群体共识，决策组织者会向决策者建议一个偏好调整区间，并说服他们修改先前的判断。然而由于决策组织者并不清楚其他决策者将会如何修改自身偏好，常常会存在信息的不对称，这就使决策者的偏好调整过程更像是一场博弈。公平关切意味着决策者可能出于对不平等的担忧而采取放弃合作甚至故意损害决策过程的行为，因此群体决策必须尽可能公平。否则，认为不公平的决策者会采取惩罚措施以重新获得心理上的公正感。只有重视公平，决策者之间的共识关系才能长期稳定。

图 4-6 展示了群体决策中的斯坦伯格博弈过程，决策者和决策组织者之间存

在成本和收益的平衡。第一步，将决策者的偏好集结成一个集体意见，由决策组织者向各决策者提供修改意见并附带对应的补偿成本。第二步，各决策者根据建议的修改意见和补偿的公平性重新考虑自己的偏好，再以最佳反应进行修改。第三步，决策组织者根据决策者的回应进行决策。最后，双方经过反复谈判协商达成平衡并做出最终决策。公平关切并不是指每个人都得到绝对平等的补偿，而是指决策者从补偿和决策组织者的行为中获取了更大的满意度。群体决策博弈中的结果更倾向于决策者偏好调整与成本补偿之间的均衡。此研究将公平关切参数引入到群体决策博弈中，并探讨其对共识进程和均衡机制的影响。

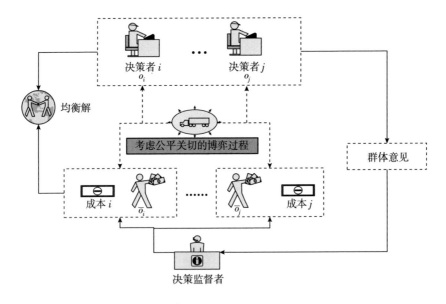

图4-6 群体决策中的斯坦伯格博弈过程

本节中涉及的符号如表4-13所示。

表4-13 本节符号汇总

符号	意义
c_i	第 i 个决策者的单位补偿成本（回报）
o_i	第 i 个决策者的原始意见
o_i^*	第 i 个决策者的建议调整的意见
$\overline{o}_i$	第 i 个决策者的修正意见

续表

符号	意义
λ_i	第 i 个决策者的公平关切程度
e_i	第 i 个决策者在群决策中的协同度
$\overline{e}_i$	最佳反应函数中的最佳协同度
η	自身努力的成本系数
π_i	第 i 个决策者的实际效用
π_{is}	决策组织者的总回报
π_{ir}	第 i 个决策者在偏好修改中获得的总回报
UM_i	第 i 个决策者的修正产生的回报
UR_i	第 i 个决策者的认同产生的回报
oc	群体决策中的集体意见
ε	共识水平
w_i	第 i 个决策者的决策权重
lb	单位补偿成本的下限
ub	单位补偿成本上限

假设群体决策中决策组织者和个体决策者间存在着斯坦伯格博弈，对于某个群体决策问题，决策组织者提出一组备选方案让决策者进行评估。决策者在第一阶段提供各自的原始意见，若不满足群体共识度，决策组织者通过成本补偿要求其调整意见。在此过程中，决策者关注补偿的公平性并对各自的原始意见进行修改。接着决策组织者再次修改补偿和建议调整的意见，直至达到纳什均衡。群体决策博弈的目标是在纳什均衡下获得具有满意的共识度和最优补偿成本的集体意见。上述博弈满足以下假设：

假设 1 决策独立性：所有决策者均独立做出决策。

假设 2 顺序合理性：决策组织者提出偏好调整的建议，再由个体决策者决定是否在策略上遵循建议。

假设 3 决策公平关切：公平是协商过程中所有决策者关切的问题。

令 o_i 为第 i（$i=1,2,\cdots,n$）个决策者的原始意见，$\overline{oc}$ 为集体意见。若共识度未得到满足，决策组织者则以单位回报 $c_i \in [lb, ub]$ 说服决策者重新考虑各自的意见，并建议调整为 $o_i^* \in [0,1]$。决策者的策略集由修改意见和协同度组成，决策组织者旨在获得包括最优补偿成本和集体满意意见的策略集。

决策过程中，各决策者可能会遵循建议 o_i^*，但未必会选择接受该意见。假

设第 i 个决策者调整后的意见为 $\bar{o}_i \in \left[\min\left(o_i, o_i^*\right), \max\left(o_i, o_i^*\right)\right]$，那么决策者对偏好的修改包括外部补偿 UM_i 和认同回报 UR_i 两部分[250]：

$$UM_i = c_i(o_i - \bar{o}_i)^2 \tag{4-28}$$

UM_i 为决策组织者的外部补偿，且取决于修改后的 $\bar{o}_i$。

$$UR_i = 1 - (o_i - \bar{oc})^2 \tag{4-29}$$

UR_i 为每个决策者对集体意见的满意度，即认同产生的回报。

众多研究表明，群体决策中的协同度会影响共识度。假设协同度是 e_i，而 η 是成本系数（自身努力成本）。那么，第 i 个决策者修改偏好获得的总回报为：

$$\pi_{ir} = UM_i + e_i UR_i - \frac{\eta}{2} e_i^2 \tag{4-30}$$

其中，e_i 是用于衡量协同程度的变量，隶属于区间 $[0, 1]$。

在考虑决策者公平关切的群体决策中，决策者与决策组织者间的博弈与双方的收益同双方的决策行为有关。个体决策者的回报不仅取决于偏好调整带来的直接收益，还取决于决策过程中决策者的协同度（e_i）。式（4-30）中 UM_i 为决策者偏好调整的直接收益，$e_i UR_i$ 是通过 e_i 修正后的共识回报，代表共识过程中的合作意愿与努力水平。协同度越高，共识回报则越大。意愿较低的决策者在参与共识达成过程中的共识回报较低。如在专家投票中，对于那些不关心决策结果的专家来说，集体意见并没有什么不同。正因为决策结果对其没有用处，这些专家可以接受来自决策组织者的任何意见反馈，因而共识回报需要依据决策者的合作意愿进行调整。此外，$-\frac{\eta}{2} e_i^2$ 是关于 e_i 的努力成本函数，η 是决策者补偿成本 c_i 的努力成本系数。决策者在共识过程中的努力或合作同样会消耗一定的成本，这将不可避免地降低决策者的回报。例如，在绿色供应链决策中，为了融入绿色供应链，零售商需要支付宣传费用、节能减排技术和服务费用以获得稳定的客户关系。又如在典型的群体决策中，当专家必须花时间学习背景信息，获取决策问题的专业知识，以及把握其他决策者的习惯时，所有的这些努力都可被视作成本。

从决策组织者的角度来看，目标函数 π_{is} 是所有决策者的最大偏好调整和最低总支付成本，即：

$$\pi_{is} = \sum_{i=1}^{n} \left(\left[1 - (\bar{o}_i - o_i^*)^2\right] - c_i(e_i o_i - \bar{o}_i)^2\right) \tag{4-31}$$

其中，c_i 是第 i 个决策者的补偿成本。π_{is} 表明个体决策者的调整意见越接近决策组织者的建议，决策组织者的满意度就越高，回报成本越低。而协同度与个人努力水平有关，高协同度将减少与集体意见的偏差 $c_i(e_i o_i - \bar{o}_i)^2$，反之亦然。

相较于传统的群决策问题，式（4-31）中决策组织者的角色不再是决策过程中的简单组织者，其与参与者间存在着利益博弈。与传统的群体决策一致，$\sum_{i=1}^{n}[1-(\overline{o}_i-o_i^*)^2]$ 表示共识的改进，而决策组织者保证决策实施获得较高的共识度。$c_i(e_io_i-\overline{o}_i)^2$ 是决策组织者关于协同度的补偿成本函数，协同度较高的决策者更接近决策组织者的建议。因此，努力水平更高或者更配合的决策者将为决策组织者带来更大的收益。例如，在选择绿色供应商时，决策组织者不仅要达成供求双方的共识，还要考虑供应商的绿色发展努力和愿景，这是企业一项重要的社会责任。虽然供应商提供的是相同的产品，但其对整个供应链的影响不同，产品份额的配置亦不同。作为决策组织者，需按照供应商的努力水平来考虑整个供应链的协同度。

式（4-30）和式（4-31）实际上是关于收益和成本的多目标效用函数（包括决策者的成本和决策组织者的补偿成本），其与协同度、补偿成本和共识提升有关。对于决策者而言，如式（4-28）所示，效用实际上来自个人偏好的修正回报以及自身的成本和努力水平。但对于决策组织者来说，其效用需求必须考虑决策者的公平关切。决策组织者的回报是基于决策者的合作意愿（协同度），而这会增加共识改进的效用。

在传统的群体决策中，当所有决策者执行集中决策时，决策系统的总回报为 $\pi=\pi_{is}+\sum_{i=1}^{n}\pi_{ir}$。若共识度未得到满足，群体决策中的迭代反馈机制会要求决策者通过协商调整偏好。然而决策者的公平关切会对回报产生负面影响[251]，导致群体决策中的回报被削弱，总体影响可表示如下：

$$\pi_i=\pi_{ir}-\lambda_i\max\{\pi_{is}-\pi_{ir},0\}-\beta_i\max\{\pi_{ir}-\pi_{is},0\} \tag{4-32}$$

其中，λ_i、β_i 与公平关切造成的效用损失有关，前者对决策者不利（"不利不平等"的效用惩罚），后者对决策者有利（"有利不平等"的效用惩罚）。通常，$\lambda_i>\beta_i$。

（1）若 $\pi_{is}-\pi_{ir}>0$，式（4-32）可化为式（4-33）：

$$\pi_i=\pi_{ir}-\lambda_i(\pi_{is}-\pi_{ir}) \tag{4-33}$$

将式（4-28）~式（4-31）代入，可将式（4-33）化为：

$$\pi_i=c_i(o_i-\overline{o}_i)^2+e_i(1-(o_i-\overline{oc})^2)-\frac{\eta}{2}e_i^2-\lambda_i\left\{\sum_{i=1}^{n}\left[1-(\overline{o}_i-o_i^*)^2-c_i(e_io_i-\overline{o}_i)^2\right]-\left[c_i(o_i-\overline{o}_i)^2+e_i(1-(o_i-\overline{oc})^2)-\frac{\eta}{2}e_i^2\right]\right\} \tag{4-34}$$

其中，$\overline{oc}=\sum_{i=1}^{n}w_io_i$，且 $1-\frac{1}{n}\sum_{i=1}^{n}|\overline{o}_i-\overline{oc}|\geqslant\varepsilon$，$\varepsilon$ 为预设的共识度，式（4-

34) 等价于式 (4-35)，即：

$$\pi_i = c_i(o_i - \overline{o}_i)^2 + e_i(1 - (o_i - \overline{oc})^2) - \frac{\eta}{2}e_i^2 - \lambda_i \left(\sum_{i=1}^{n} \left[1 - (\overline{o}_i - o_i^*)^2 - c_i(e_i o_i - \overline{o}_i)^2 \right] - \right.$$

$$\left. c_i(o_i - \overline{o}_i)^2 - e_i(1 - (o_i - \overline{oc})^2) + \frac{\eta}{2}e_i^2 \right) \tag{4-35}$$

当 $c_i < \dfrac{1+\lambda_i}{2\lambda_i o_i^2}\eta$ 时，式 (4-35) 为凹函数，最大值点求解如下：

$$\frac{\partial \pi_i}{\partial e_i} = (1 - (o_i - \overline{oc})^2) - \eta e_i + 2\lambda_i c_i o_i(e_i o_i - \overline{o}_i) + \lambda_i(1 - (o_i - \overline{oc})^2) - \lambda_i \eta e_i \tag{4-36}$$

$$\overline{e}_i = \frac{(1+\lambda_i)\left[1 - (o_i - \overline{oc})^2\right] - 2\lambda_i c_i o_i \overline{o}_i}{(1+\lambda_i)\eta - 2\lambda_i c_i o_i^2} \tag{4-37}$$

决策组织者的最佳效用函数可表示为：

$$\pi_{is} = \sum_{i=1}^{n} \left(1 - (\overline{o}_i - o_i^*)^2 - c_i \left(\frac{(1+\lambda_i)\left[1 - (o_i - \overline{oc})^2\right]o_i - 2\lambda_i c_i o_i^2 \overline{o}_i}{(1+\lambda_i)\eta - 2\lambda_i c_i o_i^2} - \overline{o}_i \right)^2 \right)$$

$$= \sum_{i=1}^{n} \left(1 - (\overline{o}_i - o_i^*)^2 - c_i \left(\frac{(1+\lambda_i)\left[1 - (o_i - \overline{oc})^2\right]o_i}{(1+\lambda_i)\eta - 2\lambda_i c_i o_i^2} - \left(\frac{2\lambda_i c_i o_i^2}{(1+\lambda_i)\eta - 2\lambda_i c_i o_i^2} + 1 \right) \cdot \right.$$

$$\left. \overline{o}_i \right)^2 \right) \tag{4-38}$$

易证式 (4-38) 为凹函数。在最大效用假设下，决策者的偏好修正和调整意见的最优反应函数为：

$$\frac{\partial \pi_{is}}{\partial \overline{o}_i} = -2\overline{o}_i + 2o_i^* + 2c_i(A_1 - A_2\overline{o}_i)A_2, \ i = 1, 2, \cdots, n \tag{4-39}$$

$$\overline{o}_i = \frac{o_i^* + c_i A_1 A_2}{1 + c_i A_2^2}, \ i = 1, 2, \cdots, n \tag{4-40}$$

其中，$A_1 = \dfrac{(1+\lambda_i)\left[1 - (o_i - \overline{oc})^2\right]o_i}{(1+\lambda_i)\eta - 2\lambda_i c_i o_i^2}$，$A_2 = \dfrac{2\lambda_i c_i o_i^2}{(1+\lambda_i)\eta - 2\lambda_i c_i o_i^2} + 1$。

在此体系下，$(\overline{e}_i, \overline{o}_i) = \left(\overline{e}_i, \dfrac{o_i^* + c_i A_1 A_2}{1 + c_i A_2^2} \right)$ 是基于式 (4-33) 至式 (4-40) 求解出的子博弈完美纳什均衡。

因为根据博弈过程 (4-33) 至式 (4-40)，双方均了解阶段 k 的历史状态 h^k，即 $(\overline{e}_i, \overline{o}_i)$，$i = 1, 2, \cdots, k-1$。在博弈的每个历史阶段，双方同时进行博弈，且当一方的反应与某种历史均衡状态一致时，则该博弈为子博弈纳什均衡（Fudenberg and Tirole，1991）。因此将阶段 k 的策略表示为 $G\left(h^k\right)$，只需证明 $\left(\bar{e}_i, \bar{o}_i\right)$ $\mid G\left(h^k\right)$，$i=k+1$ 的约束策略是一个纳什均衡（参见 Fudenberg 和 Tirole[252]，1991，第 3.2.2 小节）。在给定决策组织者对第 i 个决策者的建议 $o^{*(t)}$ 下，代入

式（4-30）最优反应函数中，可求出极值点 $\bar{o}_i^{(t+1)}=\begin{cases}\dfrac{o_i^{*(t)}-c_iA_1^{(t)}A_2^{(t)}}{1+c_iA_2^{(t)2}} & \pi_{is}-\pi_{ir}>0 \\[4mm] \dfrac{o_i^{*(t)}+c_iB_1^{(t)}B_2^{(t)}}{1+c_iB_2^{(t)2}} & \pi_{is}-\pi_{ir}\leqslant0\end{cases}$ ，

则其为决策者的最优策略，显然此为纳什均衡解[253]。

（2）若 $\pi_{is}-\pi_{ir}\leqslant0$，则：

$$\pi_i=\pi_{ir}-\beta_i\left(\pi_{ir}-\pi_{is}\right) \tag{4-41}$$

与（1）相同：

$$\pi_i=c_i\left(o_i-\bar{o}_i\right)^2+e_i\left(1-\left(o_i-\bar{oc}\right)^2\right)-\frac{\eta}{2}e_i^2-\beta_i\left(c_i\left(o_i-\bar{o}_i\right)^2+e_i\left(1-\left(o_i-\bar{oc}\right)^2\right)-\right.$$
$$\left.\frac{\eta}{2}e_i^2-\sum_{i=1}^n\left[1-\left(\bar{o}_i-o_i^*\right)^2-c_i\left(e_io_i-\bar{o}_i\right)^2\right]\right) \tag{4-42}$$

$$\frac{\partial\pi_i}{\partial e_i}=1-\left(o_i-\bar{oc}\right)^2-\eta e_i-\beta_i\left(1-\left(o_i-\bar{oc}\right)^2\right)+\beta_i\eta e_i-2\beta_ic_io_i\left(e_io_i-\bar{o}_i\right) \tag{4-43}$$

故可求得解为：

$$\bar{e}_i=\frac{\left(1-\beta_i\right)\left[1-\left(o_i-\bar{oc}\right)^2\right]+2\beta_ic_io_i\bar{o}_i}{\left(1-\beta_i\right)\eta+2\beta_ic_io_i^2} \tag{4-44}$$

在 $\pi_{is}=\displaystyle\sum_{i=1}^n 1-\left(\bar{o}_i-o_i^*\right)^2-c_i\left(\frac{\left(1-\beta_i\right)\left[1-\left(o_i-\bar{oc}\right)^2\right]o_i}{\left(1-\beta_i\right)\eta+2\beta_ic_io_i^2}+\left(\frac{2\beta_ic_io_i^2}{\left(1-\beta_i\right)\eta+2\beta_ic_io_i^2}-1\right)\bar{o}_i\right)^2$

条件下，用 B_1 代替 $\dfrac{\left(1-\beta_i\right)\left[1-\left(o_i-\bar{oc}\right)^2\right]o_i}{\left(1-\beta_i\right)\eta+2\beta_ic_io_i^2}$，$B_2$ 代替 $\dfrac{2\beta_ic_io_i^2}{\left(1-\beta_i\right)\eta+2\beta_ic_io_i^2}-1$，则一阶

导数可表示为 $\dfrac{\partial\pi_{is}}{\partial\bar{o}_i}=-2\bar{o}_i+2o_i^*-2c_i\left(B_1+B_2\bar{o}_i\right)B_2$。由于 π_{is} 是凹函数，可得到子博

弈完美纳什均衡解：

$$\left(\bar{e}_i, \bar{o}_i\right)=\left(\bar{e}_i, \frac{o_i^*-c_iB_1B_2}{1+c_iB_2^2}\right) \tag{4-45}$$

在反馈机制中，决策组织者提出意见 o_i^*，决策者根据上述均衡解 $\left(\bar{e}_i, \bar{o}_i\right)$ 对建议做出反应，直至达到最大轮协商次数或满足共识度预设要求。

4.4.3 基于公平关切的博弈共识机制

本节建立了考虑决策者公平关切的共识达成机制。根据上一节的模型，建立决策组织者和决策者之间的纳什均衡。基于该均衡，决策组织者和决策者可选择最佳反应策略来实施偏好修正并最终达成群体共识。

4.4.3.1 交互共识机制中的均衡策略

为了在公平关切和预设共识度下取得决策参与者之间的利益均衡，我们提出一种共识机制以确保实现的共识达成进程能够为所有决策者带来最优的回报和协同。

步骤1：在初始状态下，令 $\overline{oc}^{(1)} = \sum_{i=1}^{n} w_i o_i$，其中 w_i，$i = 1, 2, \cdots, n$ 为决策者的预设权重。对于给定的 ε，若 $1 - \frac{1}{n} \sum_{i=1}^{n} |\overline{o}_i - \overline{oc}^{(1)}| < \varepsilon$，则共识度未能满足。决策组织者需要说服决策者修改意见，而将集体意见 o_i^* 返回决策者作为决策的

参考进行偏好意见的修改，表达为 $\overline{o}_i = \begin{cases} \dfrac{o_i^* + c_i A_1 A_2}{1 + c_i A_2^2} & \pi_{is} - \pi_{ir} > 0 \\[4mm] \dfrac{o_i^* - c_i B_1 B_2}{1 + c_i B_2^2} & \pi_{is} - \pi_{ir} \leq 0 \end{cases}$。

步骤2：若 $c_i < \dfrac{1 + \lambda_i}{2\lambda_i o_i^2} \eta$ 成立，$(\overline{e}_i, \overline{o}_i)$ 即为纳什均衡。否则，将决策者的最大效用代入 o_i 或 o_i^* 后获得最优反应函数。

步骤3：$\overline{oc}^{(2)} = \sum_{i=1}^{n} w_i \overline{o}_i^{(1)}$，若 $1 - \frac{1}{n} \sum_{i=1}^{n} |\overline{o}_i^{(1)} - \overline{oc}^{(2)}| < \varepsilon$，则为每个决策者制定建议修改的意见 $o_i^{*(2)}$，各决策者的最优反应同步骤2，即：

$$\overline{o}_i^{(2)} = \begin{cases} \dfrac{o_i^{*(2)} + c_i A_1^{(2)} A_2^{(2)}}{1 + c_i A_2^{(2)2}} & \pi_{is} - \pi_{ir} > 0 \\[4mm] \dfrac{o_i^{*(2)} - c_i B_1^{(2)} B_2^{(2)}}{1 + c_i B_2^{(2)2}} & \pi_{is} - \pi_{ir} \leq 0 \end{cases} \qquad (4-46)$$

重复上述步骤，可得到第 $t+1$ 轮偏好的均衡解：

$$\overline{o}_i^{(t+1)} = \begin{cases} \dfrac{o_i^{*(t)} + c_i A_1^{(t)} A_2^{(t)}}{1 + c_i A_2^{(t)2}} & \pi_{is} - \pi_{ir} > 0 \\[4mm] \dfrac{o_i^{*(t)} - c_i B_1^{(t)} B_2^{(t)}}{1 + c_i B_2^{(t)2}} & \pi_{is} - \pi_{ir} \leq 0 \end{cases} \qquad (4-47)$$

其中，$A_1^{(t)} = \dfrac{(1+\lambda_i)[1-(o_i^{(t)}-\overline{oc}^{(t)})^2]o_i^{(t)}}{(1+\lambda_i)\eta-2\lambda_i c_i o_i^{(t)2}}$，$A_2^{(t)} = \dfrac{2\lambda_i c_i o_i^{(t)2}}{(1+\lambda_i)\eta-2\lambda_i c_i o_i^{(t)2}}+1$，

$B_1^{(t)} = \dfrac{(1-\beta_i)[1-(o_i^{(t)}-\overline{oc}^{(t)})^2]o_i^{(t)}}{(1-\beta_i)\eta+2\beta_i c_i o_i^{(t)2}}$，$B_2^{(t)} = \dfrac{2\beta_i c_i o_i^{(t)2}}{(1-\beta_i)\eta+2\beta_i c_i o_i^{(t)2}}-1$。

当预设共识度满足时，迭代停止。

简化记号 $\overline{A}^{(t)} = \dfrac{o_i^{*(t)}+c_i A_1^{(t)} A_2^{(t)}}{1+c_i A_2^{(t)2}}$，$\overline{B}^{(t)} = \dfrac{o_i^{*(t)}-c_i B_1^{(t)} B_2^{(t)}}{1+c_i B_2^{(t)2}}$，上述均衡机制达成方法如表 4-14 所示。

表 4-14　博弈均衡机制实现

算法 1　共识达成过程中的均衡达成方法

输入：原始意见 o_i，单位成本 c_i，权重值 w_i，成本系数 η，公平关切度 λ_i、β_i，最优建议意见 o_i^*，最大迭代次数 M

输出：修改后的意见 $\overline{o}_i$，协同程度 e 和迭代次数 t

1.	$t=1$，$\overline{o}_i^{(t)}=o_i$
2.	for $i=1:1:n$
3.	if $c_i<\dfrac{1+\lambda_i}{2\lambda_i o_i^2}\eta$，计算 $\overline{A}^{(1)}$，$\overline{B}^{(1)}$
4.	$\overline{o}_i^{(1)}=\begin{cases} \dfrac{o_i^*+c_i A_1 A_2}{1+c_i A_2^2} & \pi_{is}-\pi_{ir}>0 \\[3mm] \dfrac{o_i^*-c_i B_1 B_2}{1+c_i B_2^2} & \pi_{is}-\pi_{ir}\leq 0 \end{cases}$
5.	else
6.	$\overline{o}_i^{(1)}=\begin{cases} o_i & \pi_{is}(o_i)>\pi_{is}(o_i^*) \\[2mm] o_i^* & \pi_{is}(o_i)\leq\pi_{is}(o_i^*) \end{cases}$
7.	end
8.	for $t=2:1:M$
9.	while $\sum\limits_{i=1}^{n}|o_i^{(t+1)}-o_i^{(t)}|>0$ do
10.	for $i=2:1:n$
11.	if $|o_i^{(t+1)}-o_i^{(t)}|>0$ 且 $\overline{A}^{(t+1)}$，$\overline{B}^{(t+1)}\in[\min(\overline{o}_i^{(t)},o_i^*),\max(\overline{o}_i^{(t-1)},o_i^*)]$

算法1 共识达成过程中的均衡达成方法

12.	$\overline{o}_i^{(t+1)} = \begin{cases} \dfrac{o_i^{*~(t)} + c_i A_1^{(t)} A_2^{(t)}}{1 + c_i A_2^{(t)2}} & \pi_{is} - \pi_{ir} > 0 \\[3mm] \dfrac{o_i^{*~(t)} - c_i B_1^{(t)} B_2^{(t)}}{1 + c_i B_2^{(t)2}} & \pi_{is} - \pi_{ir} \leqslant 0 \end{cases}$
13.	else
14.	$\overline{o}_i^{(t+1)} = \begin{cases} \overline{o}_i^{(t)} & \pi_{is}(o_i) > \pi_{is}(o_i^*) \\ o_i^* & \pi_{is}(o_i) \leqslant \pi_{is}(o_i^*) \end{cases}$
15.	continue
16.	end if
17.	end
18.	if $1 - \dfrac{1}{n} \sum\limits_{i=1}^{n} \mid \overline{o}_i^{(t+1)} - \overline{oc}^{(t+1)} \mid \geqslant \varepsilon$
19.	return; end if
20.	end
21.	$\overline{o}_i = \overline{o}_i^{(t+1)}$; e; t

　　纳什均衡的存在依赖于无限次重复博弈。因此只要迭代次数 M 足够大，上述算法即可保证纳什均衡的实现。

4.4.3.2　最小补偿成本共识均衡策略

　　在群体决策中达成共识旨在获得所有决策者都能接受的集体意见，最终的意见应当满足决策组织者和决策者的最大效用（包括公平关切、最小成本和最大共识度或其不同组合）。

　　目前关于共识达成机制的研究众多，其中以最小补偿成本达成共识的方法最为热门。该方法的本质是通过最小补偿成本达到满意的共识度。本小节建立了一个满足共识均衡的最小成本优化模型。

　　我们简记补偿策略为 $CS = [o^*, c]$，修改策略为 $MS = [\overline{o}, t]$。决策变量 $CS = [o^*, c]$ 及 $MS = [\overline{o}, t]$，可通过以下模型进行优化获得：

$$\min \sum_{i=1}^{n} c_i \ (e_i \overline{o}_i^{(t)} - \overline{o}_i^{(t+1)})^2 \tag{4-48}$$

$$
\text{s.t}
\begin{cases}
1-\dfrac{1}{n}\sum_{i=1}^{n}\mid\overline{o}_i^{(t)}-\overline{oc}^{(t)}\mid\geqslant\varepsilon,\ t=1,2,\cdots,M & (4-48-1)\\[4mm]
\overline{oc}^{(t)}=\sum_{i=1}^{n}w_i\overline{o}_i^{(t)} & (4-48-2)\\[4mm]
\begin{cases}
c_i<\dfrac{1+\lambda_i}{2\lambda_i\overline{o}_i^{(t)2}}\eta & \pi_{is}-\pi_{ir}>0\\[4mm]
c_i<-\dfrac{1-\beta_i}{2\beta_i\overline{o}_i^{(t)2}}\eta & \pi_{is}-\pi_{ir}\leqslant0
\end{cases},\ i=1,2,\cdots,n & (4-48-3)\\[8mm]
\begin{cases}
\dfrac{o_i^{*\,(t)}+c_iA_1^{(t)}A_2^{(t)}}{1+c_iA_2^{(t)2}} & \pi_{is}-\pi_{ir}>0\\[4mm]
\overline{o}_i^{(t+1)}=\dfrac{o_i^{*\,(t)}-c_iB_1^{(t)}B_2^{(t)}}{1+c_iB_2^{(t)2}} & \pi_{is}-\pi_{ir}\leqslant0
\end{cases},\ i=1,2,\cdots,n & (4-48-4)\\[8mm]
\begin{cases}
\dfrac{(1+\lambda_i)[1-(\overline{o}_i^{(t-1)}-\overline{oc}^{(t-1)})^2]-2\lambda_ic_io_i\overline{o}_i^{(t)}}{(1+\lambda_i)\eta-2\lambda_ic_io_i^{(t-1)2}} & \pi_{is}-\pi_{ir}>0\\[4mm]
\overline{e}_i^{(t)}=\dfrac{(1-\beta_i)[1-(o_i^{(t-1)}-\overline{oc})^{(t-1)2}]+2\beta_ic_io_i\overline{o}_i^{(t)}}{(1-\beta_i)\eta+2\beta_ic_io_i^{(t-1)2}} & \pi_{is}-\pi_{ir}\leqslant0
\end{cases},\ i=1,2,\cdots,n & (4-48-5)\\[8mm]
o_i^*\in[0,1],\ i=1,2,\cdots,n & (4-48-6)\\[2mm]
t<M & (4-48-7)
\end{cases}
$$

在模型（4-48）中，约束（4-48-1）控制满足预设共识阈值 ε。约束（4-48-2）意味着通过预设权重 w_i 集结各决策者的意见。约束（4-48-3）则保证目标函数是凸函数。此外，约束（4-48-3）和约束（4-48-4）确保解是子博弈完美的纳什均衡且属于区间 $[\min\{o_i,o_i^*\},\ \max\min\{o_i,o_i^*\}]$。约束（4-48-4）和约束（4-48-5）则是决策组织者和决策者的纳什均衡。建议调整的意见 o_i^* 在约束（4-48-6）中被限制在 $[0,1]$ 内，且只要 M 足够大即可保证算法 1 的纳什均衡实现。模型（4-48）是考虑公平关切下均衡中的最优成本选择策略。

4.4.3.3　最小共识成本模型的均衡解

诸多算法可被用于模型（4-48）的求解中，例如，模拟退火（SA）、差分进化算法和遗传算法等，本书使用模拟退火算法实现求解过程。具体地，决策变量 $x_p(t)=[o_{p,1}^*(t),o_{p,2}^*(t),\cdots,o_{p,n}^*(t);c_{p,1}(t),c_{p,2}(t),\cdots,c_{p,n}(t)]^T$，基于决策变量可计算出最小成本 $\sum_{i=1}^{n}c_i(e_io_i-\overline{o}_i)^2$ 和修改意见 $\overline{o}_i$。搜索域为 $\left\{(o_{p,i}^*(t),c_{p,i}(t))\mid o_{p,i}^*(t)\in[0,1],c_{p,i}(t)\in\left(0,\dfrac{1+\lambda_i}{2\lambda_i\overline{o}_{p,i}^2(t)}\eta\right]\right\}$，适应度函数 $F(x_p(t))=$

$\sum\limits_{i=1}^{n}c_i\left(e_io_i-\overline{o}_{p,i}(t)\right)^2$，其中 $\overline{o}_{p,i}(t)$ 可通过 $x_p(t)$ 计算得到。首先，在内循环中生成

给定的初始值 $x_p(1)=\left\{\overline{oc},\dfrac{1+\lambda_i}{2\lambda_io_i^2}\eta\right\}$，并在每一轮中设置最大迭代次数 L（小于

M）。其次，将 $x_p(1)$ 转换为 $x_p(2)$，并计算 $\Delta F=F(x_p(2))-F(x_p(1))$。如果 $\Delta F<$

0，则接受 $x_p(2)$ 及 $F(x_p(2))$；否则，使用概率接受标准来判断是否接受新的解

（如 Metropolis 算法）。重复上述过程，直至达到最大迭代次数 L 则停止内循环，

而当 $1-\dfrac{1}{n}\sum\limits_{i=1}^{n}|\overline{o}_i-\overline{oc}|\geqslant\varepsilon$ 时则停止外循环。若条件未满足，则根据 radom（0，

1）$<\exp\left(-\dfrac{\Delta F}{T\cdot\delta}\right)$ 降低概率接受准则，其中 δ 为温度衰减系数，T 为初始温度。最

后，重复内循环，直到达到停止条件并输出结果。

4.4.4 实证分析

通过数值分析和案例分析设定不同参数值，比较分析来阐明公平关切在群体
共识达成中的作用。本节使用 MATLAB 求解优化模型。本节实验令 $\lambda_i=\beta_i$ 来简化
测试过程。

4.4.4.1 数值分析

例1：原始数据见表4-15（Ben-Arieh 等[245]）。

集体意见为 $\overline{oc}=\sum\limits_{i=1}^{n}w_io_i$，其中权重根据决策问题预先设定。例子中的共识

度 $1-\dfrac{1}{n}\sum\limits_{i=1}^{n}|o_i-\overline{oc}|$ 为 0.804。取定共识阈值在 0.830~0.850 变动，并让单位成

本的下限和上限分别为 0 和 10。成本系数 $\eta=5$，公平关切系数 $\lambda_i=5$，$i=1$，

2，…，5。

表 4-15　原始意见和权重

		DM$_1$	DM$_2$	DM$_3$	DM$_4$	DM$_5$
例1	o_i	0.05	0.1	0.25	0.3	0.6
	w_i	0.375	0.1875	0.25	0.0625	0.125

为测试不同的补偿策略，UC 表示每个人的相同的单位补偿成本，DC 表示每
个人差异化的单位补偿。UC 表明成本参数 $c_i=c_j$，i，$j=1$，2，…，n。DC 则表
示存在 n 个成本参数，每个决策者的补偿不同。成本变化结果见表4-16。

表 4-16　在不同共识阈值 ε 下的补偿策略结果

ε	0.830		0.850	
	DC	UC	DC	UC
o_1^*	0.060	0.050	0.0200	0.210
o_2^*	0.180	0.201	0.170	0.165
o_3^*	0.220	0.250	0.052	0.050
o_4^*	0.190	0.186	0.244	0.248
o_5^*	0.499	0.479	0.445	0.449
c_1	5.180	—	5.210	—
c_2	1.017	—	1.033	—
c_3	1.000	3.485	1.110	5.043
c_4	3.146	—	3.226	—
c_5	2.675	—	3.684	—
$\overline{o}_1$	0.023	0.035	0.170	0.053
$\overline{o}_2$	0.188	0.184	0.168	0.156
$\overline{o}_3$	0.048	0.044	0.050	0.040
$\overline{o}_4$	0.149	0.184	0.239	0.239
$\overline{o}_5$	0.484	0.483	0.440	0.440
e_1	0.201	0.201	0.207	0.208
e_2	0.201	0.214	0.202	0.211
e_3	0.196	0.201	0.195	0.207
e_4	0.211	0.213	0.219	0.237
e_5	0.255	0.285	0.274	0.327
总成本	0.4306	0.5624	0.5258	0.7096

从表 4-16 可以得出两个明显的结论：①随着共识度阈值的提高，共识补偿的成本也随之增加。②针对每个决策者采取不同的补偿策略的成本低于采取一致补偿策略的成本。

例 2：P2P 借贷平台的例子。P2P 网络借贷是提供小额资金借贷的平台。借贷双方通过 P2P 平台进行利率的共识匹配，平台运营方与借贷方通过协商利率，促进借贷双方在利率上达成共识。本节以中国的 P2P 平台拍拍贷为例，验证公平关切下的最小共识成本模型的构建过程。

假设贷款方在平台注册预借出 M = 10000 元，计划选择贷给四个不同信用等级（AA、A、B 和 C）的借款人。这四家借贷方的预期利率依次为 $o_1 = 11$、$o_2 = $

16、$o_3 = 22$、$o_4 = 28$（单位:%；利率数据来自 PPDai.com）。假设当借款方利率降低 1% 时，平台给予上述四种不同信用等级借款方的补偿分别为 $c_1 = 1.5$、$c_2 = 1.0$、$c_3 = 2.5$、$c_4 = 2.0$（单位：10 元）。为避免违约风险，贷款方会选择一组借款人。贷款方分配给四家借款方的资金分别为 4000、3000、2000 和 1000（单位：元），四家借款方的权重依次为 0.4、0.3、0.2 和 0.1。假设公平关切参数为 1.5，成本系数为 5。

在网络借贷中，借款人希望通过适当降低贷款人的利率来获得公平的借款机会，其对利率的公平关切将影响到利率的最终共识。表 4-17 总结了在 0.80 共识度下线上 P2P 贷款的共识结果。

表 4-17 例 2 中决策组织者的补偿策略结果

	ε	$\overline{o}_1$	$\overline{o}_2$	$\overline{o}_3$	$\overline{o}_4$	$\overline{oc}$	总成本
Zhang、Kou 和 Peng（2019）	0.80	14.67	19.56	22	22	18.33	21.1
本书研究	0.82	13.84	21.99	20.99	20.99	18.43	26.8

运用模型（4-48）的目标函数获得的最优值为 26.8。四个借款方的最优利率分别为 13.84%、21.99%、20.99% 和 20.99%，贷款方的最优利率为 18.43%，满足预期的共识度为 0.80，平台促成共识的补偿为 268 元，贷款方预期利率上升 2.03%（$\overline{oc}\% - oc\% = 2.03\%$），利润增长 23.78%。促成价值 1 万元的交易，平台需要偿付的成本仅为 268 元，占交易量的 2.7%。考虑到借款人的公平关切，平台必须额外支付 27.01% 的费用来支配利润，这也是本书模型的成本比未考虑公平关切的成本更大的原因。虽然平台成本增加，但对客户的公平程度提高，且有利于促进平台交易量，稳定客户关系，提升长期利润。

接下来分析公平关切如何影响群体共识达成及成本变化。将参数中的差异补偿成本固定为 $c_1 = 1.5$、$c_2 = 1.0$、$c_3 = 2.5$、$c_4 = 2.0$，成本系数固定为 $\eta = 5$。图 4-7 表明共识度随公平关切度的增加而提高，而共识成本却先下降后上升。满足公平关切能够促进共识的达成，但决策组织者（本例中的平台）需支付更多的共识补偿成本来解决决策参与者的公平关切问题。特别地，若公平关切是中性的（等于 1），则可以降低共识达成的总成本。

在现实 P2P 借贷平台操作上，申请贷款前必须调查借款人的风险偏好类型和平台满意度，从而获得对借贷平台的公平关切度。本书方法将在自动竞价下帮助具有不同公平关切的借款人，促进平台提高匹配资金供求，提升贷款效率。

总结上述两个例子，针对决策者和决策组织者的行为，我们还可以得到以下结果：

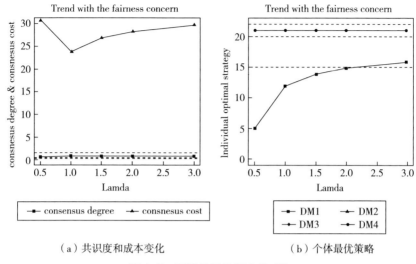

（a）共识度和成本变化　　　　　　（b）个体最优策略

图 4-7　不同公平关切度的对比

（1）公平关切度与决策者在群体决策中的协同度有关。图 4-8 展示了决策组织者反馈给决策者的建议意见（o^*）、决策者的调整意见（$\bar{o}$）和协同度（e）三者间的关系。从中可看出协同度与调整后意见的增长趋势一致，这表明决策者的合作行为实际上取决于对自身意见的满足程度。

（2）决策组织者的反馈意见 o^* 对决策者最终意见的修改具有重要指导意义。如图 4-8 所示，决策组织者的反馈意见能够被大多数决策者采纳，且个体决策者的最优反应与该建议意见较为接近。

（3）相对于决策者给予不同的单位补偿成本（DC），相同的单位补偿成本（UC）更能使决策者倾向于按照决策组织者的意见调整偏好。因此，若对决策者采取相同的单位补偿成本策略，决策者的调整意见或更接近决策组织者的反馈，如图 4-8 的（a）和（b）所示，但两者间差异并不明显。

（4）决策的有效性、公平性和公平关切存在较大差异。传统决策过程的主要目标是快速提高群体共识，如交互协商的偏好调整、决策者权重的控制，甚至对决策者合作行为的检测，如受益人管理[254] 和温室气体排放分配[255]。在此类模型中，决策者自身利益并未被关注；相反，决策者只是通过集中的群体决策来选择合理的备选方案。绝对公平意味着决策者在决策中是平等的，且各决策者的偏好调整范围和权重相同，较常见于民主决策中，如民主投票。公平关切考虑了决策者的公平对待[249]。决策者希望决策组织者能够适当降低共识改进需求或向决策者偿付更多的共识成本以达成共识。这样的方法在众多管理情境中得到使用，如拆迁补偿和 P2P 网贷。决策者和决策组织者之间存在着利益博弈，在此过程中各方更为关注的是公平，而非绝对公平或最高共识度。

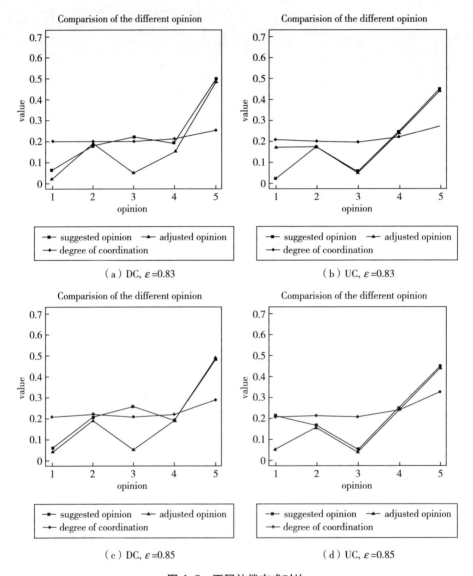

（a）DC, ε=0.83   （b）UC, ε=0.83

（c）DC, ε=0.85   （d）UC, ε=0.85

图 4-8   不同补偿方式对比

4.4.4.2 案例分析：绿色供应链中的供应商选择

绿色供应链管理（GSCM）受到学术界和工业界的广泛关注。绿色供应链注重供应链的可持续性，供应商和零售商必须付出更高的成本将环保实践扩展到整个供应链中。因此，绿色供应链需要通过成员企业的联合合作实现协同。

例如，具有世界领先信息和通信技术解决方案的提供商华为，其专注于可持续的产品和解决方案，将生态设计与循环经济元素融入产品生命周期管理中，并建立循环经济商业模式。该企业对供应商的可持续发展绩效进行评估，将供应商分为四个等级：A（优秀）、B（良好）、C（合格）、D（不合格）。若供应商在绿色产品方面持续表现不佳，华为则会减少该供应商的采购份额，直到将其从供应商目录中删除。2017 年，华为选择了 25 家绿色合作伙伴，其中 3 家供应商因可持续性问题被华为限制竞标或减持股份。

本节使用华为的供应商管理绩效案例分析公平关切在绿色供应链管理中的实际效果。不同可持续发展绩效水平下的公平关切度不同（针对绿色发展水平），从而需要为供应商建立不同的产品份额和补偿水平。

表 4-18 显示了具有不同可持续发展绩效程度的四家供应商。将成本效率 η 设为 12，属于区间 [5，15]。可持续发展程度越高的企业越信任整个供应链的公平，从而能够获得更大的效用（对供应链的满意度更高）。

表 4-18　供应商详情

企业	可持续性绩效水平	成本系数 η（%）	公平关注度 λ	共识度 ε
Ⅰ	B	12	1.5	0.65
Ⅱ	D		0.5	
Ⅲ	A		2	
Ⅳ	C		1	

本节所采取的方法的目标是在供应商选择中获取最优的市场份额及提高供应商间的最优合作度（协同程度），并根据不同的公平关切建立相应的公平补偿机制。各参数含义和优化目标的具体描述见表 4-19。

表 4-19　算式含义

算式	含义	目标
$\sum_{i=1}^{n} c_i \left(e_i \overline{o}_i^{(t)} - \overline{o}_i^{(t+1)} \right)^2$	绿色发展绩效的公平补偿成本	通过公平补偿建立供应商的最优份额调整
$\overline{o}_i^{(t)}$	第 i 个供应商提供的产品数量	
c_i	第 i 个供应商的单位补偿成本	
e_i	第 i 个供应商在整个供应链中的协调度	
$\overline{oc}^{(t)} = \sum_{i=1}^{n} w_i \overline{o}_i^{(t)}$	产品供应总量	
w_i	以绿色发展绩效指标作为权重	

　　诸如华为这样市场份额较大的企业从事绿色可持续发展时，会投入一定的补偿金额来引导供应商。这对企业社会责任和市场的健康发展具有重要意义。以2017年华为电池的主要供应商（如德赛、欣旺达、飞毛腿、三星）为例来说明最低补偿流程。

　　表4-20显示了不同参数的主要结果。通过对不同决策者的单位补偿进行优化，可获得以更小的共识补偿成本达成共识。例如，c_i（1.7，2.1，0.6，1.1）表示供应商在每次市场份额调整后可获得的关于每种产品的单位补偿。相较于各供应商在不考虑公平关切下获得同等的回报，供应商的总成本降低约29%。

表4-20　主要结果（1）

参数		调整意见	原始意见
c_1	（元）	1.7	1
c_2		2.1	1
c_3		0.6	1
c_4		1.1	1
e_1	（元）	0.48	1
e_2		0.36	1
e_3		0.95	1
e_4		0.31	1

　　由表4-20和表4-21可得出结论：绿色发展绩效水平较低的企业市场份额将减少（$\bar{o}_4$ 和 $\bar{o}_2$），绿色发展表现较好的企业，供应链协同度会更高（e_3 和 e_1）。对于份额减少的企业，华为会采用更高的单位补偿（c_1 和 c_2）以缓和市场反应同时维持供应链稳定。

表4-21　主要结果（2）

参数		调整意见	原始意见
$\bar{o}_1$	（千元）	8793.47	8793.47
$\bar{o}_2$		2533.45	2973.39
$\bar{o}_3$		14674.25	14674.25
$\bar{o}_4$		1673.52	1111.81
总成本（亿元）		1.59	2.25

　　为检验公平关切对供应链效率和供应链公平程度的影响，假设每个供应商的

单位补偿成本一致且产品质量相同（价格相同），并设计以下实验：尽管制造商销售的产品溢价高于购买价格，但每个供应商的公平关切度相同，且供应商和零售商的决策是信息对称的。

供应链效率是指供应商的收入与制造商的溢价销售额的比值。供应链公平度为供应商在公平关切补偿中获得的利润之和。图 4-9 展现了供应链效率和公平度的主要趋势。从中可以看出，供应链的效率随着公平关切度的增加而逐渐降低，但公平度却显著提高。

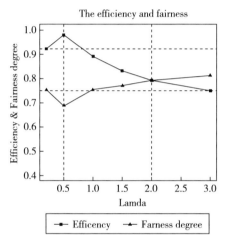

图 4-9　不同公平关切度下供应链效率和公平度的变化趋势

通过案例分析，可得出以下结论：公平关切不是追求供应链利润的最大化，而是供应链的公平程度。这适用于特定目标下的供应链协调，如在此案例中对绿色可持续发展的关注。

Zhang、Dong、Zhang 和 Pedrycz[250] 提出了群体决策中的斯坦伯格博弈方法，然而在该模型中，共识达成进程是基于理性人假设的，即最大化个体在决策中的利益。本书采用的方法基于实际应用，如互联网金融和供应链管理。这两种方法在数量上不存在可比性，关于两者间差异的定性比较可见表 4-22。

表 4-22　代表性共识建立方法比较

方法	存在博弈	考虑公平关切	考虑协调行为	达成最低共识成本	均衡解
Zhang、Dong、Chiclana 和 Yu[256]　提出的方法	×	×	×	×	×
Chao、Kou、Peng 和 Herrera-Viedma[254]　提出的方法	×	×	×	×	×

方法	存在博弈	考虑公平关切	考虑协调行为	达成最低共识成本	均衡解
Zhang、Dong、Zhang 和 Pedrycz[250] 提出的方法	√	×	×	√	√
本书采用的方法	√	√	√	×	√

4.5　本章小结

　　本章首先将数据挖掘技术引入大群体异质偏好集聚。研究了异质偏好下的决策者偏好聚类算法，提出基于相似度的异质偏好距离度量，用于决策者类簇的划分。其次针对知识驱动的大群体决策管理问题，提出代价敏感的多目标二次规划不平衡分类算法，并论证了在大群体决策中的使用可行性。基于知识管理的大群体决策方法是大群体决策行为挖掘中的有效方法。最后给出了考虑决策者博弈关系的共识达成模型，并在现实应用场景中进行实证分析。

第 5 章　异质偏好下大群体决策共识研究

决策共识是大群体决策研究的基本内容和最终目标。在大群体决策中，决策者意见的一致和妥协过程相对于传统群体决策更加复杂，在信息技术特别是互联网和大数据飞速发展的今天，大群体决策共识研究必须涵盖异质偏好情境下决策者具有非合作行为的大规模群体决策。所以大群体决策共识机制需要结合异质偏好集结和数据挖掘技术，提升决策支持效率。本章设计了异质偏好环境下的大群体决策共识机制。首先提出基于聚类数据挖掘技术的非合作行为识别过程，其次提出交互式决策共识过程，最后给出上述决策机制的一个应用。此外，本章还提出了基于乘性偏好关系的群决策自动共识集成模型来作为大群体决策支持系统研究的理论支持。本章完整地提出了基于数据挖掘的异质偏好下大群体决策共识模型。

5.1　群体决策共识与大群体决策共识

群体决策共识是指决策群体通过磋商、谈判和妥协，对决策问题达成一致观点或者意见认同。决策共识达成是群决策研究的本质问题，一般的群决策共识过程分为群体偏好集结、群体共识度量、决策群体偏好调整等几个步骤[17]。在群决策中，交互式群体决策是研究最广泛的决策共识问题之一，其特征是决策实施者或者监督者对决策共识程度进行控制，如果群体共识达不到预设条件，则反馈给决策者对偏好进行调整，再次计算群体偏好，直至达到共识要求。

大群体决策共识达成机制是近期的研究热点。在大群体决策中，由于决策人数增加，决策共识达成过程中出现异质偏好关系和非合作决策等群体特征行为。大群体决策共识的主要问题包括：一是当决策参与者规模扩大时，必然存在决策者中偏好习惯的不同，以及决策者身份和背景的差异。因此，大群体决策共识模型必须能够解决决策者异质偏好问题。二是大群体中非合作行为个体和小群体是极少数参与者，当决策者群体不断扩大时，需要检测和发现这一类群体行为，从而有效管理非合作决策行为。

　　大群体决策的基本流程如图5-1所示，在管理决策共识过程中，决策的监督者对决策过程中的非合作行为进行监督管理，当决策群体数量变得庞大时，决策实施者需要通过数据挖掘辅助管理决策，这主要体现在决策实施者的共识达成过程中的行为挖掘和管理。

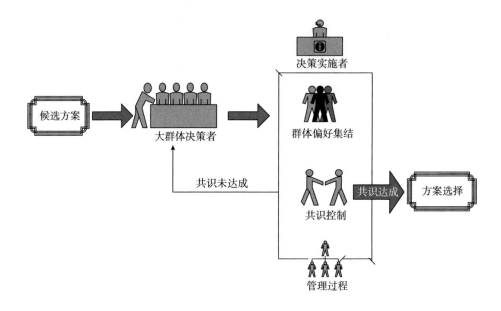

图5-1　大群体决策实施过程

　　经典的大群体共识度量需要回顾两个重点的研究成果：一个是大群体决策共识的度量问题。决策共识的度量分为软指标和硬指标，软指标是用语义来评价共识程度，主要根据决策实施者对决策过程的满意程度来衡量共识过程，如基本达成共识或者完全达成共识等。另一个是广泛应用的硬指标。这一类指标是通过数值形式度量个体偏好与群体偏好之间的"距离"。代表性的文献是 Herrera-Viedma 等[17]，该文献对异质偏好下的群体共识达成机制进行了最早的论述，该文定义的个体偏好排序与群体偏好排序的位置相似程度成为决策者共识程度的判定标准，采用如下定义：

$$C(X_j) = 1 - \sum_{i=1}^{m} \frac{\left| V_j^C - V_j^i \right|}{m(n-1)} \tag{5-1}$$

　　其中，V_j^C 是候选方案 X_j 在群体偏好中的序数，同理 V_j^i 则是第 i 个决策者对候选方案 X_j 的排序。m、n 分别是决策者和候选方案的个数。该方法则要求个体排序结果和群体排序结果之间位置的位置保持一致性。这一定义实际上是单个偏好矩阵导出向量判别方法的自然推广。Dong 等[213] 提出了几何一致性指标衡量决策者的共识程度，然后进行偏好调整。Wu 和 Xu[214] 提出基于 Hadamard 积的共识指标。Escobar 等[215] 扩展了几何一致性指标，其他硬指标还有模糊语义共识指标等[204-205]。

异质偏好下的交互式决策共识。交互式（Interactive）群体决策中，决策实施者预设共识度阈值，在不满足参数设置的条件下，将指导性地反馈决策者群体偏好信息并进行偏好修改，再次进行集结，达到共识度后决策完成。显而易见，由于交互式群体决策过程中决策行为受到决策实施者的协调监督和指导，因此最终达成共识意见具有很强的可操作性和可扩展性。Dong 等[222] 基于前景理论给出了偏好交互调整的方法。他们的偏好调整方法如下：

$$v_i^t = \begin{cases} (G_i^k)^{\alpha^k} \\ -\lambda_k (L_i^k)^{\beta^k} \end{cases} \tag{5-2}$$

其形式根据前景理论的"S"形预期曲线进行偏好调整。

Dong 和 Zhang[218] 完整地给出了大群体决策中的共识达成框架。该方法能够指导决策者调整偏好范围。他们给出的偏好调整范围应在群体偏好值和原始偏好之间的上界与下界的闭区间内。例如：对于乘性偏好关系，第 k 个决策者在第 $t+1$ 轮迭代的调整范围应该包含在如下区间内：

$$a_{ij}^{(k,t+1)} \in [\min\{a_{ij}^{(G,t)}, a_{ij}^{(k,t)}\}, \max\{a_{ij}^{(G,t)}, a_{ij}^{(k,t)}\}], \ i>j \tag{5-3}$$

其中，$a_{ij}^{(G,t)}$ 是第 t 次迭代的群体偏好集结值，$a_{ij}^{(G,t)} = \dfrac{w_i^{(t)}}{w_j^{(t)}}$ 是通过第 t 次群体偏好向量计算得到的参考值。

Labella[21] 的主要结论在本节需要再次回顾。他们的研究认为，影响大群体决策共识达成的关键环节是大群体决策者影响权重系数以及候选方案权重系数的合理调整。他们同时提出了大群体决策的四个挑战，分别是优化集结模型的计算效率、大群体决策的时间成本、权重调整方法以及根据决策者行为选择适用的偏好调整机制。

本章将在第 3 章和第 4 章的基础上系统研究异质偏好下包含非合作行为的大群体决策共识模型。针对 Labella[21] 提出的四大挑战，本书研究能够解决这四大挑战的异质偏好下的群体决策共识机制。首先给出异质偏好中基于乘性偏好关系的群体共识模型。通过线性方程组求解获得偏好调整阈值来提升群体决策共识程度。其次提出异质偏好关系下的大群体决策共识达成机制。通过聚类降低决策群体维数，进行权重调整。对于非合作行为，通过交互式偏好调整来识别非合作行为，并降低非合作决策者的影响权重，提升决策共识程度。

5.2 基于乘性偏好关系的群体决策共识模型

本节提出一种基于乘性偏好关系的群决策共识模型。乘性偏好关系是群体决策中偏好信息表达的最常见方式和手段。在群体决策中，乘性偏好关系作为决策者的偏好形式是大群体决策的一个特例，也是最常见的决策偏好结构。因此，在大群体决策中，基于乘性偏好关系的群体决策自动共识模型研究是大群体决策的分支之一，也是大群体决策支持系统的组成模块。本节将研究基于乘性偏好关系的群体决策共识达成方法。本节群决策共识达成的基本过程分为三个步骤：个体偏好导出、群体偏好集聚和群体共识达成。对于群体个体偏好导出，代表性的方法有最小二乘方法[51]、最小距离方法[54]、对数最小二乘方法[56]、数据包络分析方法[57]、几何最小二乘方法[58]、线性规划模型方法[64] 等。而群体偏好集结传统方法是集结个体偏好判断（AIJ）和集结个体权重向量（AIP）[94-101]。共识达成的方法则是最近发展的主要方向，已有的方法主要是贝叶斯理论[202]、交互式[213,214] 等。本书将在个体偏好导出的对数最小二乘方法[56] 基础上，运用集结个体偏好（AIP），构建群体共识决策模型。下面介绍几个准备知识：

行几何平均偏好导出方法。设 $W=（w_1, w_2, \cdots, w_n）$ 是乘性偏好关系的导出偏好向量，对于判断矩阵 $A=（a_{ij}）_{n \times n}$ 的元素 a_{ij}，如下关系优化导出模型的解被称为行几何平均导出方法：

$$\min \sum_{i=1}^{n} \sum_{j=i+1}^{n} （\ln a_{ij} - \ln w_i + \ln w_j）^2$$

$$\text{s. t. } w_i \geqslant 0, \sum_{i=1}^{n} w_i = 1 \tag{5-4}$$

模型（5-4）的解实际上是判断矩阵行元素的几何平均。解的形式如下[56]：

$$w_i = \frac{\sqrt[1/n]{\prod_{j=1}^{n} a_{ij}}}{\sum_{i=1}^{n} 1/n \sqrt{\prod_{j=1}^{n} a_{ij}}}, \quad i=1, 2, \cdots, n \tag{5-5}$$

Xu 和 Wei[229] 根据上述结论提出了一种判断矩阵的一致性（Consistency）修正模型。他们的方法如下：

$$a_{ij}^{(t+1)} = （a_{ij}^{(t)}）^{\theta} \left(\frac{w_i^{(t)}}{w_j^{(t)}} \right)^{1-\theta} \tag{5-6}$$

其中，t 是迭代次数。他们证明一致性随迭代收敛。

集结个体偏好（AIP）。设 $W^k = (w_1^k, w_2^k, \cdots, w_n^k)^T$ 是第 k 个决策者 A^k 判断矩阵的导出向量，$(\lambda_1, \lambda_2, \cdots, \lambda_K)$ 是决策者之间的预设权重向量，代表决策者不同的影响程度。则群体偏好向量 $W^G = (w_1^G, w_2^G, \cdots, w_n^G)^T$ 表达如下：

$$w_i^G = \frac{\prod_{k=1}^{K}(w_i^k)^{\lambda_k}}{\sum_{i=1}^{n}\prod_{k=1}^{K}(w_i^k)^{\lambda_k}} \tag{5-7}$$

与之对应的代数平均集结（WAMM）则是将式（5-7）通过代数平均，从而得到权重向量：

$$w_i^G = \sum_{k=1}^{K} \lambda_k w_i^k \tag{5-8}$$

共识度测量指标。行几何平均方法的共识测度指标主要有 GOCI[213,214]、GOCI[215] 和 GCI[240]。

$$GGCI = \sum_{k=1}^{K} \lambda_k \frac{1}{(n-1)(n-2)} \sum_{i<j} \log^2\left(\frac{a_{ij}^{(k)} w_j^G}{w_i^G}\right) \tag{5-9}$$

$$GOCI(A^{(k)}) = \frac{1}{n} \sum_{i=1}^{n} |v^{(k)} - v^G| \tag{5-10}$$

$$GCI_H(A^{(k)}) = \frac{1}{n^2} \sum_{i=1}^{n} \sum_{j=1}^{n} a_{ij}^{(k)} a_{ji}^G \tag{5-11}$$

5.2.1　决策共识模型

设群体偏好 $w^G = x^T(w^{(1)}, w^{(2)}, \cdots, w^{(K)})^T$ 是个体偏好的集结，其中 x^T 为集结权重，$w^{(k)}$ 为第 k 个决策者的行几何平均导出个体偏好。下面我们给出基于行几何平均导出个体偏好的群决策共识模型。

令 A^k 是个体判断矩阵，$e_{ij}^{(k)}$ 是 $a_{ij}^{(k)}$ 与群体偏好之间的偏差。第 k 个决策者的个体判断矩阵记为：

$$A^k = \begin{pmatrix} a_{11}^{(k)} & a_{12}^{(k)} & \cdots & a_{1n}^{(k)} \\ a_{21}^{(k)} & a_{22}^{(k)} & \cdots & a_{2n}^{(k)} \\ \vdots & \vdots & \vdots & \vdots \\ a_{n1}^{(k)} & a_{n2}^{(k)} & \cdots & a_{nn}^{(k)} \end{pmatrix} \tag{5-12}$$

根据群体偏好调整的判断矩阵记为 $A^{k,*} = (a_{ij}^{(k)})^{\theta}(e_{ij}^k)^{1-\theta}$。即：

$$A^{k,*} = \begin{pmatrix} (a_{11}^{(k)})^{\theta}(e_{11}^{(k)})^{1-\theta} & (a_{12}^{(k)})^{\theta}(e_{12}^{(k)})^{1-\theta} & \cdots & (a_{1n}^{(k)})^{\theta}(e_{1n}^{(k)})^{1-\theta} \\ (a_{21}^{(k)})^{\theta}(e_{21}^{(k)})^{1-\theta} & (a_{22}^{(k)})^{\theta}(e_{22}^{(k)})^{1-\theta} & \cdots & (a_{2n}^{(k)})^{\theta}(e_{2n}^{(k)})^{1-\theta} \\ \vdots & \vdots & \vdots & \vdots \\ (a_{n1}^{(k)})^{\theta}(e_{n1}^{(k)})^{1-\theta} & (a_{n2}^{(k)})^{\theta}(e_{n2}^{(k)})^{1-\theta} & \cdots & (a_{nn}^{(k)})^{\theta}(e_{nn}^{(k)})^{1-\theta} \end{pmatrix} \quad (5-13)$$

调整判断矩阵行几何平均导出向量是：

$$w^{k,*} = \left(\prod_{j=1}^{n} [(a_{1j}^{(k)})^{\theta}(e_{1j}^{(k)})^{1-\theta}], \prod_{j=1}^{n} [(a_{2j}^{(k)})^{\theta}(e_{2j}^{(k)})^{1-\theta}], \cdots, \prod_{j=1}^{n} [(a_{Kj}^{(k)})^{\theta} \cdot (e_{Kj}^{(k)})^{1-\theta}] \right) \quad (5-14)$$

由于 $w^{k,*} = w^G = x^T (w^{(1)}, w^{(2)}, \cdots, w^{(K)})^T$，对上式取对数得到：

$$\left(\sum_{j=1}^{n} n^{-1}(\theta\ln a_{1j}^{(k)} + (1-\theta)\ln e_{1j}^{(k)}), \sum_{j=1}^{n} n^{-1}(\theta\ln a_{2j}^{(k)} + (1-\theta)\ln e_{2j}^{(k)}), \cdots, \right.$$
$$\left. \sum_{j=1}^{n} n^{-1}(\theta\ln a_{Kj}^{(k)} + (1-\theta)\ln e_{Kj}^{(k)}) \right) = (\ln w_1^G, \ln w_2^G, \cdots, \ln w_K^G) \quad (5-15)$$

根据 Bernasconi 等[241] 的研究，偏差值 $e_{ij}^{(k)} = \frac{s_i^{(k)}}{s_j^{(k)}}$ $i, j = 1, 2, \cdots, n; k = 1, 2, \cdots, K$。Altuzarra 等[202,211] 的研究表明，个体偏好的偏差调整值服从正态分布且具有估计方差，即 $e_{ij}^{(k)} \propto N\left(\frac{s_i^{(k)}}{s_j^{(k)}}, \sigma^2\right)$ $i, j = 1, 2, \cdots, n; k = 1, 2, \cdots K$。方差 σ^2 为 $\frac{1}{n^2-3n} \sum_{i,j=1}^{n} \hat{\varepsilon}_{ij}^2$，其中，$\hat{\varepsilon}_{ij} = \ln a_{ij} - (\ln w_i - \ln w_j) - \beta(\ln w_i - \ln w_j)^{3[241]}$。因此，下式成立：

$$\left(\sum_{j=1}^{n} \ln e_{1j}^{(k)}, \sum_{j=1}^{n} \ln e_{2j}^{(k)}, \cdots, \sum_{j=1}^{n} \ln e_{Kj}^{(k)} \right) = (1-\theta)^{-1}(n\ln w_1^G - \theta\ln w_1^{(k)}, n\ln w_2^G - \theta\ln w_2^{(k)}, \cdots, n\ln w_K^G - \theta\ln w_K^{(k)}) \quad (5-16)$$

其中，$\ln e_{ij}^{(k)} = \sum_{j=1}^{n} (\ln s_i^{(k)} - \ln s_j^{(k)}) \ln \sigma_{ij}^2, i = 1, 2, \cdots, K$。结合式（5-15）和式（5-16）得到：

$$\left(\sum_{j=1}^{n} (\ln s_1^{(k)} - \ln s_j^{(k)}) \ln \sigma_{1j}^2, \sum_{j=1}^{n} (\ln s_2^{(k)} - \ln s_j^{(k)}) \ln \sigma_{2j}^2, \cdots, \sum_{j=1}^{n} (\ln s_K^{(k)} - \ln s_j^{(k)}) \cdot \ln \sigma_{Kj}^2 \right) = (1-\theta)^{-1}(n\ln w_1^G - \theta\ln w_1^{(k)}, n\ln w_2^G - \theta\ln w_2^{(k)}, \cdots, n\ln w_K^G - \theta\ln w_K^{(k)}) \quad (5-17)$$

式（5-17）的向量一一对应，形成如下方程组：

$$\sum_{j=1}^{n} (\ln s_1^{(k)} - \ln s_j^{(k)}) \ln \sigma_{1j}^2 = (1-\theta)^{-1}(n\ln w_1^G - \theta\ln w_1^{(k)})$$

$$\sum_{j=1}^{n} \left(\ln s_2^{(k)} - \ln s_j^{(k)} \right) \ln \sigma_{2j}^2 = (1-\theta)^{-1} \left(n \ln w_2^G - \theta \ln w_2^{(k)} \right)$$

$$\vdots$$

$$\sum_{j=1}^{n} \left(\ln s_K^{(k)} - \ln s_j^{(k)} \right) \ln \sigma_{2j}^2 = (1-\theta)^{-1} \left(n \ln w_K^G - \theta \ln w_K^{(k)} \right) \qquad (5-18)$$

式（5-18）的稀疏矩阵为奇异矩阵，因此对其求解实际上 $\ln \sigma_{ij}^2$ 用 Moore-Penrose（用 A^+ 表示）逆矩阵逼近解。因此，方程组的解 $\left(s_i^k \right)_{K \times 1}$ 如下：

$$\begin{pmatrix} s_1^k \\ s_2^k \\ \vdots \\ s_K^k \end{pmatrix} = \exp \left[\begin{pmatrix} K-1 & -1 & \cdots & -1 \\ -1 & K-1 & \cdots & -1 \\ \vdots & \vdots & \vdots & \vdots \\ -1 & -1 & \cdots & K-1 \end{pmatrix}^+ (1-\theta)^{-1} \begin{pmatrix} n \ln w_1^G - \theta \ln w_1^{(k)} \\ n \ln w_2^G - \theta \ln w_2^{(k)} \\ \vdots \\ n \ln w_K^G - \theta \ln w_K^{(k)} \end{pmatrix} \right] \qquad (5-19)$$

奇异矩阵的逆矩阵实际上还有更多的方式，如 Tikhonov 正则化等。一般矩阵广义逆的应用中广泛使用 Moore-Penrose 逆矩阵。

5.2.2 模型算例

例 1：Ramanathan[101] 在 AHP 群决策算例中提供了两个决策者偏好和导出向量，如表 5-1 所示。可以看出两者的个体偏好向量存在冲突，同时，设定的共识指数 GCI = 0.37。需要通过群体决策共识协调和调整偏好。

表 5-1　决策者偏好及导出向量（1）

方案 1	方案 2	方案 3	方案 4	方案 5	导出向量
1，1	1/3，1/3	1/3，1	1/9，1/3	1/5，1/7	0.0454（5），0.0601（4）
	1，1	1，3	1/3，1	1/3，1/5	0.1212（3），0.1547（2）
		1，1	1/3，1/3	1/3，1/7	0.1212（4），0.0601（5）
			1，1	3，1/5	0.4528（1），0.1547（3）
				1，1	0.2594（2），0.5704（1）
					GCI = 0.386，GCI = 0.234

运用上节提出的偏好调整方法，根据式（5-12）计算判断矩阵元素偏好调整值，分别为：

$$D_1 = \begin{pmatrix} 0.0000 & -0.1329 & -0.1990 & -0.1444 & -0.0934 \\ 0.8552 & 0.0000 & -0.1418 & -0.2146 & -0.0837 \\ 1.1215 & 0.1242 & 0.0000 & -0.1446 & -0.0319 \\ 5.0857 & 1.1749 & 0.9162 & 0.0000 & 1.3579 \\ 1.5917 & 0.6020 & 0.2620 & -0.2759 & 0.0000 \end{pmatrix}$$

$$D_2 = \begin{pmatrix} 0.0000 & -0.2913 & 0.2604 & -0.0686 & -0.3462 \\ 0.8552 & 0.0000 & 1.8158 & 0.3565 & -0.3686 \\ -0.3520 & -0.5111 & 0.0000 & -0.2101 & -0.5181 \\ 0.5120 & -0.5540 & 1.1598 & 0.0000 & -0.6835 \\ 4.9554 & 3.2412 & 5.4877 & 3.8682 & 0.0000 \end{pmatrix}$$

并通过行几何平均导出个体偏好向量，具体如表5-2所示，可以发现共识指标均满足预设要求。

表5-2　决策者偏好及导出向量（2）

方案1	方案2	方案3	方案4	方案5	导出向量
1.0000, 1.0000	0.4663, 0.6246	0.5324, 0.7396	0.2555, 0.4019	0.2934, 0.4891	0.0790 (5), 0.1175 (5)
	1.0000, 1.0000	1.1418, 1.1842	0.5479, 0.6435	0.4170, 0.5686	0.1561 (3), 0.1764 (3)
		1.0000, 1.0000	0.4799, 0.5434	0.3652, 0.6613	0.1368 (4), 0.1588 (4)
			1.0000, 1.0000	1.6421, 0.8835	0.3324 (1), 0.2742 (1)
				1.0000, 1.0000	0.2957 (2), 0.2730 (2)
					GCI=0.352, GCI=0.363

例2：Yeh 等[242] 提出三人群体决策例子，具体的判断矩阵如下：

$$A_1 = \begin{pmatrix} 1 & 5 & 7 & 3 & 1/3 \\ 1/5 & 1 & 3 & 1/3 & 1/5 \\ 1/7 & 1/3 & 1 & 1/7 & 1/9 \\ 1/3 & 3 & 7 & 1 & 1/3 \\ 3 & 5 & 9 & 3 & 1 \end{pmatrix}$$

$$A_2 = \begin{pmatrix} 1 & 1/3 & 7 & 1/2 & 3 \\ 3 & 1 & 3 & 1 & 5 \\ 1 & 1/3 & 1 & 1/3 & 3 \\ 2 & 1 & 3 & 1 & 5 \\ 1/3 & 1/5 & 1/3 & 1/5 & 1 \end{pmatrix}$$

$$A_3 = \begin{pmatrix} 1 & 7 & 5 & 4 & 3 \\ 1/7 & 1 & 1/3 & 1/4 & 1/5 \\ 1/5 & 3 & 1 & 1/3 & 1/4 \\ 1/4 & 4 & 3 & 1 & 1 \\ 1/3 & 5 & 4 & 1 & 1 \end{pmatrix}$$

运用本书提出的方法进行偏好调整，我们可以看出群体共识过程。表 5-3 是 Wu 和 Xu[214] 使用的方法和本书方法的结果比较，两者都达到共识指标阈值，但是本书方法是通过方程求解，而 Wu 和 Xu[214] 的方法的结果需要通过多次迭代产生。

表 5-3　本书方法与 Wu 和 Xu[214] 使用的方法的结果比较

	RGMM				Wu & Xu (2012)				Our method			
	A_1	A_2	A_3	A^G	A_1	A_2	A_3	A^G	A_1	A_2	A_3	A^G
$W1$	0.2813	0.1418	0.4878	0.3532	0.3160	0.3149	0.4669	0.3722	0.2423	0.2059	0.2500	0.2469
$W2$	0.0695	0.3497	0.0436	0.1191	0.0755	0.1360	0.0492	0.0822	0.1683	0.2116	0.1634	0.1662
$W3$	0.0321	0.1312	0.0809	0.0808	0.0432	0.0902	0.0788	0.0691	0.1434	0.1905	0.1581	0.1573
$W4$	0.1590	0.3217	0.1780	0.2447	0.1823	0.2684	0.1863	0.2177	0.2049	0.2122	0.2062	0.2063
$W5$	0.4581	0.0555	0.2098	0.2022	0.3837	0.1905	0.2187	0.2587	0.2411	0.1798	0.2223	0.2234
Rank	24531	31425	15432	14532	14532	14523	15432	14532	14532	32415	14532	14532
GCI_H	1.4303	2.1728	1.3192	1.0000	1.0526	1.0905	1.0889	1.0000	1.0067	1.0304	1.0105	1.0000

5.3　基于异质偏好的决策共识模型

本节将研究异质偏好情境下的大群体决策。首先基于聚类算法，提出非合作行为的检测方法；其次提出基于相似度的共识度量指标，并叙述群体交互偏好信息的调整方法；最后根据上述共识过程给出应用算例。

本小节主要研究思路和方法如图 5-2 所示，通过聚类划分决策者群体，并根据决策者相似度确定非合作行为，然后给出共识决策机制。本小节所用的数学符号和记号与第 4 章第 2 节相同，这里不再赘述。

5.3.1　非合作决策行为识别

在定义和识别非合作行为之前，首先给出大群体决策基于偏好关系的聚类过程：

步骤 1：聚类中心初始化。第 1 轮首先根据管理经验指定聚类中心点个数。本轮群体偏好 $P_C^{(t)}$ 作为聚类的第 1 个中心 $C_1^{(t)}$，聚类第 2 个中心 $C_2^{(t)}$ 指定为距离第 1 个中心 $C_1^{(t)}$ 最远的数据点。其次计算剩余点 $P_i^{(t)}$ 前两个中心点 $C_1^{(t)}$ 和 $C_2^{(t)}$ 的距离并选择距离两者相对较远的点作为 $C_3^{(t)}$。即 $C_3^{(t)} = \min\{P_h^{(t)} \mid D(P_i^{(t)}, C_i^{(t)})\}$。

最后重复上述过程直到初始点全部指定。

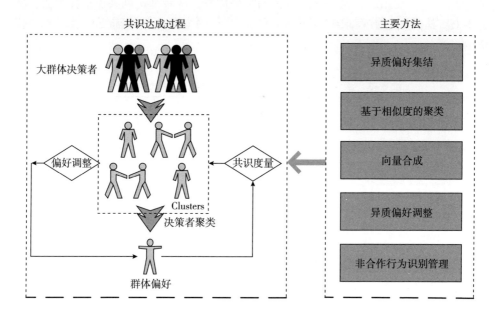

图 5-2　异质偏好下大群体决策的主要思路和主要方法

步骤 2：聚类中心迭代。此步骤运用第 3 章定义的 K-均值聚类算法。聚类中包含 $C_1^{(t)}$ 的聚类点将作为基准检测非合作行为。基于异质偏好关系的聚类方法在本书第 3 章已经进行了详细介绍，这里不赘述。

步骤 3：聚类停止规则。一般聚类停止标准是达到预设的最大迭代次数（Maxround）或者聚类中心变化稳定。本书的停止规则是聚类子群具备如下稳定关系：对于指定的 $\xi \to 0$ 满足如下条件：

$$\frac{\sum_{i=1}^{m} \sum_{h=1}^{N} |D(P_i^{(t)}, C_h^{(t-1)}) - D(P_i^{(t)}, C_h^{(t)})|}{mN} \leqslant \xi \tag{5-20}$$

5.3.1.1　非合作行为定义

非合作行为广泛存在于群体决策的过程中。如果决策实施者不处置非合作行为，那么群体决策很难达成共识。因此，在大群体决策中，要考虑非合作行为是决策模型具有广泛使用价值的必要条件。本书定义的非合作行为包括三个方面，分别是孤立意见、远离群体偏好和非妥协行为。令 P_C 是群体偏好，cm 是个体偏好与群体偏好距离控制参数，对于第 i 个决策者在每次交互共识过程中的偏好形式，我们用 $P_i^{(t)}$ 标识。

行为 1：偏好 P_i 是孤立意见，指其不属于任意的聚类簇，并且 P_i 远离 P_C，距离超过预设的参数。

行为 2：远离群体偏好是指个体偏好 P_i 在第 t 轮的个体偏好调整中满足 $D(P_i^{(t)}, P_C^{(t)}) < cm$，如果 E_i 在第 $t+1$ 轮交互过程中调整个体偏好 $P_i^{(t+1)}$ 保持 $D(P_i^{(t+1)}, P_C^{(t)}) < cm$，此时，个体偏好是非合作行为。决策子群是指稳定的聚类簇中心 C_i，在两次偏好过程中偏好距离 $D(C_i^{(t+1)}, P_C^{(t)}) < D(C_i^{(t)}, P_C^{(t)})$。

行为 3：该行为包括两种情形，分别是①决策者收到决策实施者的信息反馈后，拒绝修改偏好信息。②随机调整偏好，包括偏好调整的犹豫迟疑、与群体偏好的距离在不同的轮次交互过程中忽远忽近，即在第 t 轮 $D(P_i^{(t)}, P_C^{(t)}) < cm$，在第 $t+1$ 轮交互过程中两次迭代的偏好距离趋近，但是与群体偏好的距离趋远，$D(P_i^{(t+1)}, P_C^{(t+1)}) > D(P_i^{(t)}, P_C^{(t)})$ 但是 $D(P_i^{(t+2)}, P_C^{(t+2)}) < D(P_i^{(t+1)}, P_C^{(t+1)})$。

5.3.1.2 非合作行为识别过程

在上述非合作行为的检测过程中，需要结合交互过程中的聚类中心的位置变化和交互信息进行判断。

当聚类簇 $C_i^{(t)}$ 满足 $D(C_i^{(t)}, C_1^{(t)}) < cm$ 时，该聚类簇中的偏好 $C_i^{(t)}$ 将被返回，从而进行偏好调整。根据偏好调整值，非合作行为识别具体过程如下：

（1）个体非合作行为检测。个体偏好的检测通过两类规则实现：首先，对于第 t 轮迭代过程中的个体偏好 $P_i^{(t)}$，如果 $P_i^{(t)}$ 不属任何聚类簇，即 $D(P_i^{(t)}, C_i^{(t)}) < \zeta$ 且预设参数 $\zeta \in [0, 1]$。这一类个体偏好是聚类过程中的离群点。其次，如果偏好距离 $D(P_i^{(t)}, P_C^{(t)}) < D(P_i^{(t-1)}, P_C^{(t-1)})$，且 $D(P_i^{(t)}, P_C^{(t)}) < \zeta$，预设参数满足：

$$\zeta = \max \left\{ cm, \frac{\sum_{i=1}^{m} D(P_i^{(t)}, C_1^{(t)})}{m} \right\} \tag{5-21}$$

（2）群体非合作行为检测。子群体的非合作行为与个体偏好检测相似。非合作子群体 $C_i^{(t)}$ 与群体偏好之间的距离 $D(C_i^{(t)}, C_1^{(t)}) < D(C_i^{(t-1)}, C_1^{(t-1)})$，且 $D(C_i^{(t)}, C_1^{(t)}) < \tau$，其中参数 τ 是迭代过程中的距离控制参数 $\tau = \max \{cm, \min \{D(C_i^{(t)}, C_j^{(t)})\}\}$，$i, j = 1, 2, \cdots, N$。对于子群体的位置稳定性的判断即是否将决策者划分为子群体通过给定控制参数 υ 来判断，两次迭代的群体稳定性判断满足 $d(C_h^{(t)}, C_k^{(t-1)}) > \upsilon$，其中：

$$d(C_h^{(t)}, C_k^{(t-1)}) = \frac{\sum_{i=1}^{m} |D(P_i^{(t)}, C_h^{(t)}) - D(P_i^{(t-1)}, C_k^{(t-1)})|}{m} \tag{5-22}$$

表 5-4 为非合作行为识别的算法步骤归纳。

表 5-4　子群体非合作行为检测算法

算法 2　子群体非合作行为检测

1	For 未达到交互停止条件 do
2	判断聚类蔟是否属于相似
3	If 第 t 次聚类中心与 $t-1$ 次群体偏好的距离>第 $t-1$ 次聚类中心与 $t-1$ 次群体偏好的距离 do
4	标识非合作子群
5	Continue
6	End
7	Else if 第 t 次聚类中心与 $t-1$ 次群体偏好的距离>第 $t-1$ 次聚类中心与 $t-1$ 次群体偏好的距离 $\wedge$ 第 $t-1$ 次聚类中心与 $t-1$ 次群体偏好的距离>第 $t-2$ 次聚类中心与 $t-2$ 次群体偏好的距离 do
8	标识非合作子群
9	Continue
10	End
11	End

5.3.2　群体交互共识过程

本小节将建立大群体决策的共识机制。本书研究的共识机制是建立在余弦相似度量基础上，针对异质偏好和非合作决策行为的大群体决策共识机制。图 5-3 是共识机制的详细流程，包含三个模块：偏好集结、共识度量和大群体决策者管理。

上述群决策共识框架对于非合作行为的管理基于数据挖掘方法的识别，并对非合作行为的决策权重进行调整，降低非合作行为对共识过程的影响。根据图 5-3，大群体决策共识达成的基本流程介绍如下：

（1）决策者个体偏好确定。给定决策群体 E 和候选方案 X，对于决策者 $e_i \in E$，他们根据自身判断和喜好给出偏好形式，包括效用值、偏好序、乘性偏好关系和模糊偏好关系。

（2）异质群体偏好集结。前文已有详细叙述，这里不再赘述。

（3）共识度量。本书研究大群体共识，建立共识程度"硬"约束。根据本书提出的基于相似度量的群体共识模型，提出对应相似度量的群体共识测度。基本思路是比较群体偏好与个体偏好的总体相似程度。基于相似度的共识度量（SCD）定义如下：

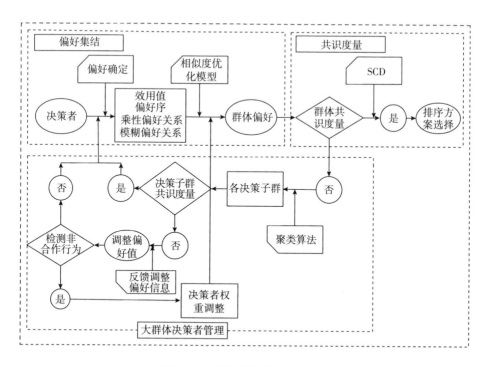

图 5-3　大群体决策共识达成机制

$$SCD = \frac{1}{mn}\left(\begin{array}{c} n\sum\limits_{k\in\Omega_U}^{1}\sum\limits_{i=1}^{n}<\vec{w}_i,\ \vec{u}'^{(k)}_i> + n\sum\limits_{k\in\Omega_O}\sum\limits_{i=1}^{n}<\vec{w}_i,\ \vec{o}'^{(k)}_i> + \\ \sum\limits_{k\in\Omega_M}\sum\limits_{j=1}^{n}\sum\limits_{i=1}^{n}<\vec{w}_i,\ \vec{a}^{(k)}_{ij}> + \sum\limits_{k\in\Omega_F}\sum\limits_{j=1}^{n}\sum\limits_{i=1}^{n}<\vec{w}_i,\ \vec{p}^{(k)}_{ij}> \end{array}\right) \tag{5-23}$$

其中，w 是群体偏好。

显然，SCD 值越高，共识程度越高。如果个体偏好均为完美一致，则 SCD 等于 1。

（4）决策者聚类。对于聚类过程，前文已有详细叙述，在此不再赘述。

（5）决策者偏好反馈调整。决策者偏好反馈调整的目的是为决策者提供调整参考，便于决策者调整偏好信息。由于本书研究的非合作决策过程中决策者具有不同的偏好形式，所以在偏好调整过程中需要将群体偏好信息转化为对应的不同偏好形式，使决策者对原始偏好结构进行合理修正。因此，对于四种不同偏好形式的偏好结构，通过如下选择区间变换群体偏好[218]：

情形 1：对于个体偏好 P_i，$i\in\Omega_U$，群体偏好需转化为效用值偏好结构。设 $u_i^{(k,t+1)}$ 是第 $t+1$ 轮调整值，则 $u_i^{(G,t)}=w_i^{(t)}\sum\limits_{k=1}^{n}u_i^{(k,t)}$。因此，调整信息如下：

$$u_i^{(k,t+1)} \in \left[\min\{u_i^{(G,t)}, u_i^{(k,t)}\}, \max\{u_i^{(G,t)}, u_i^{(k,t)}\} \right] \qquad (5\text{-}24)$$

情形2：对于个体偏好 P_i，$i \in \Omega_O$，群体偏好需转化为偏好序结构。设 $o_i^{(k,t+1)}$ 是第 $t+1$ 轮调整值，如果 $w_i^{(t)}$ 是群体偏好中的第 t 个最大值，则 $o_i^{(G,t)}$ 等于 t。参考偏好调整信息如下：

$$o_i^{(k,t+1)} \in \left[\min\{o_i^{(G,t)}, o_i^{(k,t)}\}, \max\{o_i^{(G,t)}, o_i^{(k,t)}\} \right] \qquad (5\text{-}25)$$

情形3：对于个体偏好 P_i，$i \in \Omega_M$，根据乘性偏好关系中个体判断矩阵偏好值与群体偏好的内在联系 $a_{ij}^{(G,t)} = \dfrac{w_i^{(t)}}{w_j^{(t)}}$，乘性偏好关系的反馈调整信息如下：

$$a_{ij}^{(k,t+1)} \in \left[\min\{a_{ij}^{(G,t)}, a_{ij}^{(k,t)}\}, \max\{a_{ij}^{(G,t)}, a_{ij}^{(k,t)}\} \right], \ i>j \qquad (5\text{-}26)$$

情形4：对于个体偏好 P_i，$i \in \Omega_F$，与乘性偏好关系类似的个体判断矩阵偏好值与群体偏好向量保持 $b_{ij}^{(G,t)} = \dfrac{w_i^{(t)}}{w_i^{(t)}+w_j^{(t)}}$。因此，调整偏好的参考信息如下：

$$b_{ij}^{(k,t+1)} \in \left[\min\{b_{ij}^{(G,t)}, b_{ij}^{(k,t)}\}, \max\{b_{ij}^{(G,t)}, b_{ij}^{(k,t)}\} \right], \ i>j \qquad (5\text{-}27)$$

（6）决策者非合作行为检测。具体过程参见 5.2.1.1，在此不再赘述。

（7）决策者权重因子管理。

对于非合作行为的管理，已有的研究提出了众多研究方法。Dong 等[18] 提出了多属性交互评估矩阵。Xu 等[19] 根据提出的非合作程度定义了权重调整函数。Palomares 等[14] 比较了部分和全体权重系数调整，并证明了全体系数调整能够更快收敛。但是，无论是哪种方法，本质仍是通过降低非合作行为的决策权重来达成共识。

本书的决策者权重管理采用部分权重调整，降低非合作决策者的决策影响，使群体偏好向多数合作决策者移动。对非合作子群 $C_h^{(t)}$ 中的或者非合作个体偏好 $P_i^{(t)}$，其权重 σ_i 通过式（5-28）进行调整：

$$\sigma_i^{(t+1)} = \sigma_i^{(t)} \frac{D(P_i^{(t)}, P_C^{(t)})}{\displaystyle\sum_{j=1}^{Q_h} D(P_j^{(t)}, P_C^{(t)})} \qquad (5\text{-}28)$$

其中，Q_h 是非合作子群 $C_h^{(t)}$ 中决策者的数量。如果大群体中非合作决策者仅有1个，那么，Q_h 为大群体决策者的数量。

（8）更新决策者权重，进行群体偏好集结和共识度量。

表5-5 为上述共识过程的具体算法实现过程。

表5-5 大群体决策共识算法

算法3 共识达成算法
1	While 共识度量小于控制参数 do

续表

	算法 3　共识达成算法
2	For 每一次交互偏好信息调整 do
3	计算群体偏好//基于余弦相似度优化模型
4	运用 K-均值决策者聚类//定义异质偏好信息；聚类中心数初始化
5	If 个体偏好与群体偏好小于控制参数 do
6	检测非合作行为//非合作行为定义
7	If 个体偏好或者群体偏好超出控制参数
8	反馈信息调整偏好信息；//异质偏好信息参考
9	End if
10	End if
11	Continue
12	权重调整
13	End
14	End while

5.4　大群体决策模型应用

　　农村金融发展中的贷款有效援助和分配是关键任务之一。经济落后地区的金融体系不完善，特别是信用体系严重缺失。只有农村信用社支撑农村金融资金需求。因此，科学合理地确定农村金融中的贷款对象是紧迫和重要的任务。本节将运用共识模型给出确定农村金融中贷款受益人的科学决策方法。

　　由于农村地区往往交通不便、自然环境恶劣并且人文环境单薄，同时伴随着决策机制的单一和主观，因此在实际资金援助过程中，需要资金管理者和地方政府等多方参与，获得满意的扶助对象。因此，确定农村金融中的信用资金受益人是一个多方参与的大群体决策共识问题，其实施过程是基层决策民主和科学的根本保证。本书根据青藏高原地区农村小额贷款的扶助对象选择问题，运用大群体决策共识模型解决实际管理问题。

　　本节案例的背景是青海省某县"家庭牧场"扶助计划资金发放对象的选择，目标是选择有潜力和具有带动作用的农牧户，是为了资金的高效利用，而不是覆盖全体农牧户。群体决策的参与者包括基层中央银行、扶贫开发局项目资金管理者、基层农村信用社、基层人民政府、村民委员会和农牧户代表。显然，该问题是典型的异质偏好大群体决策共识问题。

一是群体决策参与者数量大。因为该问题的决策需要考虑不同群体的意见，相对于传统专家决策，多方参与、多角度的决策问题更具有代表性和公正性。

二是决策中的偏好形式不同。由于该问题的决策参与者具有不同的知识背景。贫困户的知识层次难以完成乘性偏好关系和模糊偏好关系的决策，特别是判断矩阵的一致性难以保证，他们的偏好结构通过偏好序和效用值完成。

三是存在非合作行为和冲突意见。如村民代表和村民与村委会等之间意见不统一。基层央行和地方政府推动资金发放，但是基层农村信用社出于资金安全考虑和不良贷款比等原因并不愿意大面积发放贷款。并且，两者考虑的出发点不同，金融机构注重资金回流性，而地方政府则关注贫困程度和资金带动性。

本书收集了 52 位决策者的个体偏好，充分考虑每一位决策者的决策偏好结构。群体决策的目的是从 5 名候选家庭中选出 3 户贫困户资助对象。决策者的构成和偏好结构统计如表 5-6 所示。

为了进行大群体决策偏好聚类，本书将聚类中心设定为 3，在实际管理中，贫困户代表、政府人员和金融机构人员基本为固定点的群体。设定共识度控制参数 $cl = 0.93$。

表 5-6　决策群体和偏好构成

参与者来源	数目	主要偏好形式	偏好结构统计	
基层央行	4	模糊偏好关系或乘性偏好关系	偏好序	10
项目管理人员	5	模糊偏好关系或乘性偏好关系	效用值	7
基层政府（镇）	7	模糊偏好关系或乘性偏好关系	模糊偏好关系	14
基层金融机构	11	模糊偏好关系或乘性偏好关系	乘性偏好关系	21
贫困户代表	17	偏好序或者效用值	总计	52
村民委员会	8	模糊偏好关系		

在偏好调整过程中，需要调整的个体偏好与群体偏好平均相似程度阈值 $cm = 0.86$，低于参数值的决策者将被要求修正偏好。两类簇中心距离参数 $v = 0.90$，低于该参数则认为两类簇距离扩大。决策共识过程如表 5-7 所示。

表 5-7　决策共识过程

迭代次数	聚类中心数	群体偏好所属簇	非合作行为	权重因子	共识度（$cr = 0.9300$）
$t = 0$	3	1	—	初始	0.9092
$t = 1$	3	1	—	初始	0.9181

续表

迭代次数	聚类中心数	群体偏好所属簇	非合作行为	权重因子	共识度（$cr = 0.9300$）
$t = 2$	3	3	—	初始	0.9216
$t = 3$	3	3	检测	调整	0.9229
$t = 4$	3	3	检测	调整	0.9249
$t = 5$	3	2	检测	调整	0.9271
$t = 6$	3	2	检测	调整	0.9302

动态共识决策过程如图 5-4 所示。本书用 t-SNE 进行降维（Maaten 和 Hinton[238]）。乘性偏好关系和模糊偏好关系简化为列向量的合成向量来进行聚类（第 4 章阐述了异质偏好关系在相似度量下的向量化过程和数学原理，这一过程是数据挖掘的基础）。由图 5-4 可以看出部分非合作点始终远离群体偏好所处的类簇。但是，通过交互偏好信息反馈调整，大多数决策者能够修改偏好并靠近群体偏好，达成群体决策共识。

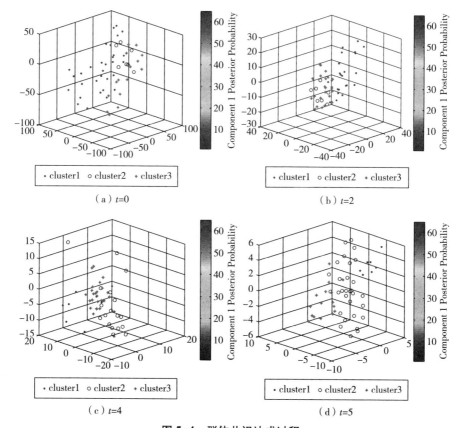

图 5-4　群体共识达成过程

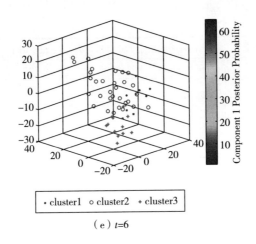

（e）*t*=6

图5-4　群体共识达成过程（续）

群决策过程中的 3 个聚类中心代表了决策中的三类群体，分别代表资助群体中的三类对象：一是资产状况较好的群体。这一类群体住宅质量较好，牲畜较多，具有较好的资产抵押资质，基层金融机构更倾向于这一类群体。二是发展潜质较好的群体。这一类群体劳动力强壮，具有较好的文化素质，有发展集体经济的潜力，但是发展资金比较匮乏，基金管理组织更倾向于这一类群体。三是低收入群体。这一类群体或者有残障、或者丧失了劳动力、或者因重大疾病致贫，因此在精准扶贫中，政府希望他们获得更多的资助，因为他们影响到整体脱贫，但是金融机构并不愿意为这一类群体贷款。在大群体决策中，由于政府组织和村民代表的投票更倾向于他们，所以三类资助对象均有机会获得资助，使得最终的决策结果更加科学和公正，能够照顾到不同类型的资助对象。这同时也是大群体决策具有实际管理意义的有力印证。

由可视化过程可以清晰地看出群体共识的达成过程，群体偏好的所属类簇也趋于稳定，大多数决策者逐步靠近群体偏好类簇。

5.5　本章小结

本章针对群体共识决策问题，首先研究了基于乘性偏好关系的群体决策共识问题。在传统的集结个体偏好和行几何平均导出方法的基础上，提出了共识提升方法，并在经典算例上进行了验证。其次提出了异质偏好情境下的大群体决策模型。给出了共识达成框架，提出了基于聚类的非合作行为检测和管理办法，详细论证了共识达成的过程。最后将大群体决策模型应用到农村金融中小额贷款发放对象的选择中，展示了异质偏好下的大群体决策共识过程。至此，异质偏好情境下的大群体决策逐步完善，形成了完整的研究链条，构建出了完整的异质偏好下大群体决策共识模型。

第6章 大规模社交网络群体决策的共识过程

决策者之间存在复杂的社会关系，这些关系形成的社交网络往往会影响决策共识的达成过程。例如，城市拆迁项目涉及的利益相关者众多，拆迁成本巨大，制订拆迁计划并在利益相关者之间以合理的成本达成一致意见是城市拆迁项目的关键问题。受拆迁项目影响的住户往往具有紧密的社会关系，并且人数众多。因此，研究大规模决策者的社交网络关系对决策共识的影响机制是建立群体共识的前提。这一类问题被称为是大规模社交网络群体决策共识过程。主要研究的对象包括社交网络的建立与拓扑结构、社交网络层次分类与共识过程等。本章针对上述问题，构建双层网络拓扑结构，以处理大规模参与者之间不完整的社会关系，根据参与者的偏好相似性进行大规模群体分类。依据分类结果，我们可以将信任关系未知的参与者（外层）与内层的参与者联系起来。为了在大规模社交网络群体决策中达成有效共识，本书开发了一个三阶段方法来协调冲突的偏好并以最小成本达成共识。

6.1 社交网络群体决策的发展

在很多群决策问题中，决策项目的成功实施取决于众多因素，如政治、经济等[257]。例如，城市更新过程中制订拆迁计划并在住户之间以合理的成本就拆迁计划达成一致意见是城市拆迁中的关键问题。住户拥有不同的知识背景和社会地位，他们之间往往有着紧密的社会关系。从这个角度来看，城市拆迁是一个大规模社交网络群体决策问题，由于参与者的规模庞大，这是一个有挑战性的问题。

在大规模社交网络群体决策中，社交网络关系包括信任关系和偏好相似关系[258]。信任关系是一个布尔函数，它假设两个决策者之间存在或不存在信任关系。偏好相似性关系度量两个决策者对一组备选方案的偏好相似性。基于以上两种网络关系，达成共识的过程包括三个步骤：①构建决策者的社交网络。一种常用的方法是基于决策者之间的信任关系构建社交网络[259]。Wu 等[260] 通过信任度计算和基于信任的偏好收集模型构建了一个社交网络。建立社交网络的另一种方法是利用决策者之间的偏好相似性[261]。②使用社交网络将大规模决策者划分为更小的群体。将数量众多的决策者划分为几个子群进行管理是大规模社交网络群体决策中达成共识的有效工具。考虑到子群中的决策者拥有相似偏好且彼此信任，与大规模群体中的决策者相比，他们更有可能改变自己的偏好以达成共识。主流方法包括基于个体偏好关系的决策者聚类和基于意见动力学的分类[258]。③为每个子群构建共识模型。社交网络群体决策中的共识达成机制与传统的群体决策相似。交互式共识达成框架是使用最广泛的方法，在该框架中，要求决策者利用反馈信息修改自己的偏好，直至共识达成。

在大规模社交网络群体决策中达成共识更为复杂。首先，决策者的教育背景、知识和决策习惯不同，群体决策中存在异质偏好。为了进行分类，我们必须开发测量异质偏好距离的方法。其次，信任关系部分缺失，大规模社交网络群体决策的网络结构未知。最后，传统的方法如反馈调整机制和决策者权重确定方法，在处理大规模社交网络群体决策问题时效率低下[259]，这就需要新的方法来提高共识达成的效率。Cheng 等[261] 通过使用社交网络信息来确定权重，为 20 名决策者开发了一个最小成本共识模型。

目前尽管已经开发了许多处理少于 200 名专家的共识模型[257-261]，但对大规模（超过 1000 名参与者）社交网络结构、意见分类和共识达成的研究还很少。现有的研究很难适应大规模社交网络群体决策问题的需求。首先，现有研究基于决策者间的信任关系或相似偏好构建社交网络[257-261]。在实际的大规模社交网络群体决策问题中，决策者不仅受到他/她信任的人的影响，还受到具有相似偏好的人的影响。例如，在城市拆迁项目中，具有相似偏好和信任关系的住户更容易达成一致意见。其次，常用的反馈调整机制涉及多轮协商，当决策者数量较大时会大大增加时间和人力资源成本[257-261]。最后，决策者之间的信任关系是大规模社交网络群体决策共识达成过程中的重要信息。在现实生活中，由于资源受限，在有限数量的决策者之间无法建立完全的信任关系。如果信任关系不完整，则需要开发一种特殊的共识构建模型[257-261]。现有的研究要么使用信任路径的传递性来预测信任关系[257-261]，要么使用偏好关系来代替信任关系[257-261]。对于大规模社交网络，现有的方法无法有效地填充信任关系并达成共识。因此，需要新的方法（如分类算法）来提高大规模社交网络群体决策中共识达成的效率。

本章旨在通过分析工具（社交网络分析、数据挖掘和优化）为大规模社交网络群体决策（超过 1000 名参与者）开发共识达成框架，以实现高效且成本可控的自动共识构建。

6.1.1 大规模社交网络群体决策的基本特征

将大规模群体划分为较小的子群，意在子群中达成令人满意的共识来推动总体共识的达成[20]，提高大规模社交网络群体决策的共识度[36]。本节介绍大规模社交网络群体决策基本特征的相关文献和大规模社交网络群体决策中一般共识达成框架的组成部分，并描述本书提出的共识达成框架。

大规模社交网络群体决策有三个显著特征（见图 6-1）：决策者规模大、决策者的异质偏好形式以及决策者间的交互[12]。

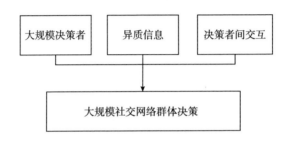

图 6-1　大规模社交网络群体决策的三个基本特征

当参与者人数超过 20 人时，群体决策问题通常被视为大规模群体决策问题。现有文献中研究的决策者人数最多不到 200 人。鉴于决策者在大规模社交网络群体决策[257-261]中具有不同的偏好表达，异质偏好环境下的共识达成过程一直是大规模群体决策和社交网络群体决策[257-261]中的一个重要研究课题。常见的偏好形式包括偏好序、偏好值、乘性偏好关系和加性偏好关系[257-261]。

在群体决策问题中，同一社交网络中的决策者共享经验和知识，并可能通过参考他人的意见或信任邻居来影响彼此的观点。城市拆迁是一个典型的大规模社交网络群体决策问题，在共识达成过程中涉及数千名社会关系密切的住户。由于偏好冲突以及需要以合理的成本达成高度共识，因此城市拆迁项目很难达成共识。

6.1.2 大规模社交网络群体决策的一般共识达成过程

本书提出一个三步共识达成框架，以促进大规模社交网络群体决策共识的达成（见图 6-2）：第一步是为大规模社交网络群体决策问题构建一个社交网络结构，这将在本章第 3 节中进行描述；第二步将决策者划分为更小的子群；第三步利用共识达成过程，以最低的成本高效地达成共识。

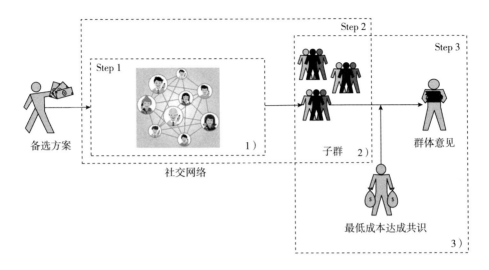

图 6-2 大规模社交网络群体决策共识达成框架

6.1.2.1 子群划分

子群划分用于提高大规模群体决策的效率。聚类和分类是划分子群的常用方法。在已有的方法中，子群通过聚类或网络结构特征进行划分。这种划分需要完整的网络结构和决策者信息，如信任关系、自信度和意见支持度，此外，还需要反复调整个人偏好，以达到较高的共识度，这对于大规模群体决策来说是低效的。

分类算法将大量参与者分成小的子群。在大规模社交网络群体决策中，子群分类的标签是依据决策者间的社会关系确定的。假设一个子群中的决策者具有相似的偏好或相互信任，就可以通过偏好或信任关系将大规模决策者划分为子群。本书通过对决策者的访谈和调查来识别社交网络中的偏好和信任关系，并给用于训练分类器的子群分配标签。

分类算法应用于子群划分需要两个必要条件：第一个条件是训练数据必须有分类标签，可以根据管理经验、背景知识、访谈和问卷调查获得；第二个条件是将数据转换成矩阵，其中列是属性，行是数据记录。传统的分类器不能直接用于大规模社交网络群体决策，因为偏好关系是一个矩阵，必须将整个矩阵转换成一个向量进行训练和预测。此外，在大规模社交网络中，分类标签很难确定。

6.1.2.2 大规模社交网络群体决策中共识的达成

传统的反馈机制要求每个决策者反复修改他们的偏好以达成一致意见，在决策者数量较大时不适用。在大规模社交网络群体决策中运用社交网络分析达成共识的两个主要方向为：一个是建立信任关系，在小群内达成共识；另一个是利用意见动力学来促进共识达成，这基于个体决策者意见或偏好在社交网络中的演化[257-261]。

时间和成本是大规模社交网络群体决策中的两个重要问题。调查决策者的偏好和他们之间的信任关系需要大量的时间和资源。在许多实际的群体决策问题中，管理层会补偿愿意更改意见的参与者，这种补偿称之为共识成本。此外，社交网络的复杂结构需要更多的人力资源和成本来检测决策者之间的冲突并协调他们的意见。当决策者数量增加时，传统的群体决策模型需要更多的时间来收敛。已有的研究表明，改变决策者偏好所需的补偿金额各不相同，这意味着可以使用经济补偿来避免或减少偏好修改的重复迭代次数[250]。表 6-1 总结了本书其余部分使用的符号。

表 6-1 共识达成框架中使用的符号

符号	描述	符号	描述
X	备选方案集	N	决策者数量
M_v	社交网络社区（3.3.2 节）	m_v	属于 M_v 中的顶点数
DM_v	每个社区的决策者	s_v	加权中心度（定义 1）
$\vec{\ }$	向量	ω	偏好关系导出优先向量
$S(\vec{p_i}, \vec{p_j})$	两个偏好向量的相似性度量	U	效用值
$<,>$	两个向量的内积	O	偏好序
A	邻接矩阵	P	乘性偏好关系
e_{ij}	A 的输入	B	加性偏好关系
A'	加权邻接矩阵（向量）	u_i	效用值的输入
f_i	A' 的输入	o_i	偏好序的输入
D'	距离矩阵	a_{ij}	乘性偏好关系的输入
d'_{ij}	D' 的输入	b_{ij}	加性偏好关系的输入
D	加权距离矩阵	u'_k	$u_k \Big/ \sum\limits_i u_i$
d_i	D 的输入	o'_k	$\dfrac{n-o_k}{n-1} \Big/ \sum\limits_{i=1}^{n} \dfrac{n-o_i}{n-1}$
M	双层社交网络（图 4）	$DS(,)$	不同偏好关系的距离度量
$\hat{m}_{ij}$	双层网络的输入	oc	群体偏好
v	M 的顶点	$K(\vec{r_i}, \vec{r_j})$	支持向量机的内核函数

6.2　决策社交网络的结构

在大规模社交网络群体决策中，参与者通过社会关系建立联系。构建社交网络结构有助于理解参与者之间的关系和处理不完整信息。本节提出一种为大规模社交网络群体决策构建网络结构、检测不同社区并确定其在社交网络中的重要性的方法。

6.2.1　群体决策中的社交网络分析

社交网络由一组节点（表示个人或组织）和二元关系（表示网络节点之间的社会关系和交互）构成。社交网络被广泛运用于揭示社会群体的结构和模式。连接决策者的社会关系是社交网络的基本组成部分。处于社交网络中心的个人在共识构建过程比其他人更有影响力，因为他们在社交网络中拥有更多的连接。现有研究[257-261] 通过使用决策者之间的相互信任关系或偏好相似关系来构建群体决策的社交网络。在实际的大规模社交网络群体决策应用中，由于信息缺失和复杂的社会关系，决策者之间的完全信任关系很难完全构建。

社交网络可以用图形、代数关系或社会计量形式来表示。例如，社交网络中任意两个决策者之间的关系可以表示为一种社会计量形式，即满足下面函数的邻接矩阵：

$$A = (e_{ij}) = \begin{cases} e_{ij} = 1, & \text{if } e_i R e_j \\ e_{ij} = 0, & \text{if } e_i \bar{R} e_j \end{cases} \tag{6-1}$$

其中，$e_i R e_j$ 表示两个决策者有连接，该连接可以是偏好相似关系，也可以是信任关系。否则，输入为 0。$A = (e_{ij})$ 也是一个邻接矩阵。

6.2.2　大规模社交网络群体决策中的局部社交网络

决策者相互影响和群体行为决定了大规模社交网络群体决策的共识构建过程[257-261]。为了在社交网络中有效地达成高度共识，必须理解决策者之间的信任关系和偏好相似性。

由于隐私保护和信息匮乏，无法识别大规模社交网络中决策者的所有信任关系，但可以通过问卷调查、统计和访谈确定具有相对完整节点和连接的局部社交网络。

6.2.2.1　大规模社交网络的拓扑结构

图 6-3 展示了本书提出的一般社交网络结构。在这种结构中，节点是决策

者，连接是决策者间的关系，包括信任关系和偏好相似性。内层（红色圆圈内）是一个完整的局部社交网络，决策者之间的信任关系已知，而外层悬挂节点是那些与内层节点的信任关系无法确定的决策者。本书需要调查外层节点和局部社交网络节点的偏好，以将前者连接到局部社交网络中。

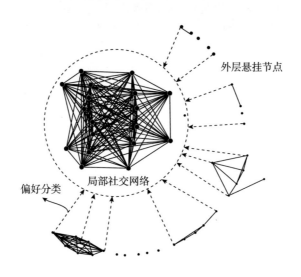

图 6-3　大规模社交网络群体决策的拓扑结构

6.2.2.2　局部社会网络中的社会关系

本节研究局部社交网络的内层结构，以形成不同的偏好类别。目前关于群体决策社交网络的研究中只建立了一个单一网络，其中两个决策者之间的连接要么是信任关系，要么是偏好相似性[260]。在许多现实生活的决策中，决策者不仅受到他/她信任的人的影响，还受到具有相似偏好的人的影响。两个具有相似偏好但没有信任关系的决策者比那些具有信任关系但偏好相反的决策者更容易达成一致意见。因此，信任关系和偏好相似性应当用于决策者分类。

因此，我们提出一种局部社交网络的双层结构（见图 6-4），该结构考虑了偏好相似性和信任关系。在图 6-4 中，基层是社交网络图中的连接关系（如信任关系），而嵌入层是节点之间的偏好相似关系。

在实际的决策问题中，基层是通过访谈、问卷调查和数据分析获得信任关系从而构建的。邻接关系 R 由混合指标决定，如社交网络中的距离、共同朋友和关系的亲密度。嵌入层是基于决策者之间的相似性构建的，这些相似性是通过个体偏好关系测量得到的。

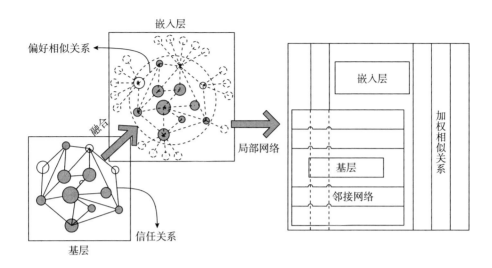

图 6-4 局部社交网络的双层结构网络

图 6-4 中的外层悬挂节点通过外层和局部网络节点之间的偏好相似关系与内层节点连接。在大规模社交网络群体决策问题中，外层节点的大小与其影响成正比。

6.2.2.3 局部社交网络中信任关系和偏好相似关系的融合

双层结构网络（偏好关系网络和信任关系网络）的构建分为三步：

第 1 步：构建社交网络的双层结构。

（1）基层（见图 6-4）是由节点和链路组成的网络。在这个网络中，节点是决策者，链路是信任关系。我们用 A 来表示信任关系的邻接矩阵。

（2）嵌入层（见图 6-4）也是一个网络，其中每个连接代表一个偏好相似性。在城市拆迁中，具有相近社会地位（如家庭收入和家庭结构）的人可能有相似的偏好并做出相似的决定。本书假设 p_i 和 p_j 是局部社交网络中的两个偏好关系，分别由 DM_i 和 DM_j 提供。基于相似度的距离度量定义如下：

$$d'_{ij}=S(p_i, p_j) \tag{6-2}$$

其中，$S(p_i, p_j)$ 是两个偏好向量的余弦相似度。

第 2 步：双层网络的加权向量化。

pv_i 是连接到局部社交网络节点 v_i 的悬挂节点数。加权向量 C（属于 $R^{n×1}$）是归一化向量和输入 $c_i=pv_i/\sum_k pv_k$，其中 k 是局部社交网络中的节点数。向量 C 中的每个输入是与节点 v_i 具有相似偏好决策者的比率。第 2 步使用加权向量 C 反映外层节点对局部社交网络共识达成的影响。加权邻接矩阵 A' 在基层表示为

$A' = (f_i) = AC^T$，其中 f_i 是加权邻接矩阵（向量）A' 的输入，A 是邻接矩阵。距离矩阵为 $D' = (d'_{ij})$，加权距离矩阵为 $D = (d_i) = D'C^T$。

第3步：归一化和融合。

该步骤使用标准差将每个加权邻接矩阵和加权距离矩阵的元素归一化：

$$\overline{f_i} = \frac{f_i - \frac{1}{n}\sum_i f_i}{\sqrt{\frac{1}{n-1}\sum_i\left(f_i - \frac{1}{n}\sum_i f_i\right)^2}} \tag{6-3}$$

$$\hat{d_i} = \frac{d_i - \frac{1}{n}\sum_i d_i}{\sqrt{\frac{1}{n-1}\sum_i\left(d_i - \frac{1}{n}\sum_i d_i\right)^2}} \tag{6-4}$$

下列矩阵通过权重 θ 融合上述两层，将加权邻接矩阵和加权距离矩阵结合起来。设 H 为具有两个子块的新矩阵：

$$H = [A'_{n\times1} \mid D_{n\times1}] \tag{6-5}$$

其中，"｜"表示块矩阵。然后，我们可以使用矩阵 H 的奇异值分解矩阵 $U_{n\times2}$ 和 $V_{2\times n}$，并通过以下公式确定两个独立网络的权重：

$$H = U\begin{bmatrix}\overline{\theta}_1 & \\ & \overline{\theta}_2\end{bmatrix}V \tag{6-6}$$

权重计算为 $\tilde{\theta} = \overline{\theta}_1 / \sum \overline{\theta}_i$ 和 $1-\tilde{\theta} = \overline{\theta}_2 / \sum \overline{\theta}_i$。$\hat{m}_{ij}$ 为基层和嵌入层的组合：

$$\hat{m}_{ij} = \tilde{\theta}e_{ij} + (1-\tilde{\theta})d'_{ij} \tag{6-7}$$

其中，e_{ij} 和 d'_{ij} 分别是邻接矩阵的输入、决策者 i 和 j 之间的距离矩阵。参数 θ 将 e_{ij} 和 d'_{ij} 相结合形成组合连接 $\hat{m}_{ij}$。

6.2.2.4 局部社会网络的中心性

我们定义加权特征向量中心性来确定双层社交网络中每个节点的中心性，其思想是检测与网络中其他节点连接最多的节点。中心性反映了决策者在社交网络中的影响力。中心度越高的节点影响越大，因为它与其他节点的连接越多。

定义 6-1：加权特征向量中心性，在给定的双层社交网络中，$M = (\hat{m}_{ij})$ 是基层和嵌入层的组合。节点 v 的加权特征向量中心性定义如下：

$$s_v = \frac{1}{\sigma}\sum_{j=1}^n \hat{m}_{ij}v_t \tag{6-8}$$

其中，σ 是一个常数。

中心性分数 s_v 得分越高的决策者对集体意见的影响越大，他们在决策过程中的权重也越高。因此，他们的偏好更改范围被设置得更小，相应的共识成本更低。

6.3   大规模社交网络群体决策中的群体分类

我们根据局部社交网络中不同社区的完全信任关系，为其分配标签。在此基础上，我们训练一个分类器，将完全信任关系未知的外层节点分给每个类，以确保所有决策者可以划分为不同的子群。传统分类算法使用的数据是向量，但一些偏好关系（如乘性和加性）是矩阵。因此，应将大规模社交网络群体决策中经常出现的异质偏好关系转换为带有标记类和向量化的标准分类向量。

6.3.1   偏好的内积空间

由于不同偏好关系的结构不同，我们使用内积空间而不是欧几里得空间来确定不同偏好关系之间的"距离"。常用的偏好关系包括效用值、偏好序、乘性偏好关系和加性偏好关系。

定义 6-2：效用值的归一化向量是 $\vec{u}$，偏好序是 $\vec{o}$，乘性偏好关系的归一化列向量为 $\vec{a_j}$，加性偏好关系为 $\vec{p_j}$，$<\cdot,\ \cdot>$ 是两个向量的内积。不同偏好关系之间的距离度量 DS 计算如下：

情况 1：列向量（效用值和偏好序）之间的内积定义如下：

$$DS(U,\ O) = \frac{1}{n} \sum_{j=1}^{n} <\vec{u_j},\ \vec{o_j}> = \frac{1}{n} \sum_{j=1}^{n} \sum_{h=1}^{n} \bar{u}_{hj} \bar{o}_{hj} = \frac{1}{n} \sum_{j=1}^{n} \sum_{h=1}^{n} \frac{u_{hj}}{\sqrt{\sum_{i=1}^{n} (u_{ij})^2}} \cdot$$

$$\frac{o_{hj}}{\sqrt{\sum_{i=1}^{n} (o_{ij})^2}} \tag{6-9}$$

情况 2：矩阵之间的内积（乘性和加性偏好关系）定义如下：

$$DS(U,\ O) = \frac{1}{n} \sum_{j=1}^{n} <\vec{u_j},\ \vec{o_j}> = \frac{1}{n} \sum_{j=1}^{n} \sum_{h=1}^{n} \bar{u}_{hj} \bar{o}_{hj} = \frac{1}{n} \sum_{j=1}^{n} \sum_{h=1}^{n} \frac{u_{hj}}{\sqrt{\sum_{i=1}^{n} (u_{ij})^2}} \cdot$$

$$\frac{o_{hj}}{\sqrt{\sum_{i=1}^{n} (o_{ij})^2}} \tag{6-10}$$

情况 3：列向量和矩阵之间的内积定义如下：

$$DS(U, MU) = \frac{1}{n}\sum_{j=1}^{n} <\vec{u}_j, \vec{a}_j> = \frac{1}{n}\sum_{j=1}^{n}\sum_{h=1}^{n}\bar{u}_{hj}\bar{a}_{hj} = \frac{1}{n}\sum_{j=1}^{n}\sum_{h=1}^{n}\frac{u_{hj}}{\sqrt{\sum_{i=1}^{n}(u_{ij})^2}} \cdot$$

$$\frac{a_{hj}}{\sqrt{\sum_{i=1}^{n}(a_{ij})^2}}$$

$$DS(O, MU) = \frac{1}{n}\sum_{j=1}^{n} <\vec{o}_j, \vec{a}_j> = \frac{1}{n}\sum_{j=1}^{n}\sum_{h=1}^{n}\bar{o}_{hj}\bar{a}_{hj} = \frac{1}{n}\sum_{j=1}^{n}\sum_{h=1}^{n}\frac{o_{hj}}{\sqrt{\sum_{i=1}^{n}(o_{ij})^2}} \cdot$$

$$\frac{a_{hj}}{\sqrt{\sum_{i=1}^{n}(a_{ij})^2}} \tag{6-11}$$

$$DS(U, FU) = \frac{1}{n}\sum_{j=1}^{n} <\vec{u}_j, \vec{p}_j> = \frac{1}{n}\sum_{j=1}^{n}\sum_{h=1}^{n}\bar{u}_{hj}\bar{p}_{hj} = \frac{1}{n}\sum_{j=1}^{n}\sum_{h=1}^{n}\frac{u_{hj}}{\sqrt{\sum_{i=1}^{n}(u_{ij})^2}} \cdot$$

$$\frac{p_{hj}}{\sqrt{\sum_{i=1}^{n}(p_{ij})^2}}$$

$$DS(O, FU) = \frac{1}{n}\sum_{j=1}^{n} <\vec{o}_j, \vec{p}_j> = \frac{1}{n}\sum_{j=1}^{n}\sum_{h=1}^{n}\bar{o}_{hj}\bar{p}_{hj} = \frac{1}{n}\sum_{j=1}^{n}\sum_{h=1}^{n}\frac{o_{hj}}{\sqrt{\sum_{i=1}^{n}(o_{ij})^2}} \cdot$$

$$\frac{p_{hj}}{\sqrt{\sum_{i=1}^{n}(p_{ij})^2}} \tag{6-12}$$

此外，很容易证明 $\frac{1}{n}\sum_{j=1}^{n} <\vec{\omega}, \vec{p}_j> = <\vec{\omega}, \frac{1}{n}\sum_{j=1}^{n}\vec{p}_j>$ 和 $\frac{1}{n}\sum_{j=1}^{n} <\vec{\omega}, \vec{a}_j> = <\vec{\omega}, \frac{1}{n}\sum_{j=1}^{n}\vec{a}_j>$ 成立，其中 $\vec{\omega}$ 是列向量。由此，具有矩阵结构的偏好关系可以通过行加权代数平均转换为列向量，并用于数据分类。

根据上述定义，转换后的偏好关系可以构建内积度量空间。

6.3.2 标签分配

在分类任务中，标签是根据历史数据预先确定的，用于训练分类器。具有相同标签的决策者属于一个子群，这意味着一个子群的决策者可能来自同一个社区或者是外层悬挂节点。本书对社区和子群的定义如下：

定义 6-3：局部社交网络中的社区。在局部社交网络中，如果一组节点内部紧密连接，则称这组节点为社区。社区是通过节点之间连接的密集程度来度量的。

定义 6-4：社交网络中的子群。一个社区和通过分类与该社区内的节点连接的外层悬挂节点构成一个子群。

下面介绍社区检测和子群分类的过程。

社区检测方法将社交网络划分为更小的子群，其中节点之间的连接度更高（即网络中有更多连接）。社区检测方法用于减少类标签的数量以处理大量节点并提高大规模社交网络群体决策的效率。我们使用谱分析来检测社交网络中的不同社区 [11，16]。图 6-5 显示了社区检测的过程。

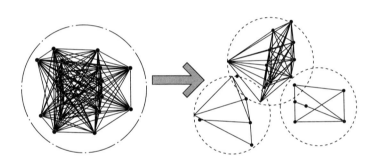

图 6-5　社区检测

谱分析是一种常用的社区检测方法[263]。它是基于拉普拉斯矩阵的聚类方法，拉普拉斯矩阵由网络度矩阵和相关矩阵构成。

首先，我们构造一个拉普拉斯矩阵（L），该矩阵由决策者偏好关系的内积的相似矩阵（S）转换而来。其次，基于拉普拉斯矩阵的 K-均值算法用于识别局部社交网络中的社区。

$$L = D^{-1/2} S D^{-1/2} \qquad\qquad (6-13)$$

其中，D 是度矩阵，$S = (s_{ij})$，$s_{ij} = e^{-\frac{(<p_i, p_j>)^2}{2\sigma^2}}$，$p_i$，$p_j$ 分别是 DM_i，DM_j 的偏好关系。

6.3.3　内积空间支持向量机

大规模社交网络群体决策中的偏好关系的特点是特征数量少、数据量大。支持向量机通过构建最优的超平面，可以将数据分为不同的类别。但是传统的欧几里得空间支持向量机不再适用，因为在大规模群体决策中，决策者的偏好往往是异质的。本书针对大规模社交网络群体决策提出一种基于内积空间的支持向量机。

首先，本书假设 V 是 n 维内积空间中的一个平面，法向量为 $\vec{n}$，任意点为 $\vec{r_0}$。平面 V 的公式表示为 $\langle \vec{n}, \vec{r}-\vec{r_0} \rangle = 0$，其中 $\langle \cdot, \cdot \rangle$ 是向量内积。任意向量 $\vec{r_i}$，$i \in 1, 2, \cdots, n$，在 n 维内积空间中，当 $\tilde{a} = \max\{a_i\}$，$\vec{n}$ 和 $\vec{r_i}$ 与虚拟向量 y（包括输入 -1 和 1）的内积预计为 $y_i \langle \vec{r_i}, \vec{n} \rangle \leq a_i < \tilde{a}$，$i \in 1, 2, \cdots, n$。最优 $\bar{a}$ 是目标函数，其中 $\bar{a} = \tilde{a}/\|\vec{n}\|$。

$$\min \bar{a}$$

$$\text{s.t. } y_i \langle \vec{r_i}, \vec{n} \rangle \leq a_i < \bar{a}; \ i \in 1, 2, \cdots, n \tag{6-14}$$

公式（6-14）可转换为如下公式：

$$\max \frac{1}{2}\|\vec{n}\|^2$$

$$\text{s.t. } y_i \langle \vec{r_i}, \vec{n} \rangle < 1, \ i \in 1, 2, \cdots, n \tag{6-15}$$

其次，在式（6-15）的目标函数中引入拉格朗日乘子 α 对模型进行求解。

$$L(\vec{n}, \alpha) = \frac{1}{2}\|\vec{n}\|^2 - \sum_{i=1}^{n} \alpha_i(y_i \langle \vec{n}, \vec{r_i} \rangle - 1) \tag{6-16}$$

拉格朗日函数可以使用 KKT 条件 $\dfrac{\partial L}{\partial \vec{n}} = 0 \Rightarrow \vec{n} = \sum_{i=1}^{n} \alpha_i y_i \vec{r_i}$ 转换为以下公式：

$$
\begin{aligned}
L(\vec{n}, \alpha) &= \frac{1}{2}\|\vec{n}\|^2 - \sum_{i=1}^{n} \alpha_i(y_i \langle \vec{n}, \vec{r_i} \rangle - 1) \\
&= \frac{1}{2}\vec{n}^T\vec{n} - \sum_{i=1}^{n} \alpha_i y_i \vec{n}^T \vec{r_i} + \sum_{i=1}^{n} \alpha_i \\
&= \frac{1}{2}\vec{n}^T \sum_{i=1}^{n} \alpha_i y_i \vec{r_i} - \vec{n}^T \sum_{i=1}^{n} \alpha_i y_i \vec{r_i} + \sum_{i=1}^{n} \alpha_i \\
&= -\frac{1}{2}\left(\sum_{i=1}^{n} \alpha_i y_i \vec{r_i}\right)^T \sum_{i=1}^{n} \alpha_i y_i \vec{r_i} + \sum_{i=1}^{n} \alpha_i \\
&= \sum_{i=1}^{n} \alpha_i - \sum_{i,j=1}^{n} \alpha_i \alpha_j y_i y_j \vec{r_i}^T \vec{r_j}
\end{aligned}
\tag{6-17}
$$

对偶拉格朗日优化如下所示：

$$\max_{\alpha} \sum_{i=1}^{n} \alpha_i - \sum_{i,j=1}^{n} \alpha_i \alpha_j y_i y_j \vec{r_i}^T \vec{r_j}$$

s. t. $\alpha_i > 0$, $i \in 1$, 2, $\cdots$, n (6-18)

α_i^* 可通过 SMO 或其他迭代算法获得。内积空间由超平面的法向量确定：

$$\vec{n}^* = \sum_{i=1}^{n} \alpha_i^* y_i \vec{r}_i$$

最后，使用核函数将线性不可分的数据转换到高维内积空间来处理。因为偏好关系值服从正态分布并满足正态性，高斯核函数通常用于将低维数据映射到高维内积空间。内核为 $K(\vec{r}_i, \vec{r}_j) = \exp\left(-\dfrac{\|\vec{r}_i - \vec{r}_j\|^2}{2\sigma^2}\right)$，优化模型如下：

$$\max_{\alpha} \sum_{i=1}^{n} \alpha_i - \sum_{i,j=1}^{n} \alpha_i \alpha_j y_i y_j K(\vec{r}_i, \vec{r}_j)$$

s. t. $\alpha_i > 0$, $i \in 1$, 2, $\cdots$, n (6-19)

在大规模社交网络群体决策中，参与者通过社会关系建立联系。构建社交网络结构有助于理解参与者之间的关系和处理不完整信息。

6.4 最小成本群体共识达成过程

本节设计一个三步共识达成过程：第一步是根据社交网络中子群的意见动态生成备选方案；第二步是建立一个优化模型，最小化共识达成过程中产生的总补偿成本；第三步是生成具有最优共识成本的备选方案排名。

6.4.1 备选方案的动态生成

在大规模社交网络群体决策中，备选方案是随着外部环境的变化而动态发展的。如果决策者完全不接受备选方案，谈判将失败[264]。现有研究已经开发了动态生成备选方案的方法，如 Web 2.0 下的医疗咨询。在局部社交网络中，决策组织者得到大多数参与者的信任，在与所有相关方讨论后，他/她可以提出一些初始备选方案。同时，决策者也可以提出他们的初始备选方案。所有参与者都会讨论这两组备选方案，意在通过除去少数人支持的不合理备选方案并保留大多数人支持的可行备选方案来生成一组初始备选方案。图 6-6 展示了现实生活中大规模社交网络群体决策问题的备选方案的动态生成过程。

我们为内积空间中平面 V 的每个节点 v 的不同偏好形式提出一个集体意见聚合算子。详细过程在第 3 章已有论述。大规模社交网络群体决策的集体意见可通过使用优化模型从不同社区的意见中集结。权重是使用式（6-8）计算的每个社区在局部社交网络中的中心度。

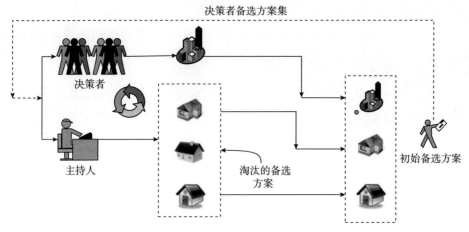

图 6-6　初始备选方案的动态生成

6.4.2　最小共识成本优化

在达成共识的过程中，错误分类可能会导致成本偏差和经济损失[265]。

如果在第一步生成初始备选方案的过程中无法达成共识，则向具有非共识意见的决策者提供偏好修改建议。一种方法是向非共识决策者支付补偿成本，如果补偿不能满足他们的需求，他们就会拒绝修改偏好。本小节确定每位决策者修改其偏好时应支付的最小成本。

设 r_i 为支付给第 i 个决策者 DM_i 的单位补偿成本。$o_C = (o_{c1}, o_{c2}, \cdots, o_{cn})$ 是基于群体意见的备选方案排名，其中 n 是备选方案的数量。$(h_{i1}^v, h_{i2}^v, \cdots, h_{in}^v)$ 表示属于第 v 个子群的决策者 DM_i^v 给出的备选方案排名。然后，$\sum_{j=1}^n |h_{ij}^v - o_{cj}|$ 是 DM_i 意见与集体意见的偏差，其中 j 是备选方案的排名。达成共识的最小总成本如下：

$$\max_{\alpha} \sum_{i=1}^n \alpha_i - \sum_{i, j=1}^n \alpha_i \alpha_j y_i y_j \mathrm{K}(\vec{r}_i, \vec{r}_j)$$
$$\mathrm{s.t.}\ \alpha_i > 0, \ i \in 1, 2, \cdots, n \tag{6-20}$$

其中，O 是备选方案的可行排名。解 $(o_{c1}, o_{c2}, \cdots, o_{cn})^T$ 是非空有限的，很容易求解。决策者对集体意见的影响因其在社交网络中的不同影响力而不同。集体意见通常更接近具有更大中心度的社区，因为他们在社交网络中有更大的影响力。因此，必须确定社区在社交网络中的中心性，并根据其影响力设置个人偏好调整范围。对于中心性较低的社区需要更大程度的偏好调整，以鼓励达成共识。同时，对于中心性较大的社区，需要较小程度的偏好调整。对于给定共识度

ξ，每个子群中所有决策者的偏差总和受以下偏差控制的限制：

$$\xi_v = n^2 s_v^{-1} \xi \tag{6-21}$$

其中，ξ_v 是使用式（6-8）中 s_v 计算的子群共识度。子群中每个决策者都可以在可控的时间间隔内修改他/她的偏好。最小成本模型建立如下：

$$\min \sum_N \sum_{m_v} r_i \sum_{j=1}^{n} | h_{ij}^v - o_{cj} |,$$

$$\text{s.t.} \begin{cases} o_C \in O & (6-21-1) \\ \dfrac{1}{N m_v n^2} s_v \sum_{j=1}^{n} | h_{ij}^v - o_{cj} | \leq \xi & (6-21-2) \\ | h_{ij}^v - o_{cj} | \leq \xi_v, \ i \in \{1, 2, \cdots, m_v\}, \ v \in \{1, 2, , \cdots, N\} & (6-21-3) \end{cases}$$

其中，O 是备选方案的可行排名，它是决策者偏好的汇总。式（6-21）中的 r 表示单位补偿成本，支付给决策者以鼓励他们调整偏好来接近集体意见。两种补偿策略如下：一种是对每个决策者采用相同的单位补偿成本。在这种情况下，总成本是单位成本和群体意见偏差的乘积，即个体偏好和集体意见之间的距离。另一种是根据不同方案的经济成本对不同的决策者支付不同的单位补偿成本。例如，在城市拆迁项目中，根据不同拆迁方案的经济成本设置不同的单位补偿成本。决策者的错误分类将导致目标函数的偏差更大。条件（6-21-2）意味着总的共识应小于给定的 ξ。条件（6-21-3）表示每个决策者应该根据式（6-20）定义的中心性来修改他/她的偏好。

令 $| h_{ij}^v - o_{cj} | = u_{ij}^v + v_{ij}^v$ 和 $h_{ij}^v - o_{cj} = u_{ij}^v - v_{ij}^v$，模型（6-21）可以转化为加权线性整数规划，其中 u_{ij}^v 和 v_{ij}^v 是非负实数。

$$\min \sum_N \sum_{m_v} r_i \sum_{j=1}^{n} (u_{ij}^v + v_{ij}^v),$$

$$\text{s.t.} \begin{cases} o_{cj} + u_{ij}^v - v_{ij}^v = h_{ij}^v, \ i \in \{1, 2, \cdots, m_v\}, \ j \in \{1, 2, \cdots, n\} \\ s_v \sum_{j-1}^{n} u_{ij}^v - v_{ij}^v \leq \xi N m_v n^2 \\ o_{cj} \leq h_{ij}^v + \xi_v, \ i \in \{1, 2, \cdots, m_v\} \\ o_{cj} \leq h_{ij}^v - \xi_v, \ i \in \{1, 2, \cdots, m_v\} \\ u_{ij}^v \geq 0, \ v_{ij}^v \geq 0, \ \xi_v \geq 0, \ o_c \in O \end{cases} \tag{6-22}$$

该线性规划的解为：

$$X = \begin{pmatrix} o_{c1}, \ o_{c2}, \ \cdots, \ o_{cn}; \ u_{11}^v, \ u_{12}^v, \ \cdots, \ u_{1n}^v; \ \cdots, \ u_{m1}^v, \ u_{m2}^v, \ \cdots, \ u_{mn}^v; \\ v_{11}^v, \ v_{22}^v, \ \cdots, \ v_{2n}^v, \ \cdots, \ v_{m1}^v, \ v_{m2}^v, \ \cdots, \ v_{mn}^v \end{pmatrix}^T, \ v \in$$

$$\{1, 2, \cdots, N\} \tag{6-23}$$

但是，如果不同子群中的偏差超过预设阈值，则（6-21-3）中的条件 $|h_{ij}^v - o_{cj}| \leq \xi_v$ 会导致没有可行解。例如，若我们在 $h_1 = 1$ 和 $h_2 = 10$ 之间及限制条件 $|h_1 - o_c| < 3$ 和 $|h_2 - o_c| < 3$ 下求最优解 o_c，那么最优解 o_c 是不存在的。在这种情况下，子群被视为非共识类，共识达成成本是由目标函数 $\sum_N \sum_{m_v} r_i \sum_{j=1}^n |h_{ij}^v - o_{cj}|$ 计算得出的总偏差。

以下矩阵的结果是备选方案的排名和对应的最优共识成本 $r_i \sum_{j=1}^n (u_{ij}^v + v_{ij}^v)$：

$$\overline{X} = \left[\underbrace{M_v}_{Subgroup} \mid \underbrace{X'}_{consensus} \right] \tag{6-24}$$

$$X' = \left[\underbrace{o_c^v}_{Ranking} \mid M_v \mid \underbrace{r_i \sum_{j=1}^n (u_{ij}^v + v_{ij}^v)}_{Costs} \right] \tag{6-25}$$

式（6-25）是属于社区 v 的子群中每个参与者达成小组共识的成本。

6.4.3　共识达成模型的求解算法

该共识达成模型主要包括三步：计算加权特征向量中心度、偏好关系分类和最小化共识成本。表6-2总结了共识达成算法的流程。

表6-2　共识达成算法

算法 1　共识达成算法
输入：初始局部社交网络 V；邻接矩阵 A；初始共识度 ξ；决策者异质偏好关系 DM_i^v；单位成本 r_i
输出：X，X'，$\overline{X}$

1	社区检测//谱聚类
2	训练分类模型//内积支持向量机
3	for $v = 1$：1：M_v do
4	计算 s_v；//基于双层网络的加权特征向量中心性
5	end
6	for $i \in DM$ do
7	标记 DM_i 到节点 M_v；//在局部社交网络中建立属于每个社区的子群
8	end
9	for $i = 1$：1：m_v do
10	计算 $r_i \sum_{j=1}^n (u_{ij}^v + v_{ij}^v)$ //每个参与者修改其偏好的最小成本

算法 1　共识达成算法
11　end
12　返回选择过程

6.5　城市拆迁案例研究

城市拆迁项目是典型的大规模社交网络群体决策问题，因为利益相关者数量众多，并且受拆迁项目影响的住户往往具有紧密的社会关系。另外，城市拆迁需要高度的群体共识，因为它关系到大多数家庭的重要资产，即使是少数分歧也可能导致项目失败。

本书以中国成都 20 世纪 50 年代建成的"69 信箱"居住区拆迁为例。拆迁是一个商业项目，涉及 1861 户住户和一家房地产开发商。政府规定，拆迁计划必须得到所有住户的同意，这意味着只要有住户不支持该计划，项目将无法继续进行。该项目最初于 2007 年启动，但因住户和房地产开发商无法达成一致意见而终止。经过 2017 年 2 月 23 日至 3 月 5 日的初步调查，2017 年 6 月 18 日举行了一次模拟拆迁会议，结果显示所有住户都同意拆迁。该项目于 2017 年 7 月重新启动，作为政府支持的大型"北城改造"计划的一部分，本次城市拆迁项目群体决策过程的目标是制订一个拆迁计划，考虑所有住户的意见，确定住户和房地产开发商都能接受的补偿成本。

本项目的群体决策流程分为四个步骤：一是房地产开发商提出备选方案，主持人召集 20 名代表进行讨论，包括居委员、居民代表和一名政府代表。二是所有住户都对第一步产生的备选方案进行核查，并表达他们的偏好。三是根据居民的喜好将他们分为不同的子群，并向他们提供相应的补偿方案。四是分析共识和总成本，并决定该项目是否可以进入实施阶段。

该城市拆迁项目展示了大规模社交网络群体决策的一些共同特征：一是群体决策问题涉及大量参与者（超过 1000 人），且住户具有复杂的社会关系，难以充分调查和展示。二是鉴于每个人对集体意见的偏好不同，需要不同的共识成本来说服个体住户接受群体偏好。

6.5.1　数据基本特征

个体偏好关系是决策者对一组备选方案表达的偏好。这种关系是一个向量或矩阵，具有互反或互补的特征。在城市拆迁中，住户的偏好通过备选方案排名、备选方案效用值或对备选方案进行对比来表达。在备选方案重要性的直接评估中，偏好可以是备选方案的简单排序或效用值，这是备选方案集合 X 上的置换函数 μ: $X{\rightarrow}E$，其中 E 是备选方案排名和效用值的表示域。成对比较矩阵是个体偏好关系的矩阵形式。上述矩阵成对比较备选方案的重要性，标度值构成互反或互补矩阵。在这种情况下，备选方案集 X 上的偏好关系是二元关系 f: $X{\times}X{\mapsto}D$，其中 D 是决策者提供的偏好度表示域。在 n 个备选方案中，偏好关系构成一个 $n{\times}n$ 矩阵，其中输入 $f(x_i, x_j)$ 是方案 x_i 优于方案 x_j 的偏好度。

首先，使用余弦相似关系对所有偏好关系进行向量化，将其分布可视化。其次，通过对式（6-9）~（6-12）中的向量进行归一化来构建所有偏好关系的内积。最后，我们使用 t-SNE 算法降低向量的维数并在二维空间表示它，该算法用于观察高维数据的分布。t-SNE 的基本思想是将高维数据的距离仿射变换为条件概率来表示数据之间的接近程度。接着在二维空间构建这些数据，其概率分布与其高维空间尽可能相似。图 6-7 描述了 1861 户家庭的个体偏好关系分布。住户的偏好关系分布广泛，因为这些点分散在区间［-90，80］中，这意味着住户的意见存在很大的差异，这种情况增加了达成群体共识的难度。

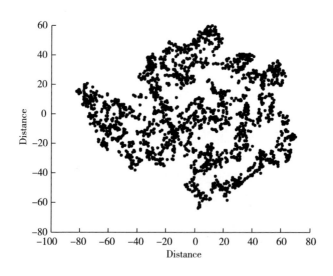

图 6-7　城市拆迁项目中的个体偏好关系分布

本次城市拆迁的参与者可分为三个部分（见表 6-3）；政府官员是主持人，其作用是促进住户和房地产开发商之间达成共识。住户是参与者中最多的一部分。这一群体希望最大限度地获得资产损失补偿，并期望更好的生活条件。房地产开发商希望通过出售在拆迁原址修建的新房产来获利，并希望支付最低的拆迁成本来达成共识。

表6-3 "69邮箱"大规模群体决策中的成员

参与者	数量
主持人	1
政府官员	1
局部社交网络	20
居委会	3
房地产开发商	1
居民代表	16
在局部社交网络之外（其他居民）	1842

注：在案例研究中，一家住户被视为一个基本单元。每家住户都选择一名代表参加谈判。

居委会、房地产开发商和居民代表共20名代表组成了一个局部社交网络。表6-4总结了从20名代表那里获取的初始备选方案。

表6-4 初始备选方案

序列号	备选方案	表示法
a	在原址拆迁，购买额外的建筑面积	原址置换，超出原建筑面积则支付17800元/平方米
b	原址拆迁	以同样的面积替换原址
c	自组织改革	通过所有住宅的民主协商选择房地产开发商
d	现金补偿	拆迁房屋赔偿1.7万元/平方米，提供过渡期租金
e	在异地地址更换新房	在远离原地址的新地点提供同样大小的房屋

表6-5总结了案例研究中的四种偏好关系及其使用频率。加性和乘性偏好关系比简单排序包含更丰富的信息，比其他两种类型的偏好关系使用更频繁。加性或乘性偏好关系可以揭示不同备选方案的偏好差异程度。

表6-5 偏好关系概述

偏好格式	总数	占比（%）
乘性	580	31.2
加性	740	39.8
效用值	254	13.6

续表

偏好格式	总数	占比（%）
偏好序	287	15.4
总计	1861	100.0

注：住户可以选择简单排序，也可以进行两两比较。如果住户选择成对比较，本书则记录他们的判断并将其转换成适当的偏好关系。住户还可以直接给出每个备选方案的效用值或简单地对其进行排序。

6.5.2 主要结果

本书首先构建一个由 20 名代表组成的局部社交网络。通过访谈和数据分析进行调查，若两个代表之间存在信任关系，表示他们的两个节点在该网络中有连接。其次建立一个由信任关系和偏好关系构成的局部双层网络。子群的权重由它们的中心性决定。再次建立一个优化模型，以获得每个子群的最优共识成本。最后房地产开发商与每户商讨集体意见和补偿费用并达成一致意见。

6.5.2.1 构建局部社交网络

首先通过数据分析和访谈调查个体间的社会关系。其次在局部社交网络中建立信任关系，通过上述数据分析和访谈确定信任关系的权重和方向。案例研究中使用的数据包括 20 名代表的基本信息（包括家庭收入、教育水平和职业）、信任关系和偏好关系。本书以 19 家（房地产开发商代表除外）住户收入的中位数 6 万元为界，对住户进行划分，得到不同类型住户之间的信任关系。最后，结合访谈中获得的部分信任关系，构建一个局部信任网络。图 6-8 显示了局部信任关系的网络图。

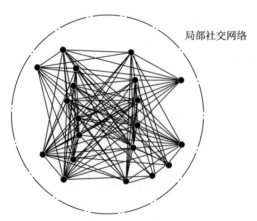

局部社交网络

图 6-8　"69 信箱"项目构建局部社交网络

6.5.2.2 子群分类

基于以下两个步骤将所有决策者划分为小的子群：

第 1 步：社区检测。该步骤基于节点之间的连接将局部社交网络划分为社区。本例中的局部社交网络有 20 个节点，包括居委会、房地产开发商和住户代表。

利用式（6-13）将偏好相似性矩阵和度矩阵解构为拉普拉斯矩阵。拉普拉斯矩阵作为每个节点的投影向量用于检测社区。拉普拉斯矩阵包括偏好相似性和信任关系。因此，具有信任关系和不同偏好的决策者也可以分配到同一个社区。集群的数量为 5 个，由初始备选方案的数量决定。聚类结果如下：

Serial number	Indiviual Preferences（priority vector）					Cluster number
1	0.0588	0.2984	0.0348	0.4084	0.1995	4
2	0.4137	0.1110	0.2096	0.1978	0.0679	2
3	0.2883	0.0535	0.4595	0.1696	0.0291	5
4	0.4315	0.1348	0.1054	0.1239	0.2044	2
5	0.0295	0.3635	0.1401	0.2079	0.2590	1
6	0.0416	0.4648	0.0814	0.0895	0.3227	1
7	0.3020	0.0561	0.3934	0.0324	0.2161	5
8	0.1602	0.1968	0.3008	0.2364	0.1057	5
9	0.3942	0.1305	0.0315	0.3942	0.0496	3
10	0.0745	0.3789	0.0553	0.1006	0.3907	1
11	0.3871	0.1414	0.2099	0.0501	0.2114	2
12	0.0431	0.0638	0.3861	0.4184	0.0886	5
13	0.3157	0.0542	0.0737	0.4266	0.1298	3
14	0.0531	0.1848	0.2672	0.0237	0.4713	1
15	0.1328	0.0540	0.1513	0.5762	0.0856	3
16	0.3763	0.2958	0.0705	0.1745	0.0830	2
17	0.1457	0.2877	0.0530	0.2927	0.2209	4
18	0.5901	0.1092	0.1988	0.0517	0.0501	2
19	0.0829	0.0682	0.4686	0.1479	0.2324	5
20	0.0688	0.5453	0.0481	0.1130	0.2248	1

表 6-6 显示了局部社交网络中的五个社区。排名/序列表示每个社区对五个备选方案的集体意见。最右边的一列是不同社区中的节点数。

表 6-6　局部社交网络中的社区

标签	代表性意见	排名/序					节点个数
		a	b	c	d	e	
RS	现金补偿，原址拆迁，无须额外支出	0.2020	0.5652	0.0857	0.6705	0.4068	5
		4	2	5	1	3	
BU	在原址拆迁（替换或购买）	0.8057	0.2975	0.2926	0.2263	0.2347	5
		1	2	3	5	4	
CB	现金补偿后或自筹资金购买新房	0.4899	0.1373	0.1442	0.7954	0.1529	3
		2	5	4	1	3	
CR	房产置换（原址或异地地址）	0.0935	0.6811	0.2111	0.1933	0.5895	2
		5	1	3	4	2	
RF	自组织改革	0.3245	0.1694	0.7349	0.3689	0.2487	5
		3	5	1	2	4	

注：该房地产开发商属于社区 CB。将群体意见与加权中心度相结合。

　　局部社交网络中的每个社区都有其典型的意见，由标签列表示。RS 表示在原址购买同样大小新房的现金补偿偏好。BU 社区的住户希望在原址有更大的新房，他们愿意支付超过拆迁前建筑面积的部分。CB 社区希望获得足够的现金补偿，用于在原址购买新房。CR 社区希望在原址或异地地址更换相同面积的房子。RF 社区希望更换房地产开发商，寻找一位可以支付更高补偿的新开发商。

　　虽然表 6-6 中的标签和表 6-4 中的备选方案有相似之处，但它们是不同的。表 6-6 中的标签是通过整合每个社区决策者对备选方案的偏好获得的。本书分析每个社区的集体意见和排名靠前的备选方案，以确定该社区的偏好特征，并使用其主要特征为社区分配标签。例如，表 6-6 第一个社区中排名前三的备选方案是 {d，b，e}。这三种选择的共同特点是他们不愿支付额外费用。

　　第 2 步：将决策者划分为子群。步骤 1 中确定的五个社区用于训练内积支持向量机。这一步将外层节点（该项目的大多数参与者）分成五个子群。

　　在这一步中，每个社区都是一个类：{RS，BU，CB，CR，RF}。使用式（6-17）对大规模社交网络群体决策中的异质偏好进行分类。

　　表 6-7 显示了分类结果。最大的子群是 RS，最小的子群是 BU。虽然 CB 和 CR 加起来只占局部社交网络中代表总人数的 25%，但它们代表了整个社交网络中 37% 的参与者。

　　分类结果用于确定双层网络的结构，并评估每个社区的加权特征向量中心性。一个节点的中心性是指该节点与社交网络中其他节点之间的连接度，表示该节点的重要性或影响力。中心性有两个作用：①不同的子群体可以根据其中心性在不同程度上调整其偏好；②社区的中心性可以当作社区的权重，汇总社区的意见从而获得集体意见。

表 6-7　分类结果

子群	代表人数	子群大小	合计	中心性
RS	5	522	527	1.1404
BU	5	287	292	1.1112
CB	3	374	377	0.6249
CR	2	319	321	0.6259
RF	5	340	345	1.2021
合计	20	1842	1862	

6.5.2.3　子群体的权重

子群权重是子群节点的加权中心性，通过结合信任关系和偏好关系计算得出。

第一步，决策者之间的信任关系被视为基层。构建该层不同子群的邻接矩阵。子群的邻接矩阵 $A' = (a_{ij})$ 由局部社交网络中的社区导出，其转换原则如下：

$$e_{ij} = \sum_{\substack{s \in community\ i \\ t \in community\ j}} ce_{st} \tag{6-26}$$

其中，ce_{st} 是第 s 个节点到第 t 个节点的连接边数，e_{ij} 是社区 i 和 j 的连接边数。邻接矩阵反映了不同社区之间的各种关系。例如，$e_{12} = 14$ 和 $e_{14} = 5$ 表明社区 RS 和 BU（$e_{12} = 14$）之间的连接数多于 RS 和 CR（$e_{14} = 5$）的连接数。

$$A = (e_{ij}) = \begin{array}{c} RS \\ BU \\ CB \\ CR \\ RF \end{array} \overset{\displaystyle \overset{Communities}{1 \quad 2 \quad 3 \quad 4 \quad 5}}{\begin{pmatrix} 0 & 14 & 7 & 5 & 11 \\ 14 & 0 & 6 & 5 & 11 \\ 10 & 4 & 0 & 2 & 4 \\ 3 & 6 & 4 & 0 & 7 \\ 12 & 15 & 9 & 3 & 0 \end{pmatrix}} \tag{6-27}$$

然后使用式（6-1）将该矩阵与参与者的系数向量 C 整合，C 是表 6-7 中合计列的归一化向量。

$$C = (0.2830 \quad 0.1568 \quad 0.2025 \quad 0.1724 \quad 0.1853)^T \tag{6-28}$$

基层的系数计算如下：

$$A' = AC = (0.2093 \quad 0.2596 \quad 0.1460 \quad 0.1252 \quad 0.2599)^T \tag{6-29}$$

第二步，为不同的社区构建偏好相似矩阵。该矩阵的输入是代表性意见的余弦相似关系，位于表6-6的第三列。例如，社区 RS 和 BU 的偏好相似性为 0.5699。具体而言：

$$D' = (d_{ij}) = \begin{pmatrix} 1.0000 & 0.5699 & 0.4503 & 0.8405 & 0.5850 \\ 0.5699 & 1.0000 & 0.7437 & 0.6312 & 0.7428 \\ 0.4503 & 0.7437 & 1.0000 & 0.8181 & 0.6860 \\ 0.8405 & 0.6312 & 0.8181 & 1.0000 & 0.6189 \\ 0.5850 & 0.7428 & 0.6860 & 0.6189 & 1.0000 \end{pmatrix} \tag{6-30}$$

偏好相似度的系数由 C 计算：

$$D = D'C = (d_{ij}) = (0.1964 \quad 0.1960 \quad 0.1959 \quad 0.2164 \quad 0.1954)^T \tag{6-31}$$

两个向量 $S = [A' \mid D]$ 的组合可以使用式（6-13）奇异值分解获得：

$$\begin{pmatrix} \theta_1 & \\ & \theta_2 \end{pmatrix} = \begin{pmatrix} 1.3981 & \\ & 0.2131 \end{pmatrix} \tag{6-32}$$

图6-9是双层网络。

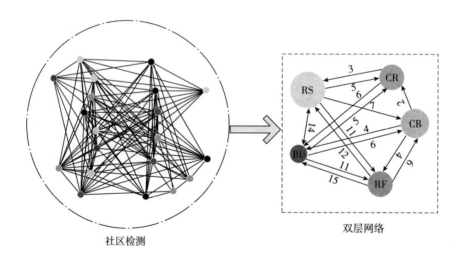

社区检测　　　　双层网络

图6-9　局部和双层网络

第三步，计算子群的权重，即每个社区的加权特征向量中心性（表6-7中的最后一列）：

$$\vec{s} = (s_v) = \begin{array}{c} RS \\ BU \\ CB \\ CR \\ RF \end{array} \begin{pmatrix} 1.1404 \\ 1.1112 \\ 0.6249 \\ 0.6259 \\ 1.2021 \end{pmatrix} \tag{6-33}$$

虽然 BU 的节点数最少，但它的权重并不是最小的。中心性最高的是 RF，它是第三大子群。子群 RF、RS 和 BU 的偏好在社交网络中的影响大于子群 CB 和 CR。

6.5.2.4　最小成本群体共识过程

带有补偿成本的共识过程试图通过补偿参与者来达成一定程度的群体共识，而不是完全共识。这种机制在现实世界的群体决策问题中是一种切合实际的方法。在城市拆迁中，如果获得足够的补偿，大多数住户愿意改变自己的偏好。挑战在于在固定总预算下如何确定最优补偿成本达成共识。

本小节介绍本书提出的在城市拆迁项目中以最小成本达成共识的方法。首先，使用式(6-18)设置偏好偏差阈值 ξ_V。阈值控制优化模型(6-21)中的区间 $|h_{ij}^v - o_{cj}| \leq \xi_v$，$i \in \{1, 2, \cdots, m_v\}$，$v \in \{1, 2, \cdots, N\}$，该区间决定了决策者偏好可以修改的范围。允许具有较高 ξ_v 值的子群体对其偏好进行较少的更改。这种情况类似于现实生活中的群体决策问题。重要的决策者不太可能改变他们的偏好，他们对集体意见的影响较大。其次，式(6-22)的解 $(o_{c1}, o_{c2}, \cdots, o_{cn})^T$ 是集体意见。补偿给决策者的共识成本由 $r_i \sum_{j=1}^{n} (u_{ij}^v + v_{ij}^v)$ 计算得出。

对于预设共识度 $\xi > 0$，决策者 DM_i^v，$i = 1, 2, \cdots, m_v$（m_v 是一个子群中决策者的数量），属于连接到局部社交网络的节点 v 的社区。DM_i^v 导出权重中的备选方案排序为 $h_i^v = (h_{i1}^v, h_{i2}^v, \cdots, h_{in}^v)$。集体意见为 $p_c^v = (p_{c1}^v, p_{c2}^v, \cdots, p_{cn}^v)$。序数共识度为 $OCD(DM_i^v) = \dfrac{1}{n^2} \sum_{j=1}^{n} |h_{ij}^v - p_{cj}^v|$，子群 M_v 的共识度为 $OCD(M_v) = \dfrac{1}{m_v} \sum_{v=1}^{m_v} OCD(DM_v)$，其中，$m_v$ 是节点 v 中决策者的数量。

定义 6-5：共识度。总共识度是子群共识度的加权平均值，即：$TOCD(V) = \dfrac{1}{N} s_v \sum_{v=1}^{m_v} OCD(M_v)$，其中 N 是局部社交网络中的顶点数，s_v 是每个子群的加权中心度。

我们根据管理经验设置总偏好偏差阈值 $\xi \leq 0.32$，控制个体偏好与集体意见的总偏差。我们选择这一门槛是因为在"69 信箱"拆迁项目中 70% 以上的住户同意拆迁，从而启动了模拟拆迁会议。不同子群的平均偏差 ξ_v 由加权中心度确定。使用优化模型（6-23）计算每个子群的最优补偿成本。集体意见中备选方案排序为 $b>a>c>e>d$，备选方案的说明见表6-4。

表6-8 显示了每个子群的总成本和偏好偏差 ξ_v。变量 ξ_v 随着中心度的增加而单调递减，这意味着一个子群的 ξ_v 值越高，需要修改的偏好就越小。考虑到这里的成本是支付给决策者以修改其偏好的补偿，具有更高中心度的子群由于偏好修改较少而获得较少的补偿。同时，子群 CB 和 CR 获得的补偿更多，因为他们的中心度较低，他们的初始偏好与集体意见差距较大。

表6-8　最优结果

标签	成本	中心性	ξ_v
RS	1898	1. 1404	7. 0149
BU	2130	1. 1112	7. 1997
CB	3630	0. 6249	12. 8011
CR	3970	0. 6259	12. 7811
RF	2920	1. 2021	6. 6552
集体意见	$b>a>c>e>d$		
总成本	14548		

注：在共识达成框架中，集体意见是作为备选方案的排序而不是权重的形式呈现，因为此选择过程的目标是达成共识的同时最小化共识成本。然而，这种机制无法显示不同备选方案之间的差距。

虽然向每家住户提供相同的计划和补偿听起来很公平和简单，但在实际的城市拆迁项目中并不奏效。住户有不同的情况，需要不同的选择。例如，在"69信箱"拆迁项目中，住户对补偿的期望不同，不仅因为他们有不同的偏好，还因为他们的公寓大小、类型、楼层和朝向不同。此外，当地政府规定，拆迁计划必须得到所有住户的同意，这意味着如果有一家住户不支持该计划，项目就将无法继续进行。这些因素很难让所有住户同意统一的补偿计划。现有研究表明，将住户分成小群可以提高管理效率，提高住户满意度并达成最终共识。

6.5.2.5　住户备选方案选择过程

将上述步骤获得的集体意见和补偿费用提供给每家住户。房地产开发商需要与不同的小群就补偿问题进行谈判。成本—共识矩阵如下：

$$
\begin{bmatrix}
\underbrace{subgroups} & \underbrace{subgroup\ opinions} & \underbrace{collective\ opinion} & \underbrace{compensation} \\
RS & d\ \ b\ \ e\ \ a\ \ c & b & 1898 \\
BU & a\ \ b\ \ c\ \ e\ \ d & a & 2130 \\
CB & d\ \ a\ \ e\ \ c\ \ b & c & 3630 \\
CR & b\ \ e\ \ c\ \ d\ \ a & e & 3970 \\
RF & c\ \ d\ \ a\ \ e\ \ b & d & 2920 \\
\underbrace{community} & \underbrace{ranking} & \underbrace{ranking} & \underbrace{costs}
\end{bmatrix}
$$

子群 CB 和 CR 中排名第一的备选方案是两个代价最大的备选方案（3630 和 3970）。这些备选方案代表了 44% 的参与者，占共识成本的 52.1%。

6.5.3 比较分析

本节验证本书方法的有效性。我们与现实管理方法和现有研究中的方法进行比较来分析本书方法的优势。

6.5.3.1 与实际管理使用方法的比较

将本书的方法与"69 信箱"拆迁项目中的管理方法在总共识成本方面进行比较，以验证本书方法的有效性。在实际的城市拆迁项目中，房地产开发商和住户提供他们的备选方案，并期望在多轮谈判后达成共识。

表 6-9 中的第一行使用所有住户的平均偏好来计算总共识成本。考虑使用每个子群的偏好平均值的集体意见为 $\{0.1981,\ 0.1972,\ 0.2084,\ 0.2022,\ 0.1941\}$，备选方案排序为 $c>d>a>b>e$，总共识成本为 14934。在本项目中，房地产开发商提供的备选方案的初始偏好是 $e>d>a>b>c$，意味着他们希望通过易地搬迁（e）或现金补偿（d）获得待拆迁土地的所有权。若房地产开发商的计划 $e>d>a>b>c$ 被采纳，第二行显示总共识成本为 15070。第三行是使用本书方法的结果。集体意见为 $b>a>c>e>d$，总共识成本为 14585。与目前使用的两种方法相比，本书的方法可以降低成本。本项目单位补偿费用 r_i 为 112806 元。三种方法的经济成本，即所有住户偏好的平均值、房地产开发商计划和本书的方法分别为 1.68465 亿、1.69999 亿和 1.64528 亿元。与房地产开发商推出的商业策略相比，本书的方法减少了大约 0.5471 亿元（785 万美元）。

表 6-9　总共识成本比较

方法	集体意见	总共识成本	成本减少（%）
所有住户偏好的平均值	$c>d>a>b>e$	14934	2.34

续表

方法	集体意见	总共识成本	成本减少（%）
房地产开发商计划	$e>d>a>b>c$	15070	3.22
本书方法	$b>a>c>e>d$	14585	—

常见的拆迁策略（表6-9中的第一行）平均所有住户的偏好，该策略中排名第一的备选方案是"自我组织改革"（c）。这种备选方案需要使用很大一部分拆迁土地来建设拆迁部门，会降低房地产开发商的利润率。第二种常见的拆迁策略（表6-9中的第二行）采用房地产开发商提供的解决方案，该开发商更愿意通过完全获得原有土地的所有权来开发新的商业。城市拆迁项目通常涉及位于城市中心且具有较高商业价值的土地。因此，这一策略的两大备选方案是"异地地址更换新房"（e）和"现金补偿"（d），这需要更多的成本来补偿居民在异地地址安置的费用。

三种策略的结果不同是因为排名不同导致集体意见和个体偏好之间的偏差程度不同。房地产开发商的计划以自身利益为重，偏离了大部分住户的意愿，因此，它的成本较高。平均所有决策者的偏好不考虑个体偏好的分布特征，因此，很难降低成本。与前两种策略相比，本书提出的方法具有更少的补偿成本，因为本书通过对住户之间偏好相似性和信任关系的分类来优化拆迁成本。

6.5.3.2 与现有共识达成方法的比较

社交网络群体决策的主要共识达成方法包括最小成本共识法[7,46]、反馈调整机制[35,39]、惩罚机制[10]和TOPSIS选择[42]。表6-10显示，各种共识达成方法的时间复杂度基本上处于多项式水平。

表6-10 不同方法的复杂度和特点比较

方法	偏好格式	社交网络关系		大规模群体决策		共识达成过程			计算复杂度
		信任关系	偏好相似性（距离）	大规模群体	决策者数量	子群划分	权重分配	调整策略	
最小成本软共识模型[266]	具体数值	×	×	否	5	×	×	最小成本	$O(2n^3)$
模糊TOPSIS模型[267]	区间2型模糊集	×	√	是	50	√	√	基于TOPSIS选择	$O(n^3)$
相似性—自信——致性模型[259]	直觉模糊偏好	×	√	是	25	√	√	反馈机制	$O(4n^2)$

方法	偏好格式	社交网络关系		大规模群体决策		共识达成过程			计算复杂度
		信任关系	偏好相似性（距离）	大规模群体	决策者数量	子群划分	权重分配	调整策略	
信任传播模型[260]	区间值模糊互惠偏好	√	×	否	6	×	√	反馈机制	$O(3n^2)$
社交网络DeGroot模型[268]	个体意见	√	×	是	200	×	√	惩罚机制	$O(3n^3)$
本书方法	异质偏好	√	√	是	1861	√	×	最低成本	$O(3n^3)$

6.5.3.3 与现有子群划分方法的比较

表6-11从三个方面对本书提出的子群划分方法与现有方法进行了比较：

（1）是否适用于稀疏信任关系？与单一网络关系建立社交网络的方法相比，本书方法在共识达成过程中使用了信任关系和偏好相似性。信任关系和偏好关系的互补性可以更好地反映社交网络中决策者之间的关系。

（2）能否处理异质偏好信息？与现有的子群划分方法相比，本书的方法使用基于向量空间的支持向量机来划分子群。该算法不仅可以用于异质偏好，当大规模群体决策问题中信任关系部分缺失时，还可以有效地对决策者进行分类。

（3）是否适用于大规模群体决策问题？与传统的反馈调整社交网络群体决策共识框架相比，本书提出的最小成本模型在子群划分的基础上优化了补偿成本，使其不仅适用于获取最小共识补偿成本，还适用于异质偏好信息下的大规模社交网络问题。

表6-11 不同子群划分方法的比较

方法	划分算法	是否适用于稀疏信任关系	能否处理异质偏好信息	是否适用于大规模群体决策问题
两阶段社交信任网络划分模型[261]	上述最短路径法	否	否	是
子网络分割模型[267]	Louvain方法	否	否	是
意见动力学模型[254]	意见动力学	否	是	否
本书方法	分类	是	是	是

6.5.3.4 讨论

尽管本节研究旨在提高大型城市拆迁项目达成共识的效率，但它可以应用于现实生活中其他具有以下特点的群体决策问题中：

（1）决策者之间的完全信任关系很难调查。在这种情况下，我们提出的方法可以通过局部社交网络的拓扑结构和偏好分类来促进共识达成。

（2）当社交网络中的子群体有不同的偏好时，为不同的子群提供差异化的补偿更有效，也更节省成本。

（3）当参与者的利益与决策结果密切相关时，在达成共识的过程中可以使用本书提出的方法来优化补偿成本。

6.6　本章小结

由于决策者的规模庞大（超过 1000 人）和不完整的社会关系，大规模社交网络群体决策问题更具有挑战性、如何确定社交网络的结构，如何根据决策者的偏好进行分类以及如何优化共识成本等问题仍未解决。本书为大规模社交网络群体决策提出了一个共识达成框架。首先，将大规模社交网络划分为局部网络和外层悬挂节点。其次，将两种社会关系结合，并在局部网络中识别社区。再次为社区分配标签以进行子群体划分。本书使用的内积空间支持向量机将所有决策者划分为子群，并确定共识补偿机制。最后，开发一个最小共识成本优化模型来指导基于子群体中心性的共识达成过程。

第 7 章　群体决策共识阈值的客观测定

　　近十年来所出现的群体决策方法，或关注共识达成的成本，或关注共识过程的收敛性，共识效率却被长期忽略。与此同时，共识阈值的衡量往往靠一些主观、直觉上的判断确定，如管理经验、满意度估计等，而这些方法都缺乏理论基础。在管理应用中，如何衡量共识以及如何评估共识达成的方法也模棱两可。为解决这些问题，将效率指标引入到群体决策的共识达成进程中，并通过对共识成本和共识改进的效率分析实现对当前共识方法的全面评估。

7.1　群体决策共识阈值概念

　　群体决策中的共识可提高决策者的满意度，因为此时群体意见中包含了每个决策者的偏好。严格的共识是所有决策者意见的完全一致，但这在现实的决策中很难达到。因此，人们更追求一个满意的共识程度而不是完全的意见一致，这称为软共识，软共识的满意程度成为群体决策的共识阈值。近二十年来发展了许多共识深化机制，亦称为共识达成进程（CRP），用以改善群体决策中的意见一致状态。目前关于共识达成进程的研究可划分为以下两类：①交互共识达成机制。该过程的重点在于如何通过决策者的个体偏好调整或者对不合作行为等影响因素的识别来更有效地提高共识度，最终达到满意的共识阈值。②最小成本共识。这一类机制通过补偿来鼓励决策者改变个人偏好，达到满意的共识阈值。

　　目前的共识达成过程存在以下两个缺陷：一是忽略共识效率。现有的研究注重追求更高的共识度或最低的共识成本，而未考虑共识达成的效率，即共识成本与共识改进之间的平衡。例如，在城市移民安置项目中，房地产开发商总是希望就拆迁备选方案能够以最低的补偿成本获得住户的共识，然而往往不合理的成本会导致共识度较低，且需要耗费更长的时间达成共识，协商也十分困难，甚至出现在较高共识度下要求巨额补偿的钉子户或者居民因对补偿不满意而违约。因此成本节省和共识改进间需要进行平衡。二是没有客观方法确定共识阈值。群体决策中常使用一些主观和直觉上的判断，例如，管理经验（多数原则）和满意度估计。著名的 80/20 规则（帕累托原则）即为一种常见的方法。另外一些简化的方法，例如可根据民主决策中的"少数服从多数"原则将比例设置为 2∶3。

本章通过使用数据包络分析（*DEA*）法，提出了一种确定共识度阈值的客观方法。*DEA* 是一种经典的数据驱动工具，用于评估各生产单元在最低成本和最高收益下的效率[269]。近年来其被推广为包括没有明确投入的 *DEA* 模型（*DEA-WEI*）[270]，从而使 *DEA* 可用于任意性能的评估或在没有明确生产过程中投入和产出的限制下对其进行评分排序。*DEA* 基准模型的构建旨在为每个决策单元（*DMU*）建立一个有效目标以达到 *DEA* 效率的参考值[271-274]。

本书使用的缩写和符号总结如表 7-1 所示。

表 7-1　缩写与符号

符号缩写	含义
GDM	群体决策
MAGDM	基于多属性偏好矩阵的群体决策
PRGDM	基于偏好关系的群体决策
CRP	共识达成进程
DM	决策者
DEA	数据包络分析
DEA-WEI	没有明确投入的数据包络分析
DMU	决策单元
E	最有效的决策单元集合
AE	决策者的调整数量
AA	备选方案的调整数量
AP	偏好值的调整数量
AD	原始偏好信息与调整后偏好信息间距
Z	达成共识所需的协商轮数
CD	共识度
DC	方向规则
IR.	预设阈值
AS	最小闭凸和自由处置的可达集
PPS	有界的生产可能集
PBOC	中国人民银行
P2P	点对点网络借贷

符号缩写	含义
e_i	第 i 个决策者
x_i	第 i 个备选方案
a_i	第 i 个属性
$V^{(k)} = (v_{ij}^{(k)})_{n \times l}$	多属性决策矩阵
$\overline{V}^{(k)} = (\overline{v}_{ij}^{(k)})_{n \times l}$	调整后的多属性决策矩阵
$V^{(c)} = (v_{ij}^{(c)})_{n \times l}$	集体多属性决策矩阵
$\lambda = (\lambda_1, \lambda_2, \cdots, \lambda_m)^T$	各决策者的权重
$w = (w_1, w_2, \cdots, w_l)^T$	各属性权重
$P = (p_{ij})_{n \times n}$	偏好矩阵
$\overline{P} = (\overline{p}_{ij})_{n \times n}$	修正偏好矩阵
$P^{(c)} = (p_{ij}^{(c)})_{n \times n}$	集体偏好矩阵
$y_{1j}, y_{2j}, \cdots, y_{sj}$	第 t-1 轮的共识衡量指标
$y_{1j}^g, y_{2j}^g, \cdots, y_{sj}^g$	s 个共识衡量指标的预设目标值
$y_{1j}^{DEA}, y_{2j}^{DEA}, \cdots, y_{sj}^{DEA}$	各决策单元中共识衡量指标的有效目标值

7.2 基本共识达成进程

群体决策中一般的 *CRP* 包含三个步骤：①将所有个体偏好集结为一个集体意见，用以评估和排序备选方案。②判断集体意见共识度是否被接受，是则进行下一步选择。③通过协商和修改个人偏好深化共识。

基于决策者提供的决策信息，群体决策通常可分为两类：基于多属性偏好矩阵的群体决策（*MAGDM*）和基于偏好关系的群体决策（*PRGDM*）。假设由 m 个决策者组成的有界集 $DM = \{e_1, e_2, \cdots, e_m\}$ $(m \geq 2)$，n 个备选方案组成的有界集 $X = \{x_1, x_2, \cdots, x_n\}$ $(n \geq 2)$，以及 l 个属性组成的有界集 $X = \{a_1, a_2, \cdots, a_l\}$ $(l \geq 2)$。对于多属性偏好矩阵群决策，各决策者形成的多属性决策矩阵为 $V^{(k)} = (v_{ij}^{(k)})_{n \times l}$，$k \in 1, 2, \cdots, m$，其中 $v_{ij}^{(k)}$ 表示其对备选方案 x_i 中属性 a_j 的偏好值。令决策者和属性的权重分别为 $\lambda = (\lambda_1, \lambda_2, \cdots, \lambda_m)^T$ 和 $w = (w_1, w_2, \cdots, w_l)^T$。对于偏好关系群决策，各决策者通过两两比较形成的偏好关系矩

阵为 $V^{(k)} = (p_{ij}^{(k)})_{n \times n}$，$k \in 1, 2, \cdots, m$。无论是多属性偏好矩阵群决策还是偏好关系群决策，集体意见均来自 $V^{(k)}$ 中的偏好集结。相关内容和详细步骤如下：

（1）*MAFDM*。*MAGDM* 中主要的共识方法简述如下：

MACRP 1（谁应该修改偏好）：*IR.E* 表示预设阈值。在 *MACRP*1 的每一轮共识中，若第 k 个决策者的共识度 $CD(e_k)$ 小于 *IR.E*，即 $k \in \{i \mid CD(e_i) \leqslant IR.E, i = 1, 2, \cdots, m\}$，则认为决策者 e_k 的共识贡献较小，因此决策者 e_k 需要根据方向规则修改自身偏好，与此同时其他决策者偏好尽可能保持不变。

假设 $\overline{V}^{(k)} = (\overline{v}_{ij}^{(k)})_{n \times l}$ 为调整后的多属性决策矩阵。若 $k \in \{i \mid CD(e_i) \leqslant IR.E, i = 1, 2, \cdots, m\}$，则遵循 $\overline{v}_{ij}^{(k)} \in [\min(v_{ij}^{(k)}, v_{ij}^{(c)}), \max(v_{ij}^{(k)}, v_{ij}^{(c)})]$ 的方向规则进行修改；若 $k \notin \{i \mid CD(e_i) \leqslant IR.E, i = 1, 2, \cdots, m\}$，则遵循 $\overline{v}_{ij}^{(k)} = v_{ij}^{(k)}$ 的方向规则进行修改。特别地，每一轮的方向规则可以是 $k \in \{i \mid CD(e_i) = \min CD(e_k), k = 1, 2, \cdots, m\}$，即选择令共识度最小的决策者修改偏好。

MACRP 2（哪些备选方案对应的决策者应该修改偏好）：对于给定的阈值 *IR.A*，在 *MACRP* 2 的每一轮共识中，若第 h 个备选方案的共识度 $CD(x_h)$ 小于 *IR.A*，即 $h \in \{i \mid CD(x_i) \leqslant IR.A, i = 1, 2, \cdots, n\}$，则认为备选方案 x_h 的共识贡献较小。因此，备选方案 x_k 应根据方向规则进行修改。

若 $h \in \{i \mid CD(x_i) \leqslant IR.A, i = 1, 2, \cdots, n\}$，方向规则可以被表示为 $\overline{v}_{hj}^{(k)} \in [\min(v_{hj}^{(k)}, v_{ij}^{(c)}), \max(v_{hj}^{(k)}, v_{ij}^{(c)})]$。若 $h \notin \{i \mid CD(x_i) \leqslant IR.A, i = 1, 2, \cdots, n\}$，方向规则可为 $\overline{v}_{hj}^{(k)} = v_{ij}^{(k)}$。特别地，每一轮的方向规则还可表示为 $h \in \{i \mid CD(x_i) = \min CD(x_i), i = 1, 2, \cdots, n\}$，即选择令 x_h 对应的共识度最小的决策者修改偏好。

MACRP 3（应修改哪些偏好关系值）：在 *MACRP* 3 的每一轮共识中，群决策中的预设阈值 *IR.P* 可用来确定需要修改的偏好。若 $(i, j) \in \{(s, t) \mid CD(p_{s,t}) \leqslant IR.P, s = 1, 2, \cdots, m; t = 1, 2, \cdots, n\}$，即偏好 p_{ij} 的共识度 $CD(p_{ij})$ 小于 *IR.P*，则认为该偏好对共识的贡献较小。因此，偏好 p_{ij} 应根据方向规则进行修改。

若 $(i, j) \in \{(s, t) \mid CD(p_{s,t}) \leqslant IR.P, s = 1, 2, \cdots, m; t = 1, 2, \cdots, n\}$，则方向规则为 $\overline{v}_{i,j}^{(k)} \in [\min(v_{ij}^{(k)}, v_{ij}^{(c)}), \max(v_{ij}^{(k)}, v_{ij}^{(c)})]$。若 $(i, j) \notin \{(s, t) \mid CD(p_{s,t}) \leqslant IR.P, s = 1, 2, \cdots, m; t = 1, 2, \cdots, n\}$，则方向规则为 $\overline{v}_{ij}^{(k)} = v_{ij}^{(k)}$。特别地，每一轮中决策主持人可选择共识度最小的决策者修改偏好，即 $(i, j) \in \{(s, t) \mid CD(p_{s,t}) = \min CD(p_{g,h}), g = 1, 2, \cdots, m; h = 1, 2, \cdots, n\}$。

MACRP 4（偏好修正遵循的方向规则）：在 MACRP 4 中，方向规则为来自集体意见的反馈信息，有助于决策者判断其偏好。记调整后的矩阵 $\overline{V}^{(k)} = (\overline{v}_{ij}^{(k)})_{n \times l}$，则 $\overline{v}_{ij}^{(k)} \in \left[\min(v_{ij}^{(k)}, v_{ij}^{(c)}), \max(v_{ij}^{(k)}, v_{ij}^{(c)}) \right]$，$i = 1, 2, \cdots, m$；$j = 1, 2, \cdots, l$。

MACRP 5（最小的决策者调整个数）：每轮共识中决策者调整数量最小的 *CRP* 模型，即：

$$\min \sum_{k=1}^{m} z^{(k)} \tag{7-1}$$

其中，$z^{(k)} = \begin{cases} 0, & \text{if } v_{ij}^{(k)} = \overline{v}_{ij}^{(k)} \; \forall i, j \\ 1, & otherwise \end{cases}$。

MACRP 6（最小的备选方案调整个数）：每轮共识达成进程中的备选方案调整数量应尽可能小。*MACRP* 6 表示 *CRP* 中备选方案的调整个数：

$$\min \sum_{k=1}^{m} \sum_{i=1}^{n} y_i^{(k)} \tag{7-2}$$

其中，$y_i^{(k)} = \begin{cases} 0, & if \; v_{ij}^{(k)} = \overline{v}_{ij}^{(k)} \; \forall j \\ 1, & otherwise \end{cases}$。

MACRP 7（最小的偏好调整个数）：每轮共识达成进程中的偏好调整数量应尽可能小。最小偏好调整个数的 *CRP* 模型如下：

$$\min \sum_{k=1}^{m} \sum_{i=1}^{n} \sum_{j=1}^{l} x_{ij}^{(k)} \tag{7-3}$$

其中，$x_{ij}^{(k)} = \begin{cases} 0, & \text{if } v_{ij}^{(k)} = \overline{v}_{ij}^{(k)} \\ 1, & otherwise \end{cases}$。

*MARP*8（原始偏好和调整后决策矩阵间的最小距离）：共识达成进程中偏好调整的差值应尽可能小，即：

$$\min \sum_{k=1}^{m} d(V^{(k)}, \overline{V}^{(k)}) \tag{7-4}$$

其中，$d(V^{(k)}, \overline{V}^{(k)}) = \sum_{k=1}^{m} \sum_{i=1}^{n} \sum_{j=1}^{l} |v_{ij}^{(k)} - \overline{v}_{ij}^{(k)}|$。

从 *MACRP*1～*MACRP*7 可看出，群决策旨在实现最小共识差距：

$$CD\{e_1, e_2, \cdots, e_m\} = 1 - \frac{1}{mn(n-1)} \sum_{k=1}^{m} \sum_{i=1}^{n} \sum_{j=1, j \neq i}^{l} |v_{ij}^{(k)} - v_{ij}^{(c)}| \tag{7-5}$$

（2）*PRGDM*。基于偏好关系的群体决策是另一类重要的决策形式。与多属性偏好矩阵相比，*PRGDM* 中的偏好关系为两两比较矩阵，其中的元素表示两个备选方案的相对重要性。*PRGDM* 中主要的共识达成方法简述如下：

*PRCRP*1：在 *PRCRP* 1 的每一轮共识中，识别共识度最低的决策者，并确定该决策者的偏好改变方向。

*PRCRP*2：在 *PRCRP* 2 的每一轮共识中，识别共识度最低的备选方案，并协助决策者修改对该备选方案的偏好。

*PRCRP*3：在 *PRCRP* 3 的每一轮共识中，识别最低共识度的偏好，并协助决策者修改该偏好值。

*PRCRP*4：在 *PRCRP* 4 的每一轮共识中，决策者确定偏好关系的改变方向。

*PRCRP*5：在 *PRCRP* 5 的每一轮共识中，采用基于优化的共识规则，通过最小化决策者调整数量获得最优的调整偏好关系。

*PRCRP*6：在 *PRCRP* 6 的每一轮共识中，采用基于优化的共识规则，通过最小化备选方案调整数量获得最优的调整偏好关系。

*PRCRP*7：在 *PRCRP* 7 的每一轮共识中，采用基于优化的共识规则，通过最小化偏好值调整数量获得最优的调整偏好关系。

*PRCRP*8：在 *PRCRP* 8 的每一轮共识中，采用基于优化的共识规则，通过最小化个人原始与调整后偏好关系间距获成最优的调整偏好关系。

7.3 群体决策的效率评价

效率指在减少支出和不必要工作的同时获得特定产出的能力。在大量群体决策案例中发现，效率是影响决策成功实施的关键因素。例如，在城市移民安置项目中，房地产开发商希望以最低的补偿成本获得大多数住户对项目的认可（高共识度）。现有的研究中尽管考虑了群体决策中达成共识的许多方法，但这些方法的效率并不明确。

群体决策中成本或费用指的是 *MAGDM* 或 *PRGDM* 中的偏好修改偏差或偏好改变方法的成本，产出则指共识度的提升或者改进。评价指标包括：决策者的调整数量、备选方案的调整数量、偏好值的调整数量、原始偏好信息与调整后偏好信息的间距以及达成共识所需的协商轮数。此外还有许多其他的共识衡量指标用于评估共识度，如序共识度等。

7.3.1 评价指标

将这些常用的衡量指标划分为共识收益和成本。共识衡量指标可划分和整合为以下成本和收益指标：以 *PRGDM* 为例，假设 $X = (x_i)_n$，$i \in N$ 代表备选方案，$DM = (e_k)_m$，$k \in M$ 指决策者。令 $P^{(k)} = (p_{ij}^{(k)})_{n \times n}$，$k \in M$ 为决策者 e_k，$k \in M$ 的

加性偏好关系，其中 M 为决策者的总数，n 是备选方案的数量。

收益：共识度本质上是个人偏好或排序向量与集体意见的总偏差。

共识度（CD）：令 $P^{(c)} = (p_{ij}^{(c)})_{n \times n}$ 为所有个体决策者的集体偏好：

$$p_{ij}^{(c)} = \sum_{k=1}^{m} \lambda_k \cdot p_{ij}^{(k)} \tag{7-6}$$

不同层次的共识度依次定义为：

$$CD(e_k) = 1 - \frac{1}{n(n-1)} \sum_{i=1}^{n} \sum_{j=1, j \neq i}^{n} |p_{ij}^{(k)} - p_{ij}^{(c)}| \tag{7-7}$$

$$CD(x_i) = 1 - \frac{1}{m(n-1)} \sum_{i=1}^{n} \sum_{j=1, j \neq i}^{n} |p_{ij}^{(k)} - p_{ij}^{(c)}| \tag{7-8}$$

$$CD(p_{ij}) = 1 - \frac{1}{m} \sum_{k=1}^{m} |p_{ij}^{(k)} - p_{ij}^{(c)}| \tag{7-9}$$

$$CD\{e_1, e_2, \cdots, e_m\} = 1 - \frac{1}{mn(n-1)} \sum_{k=1}^{m} \sum_{i=1}^{n} \sum_{j=1, j \neq i}^{n} |p_{ij}^{(k)} - p_{ij}^{(c)}| \tag{7-10}$$

上述式子分别表示为决策者、备选方案、偏好值的共识度以及总共识度。

MAGDM 中的共识度同理可表示为：

$$CD(e_k) = 1 - \frac{1}{n(n-1)} \sum_{i=1}^{n} \sum_{j=1, j \neq i}^{n} |v_{ij}^{(k)} - v_{ij}^{(c)}| \tag{7-11}$$

$$CD(x_i) = 1 - \frac{1}{m(n-1)} \sum_{i=1}^{n} \sum_{j=1, j \neq i}^{l} |v_{ij}^{(k)} - v_{ij}^{(c)}| \tag{7-12}$$

$$CD(p_{ij}) = 1 - \frac{1}{m} \sum_{k=1}^{m} |v_{ij}^{(k)} - v_{ij}^{(c)}| \tag{7-13}$$

$$CD\{e_1, e_2, \cdots, e_m\} = 1 - \frac{1}{mn(n-1)} \sum_{k=1}^{m} \sum_{i=1}^{n} \sum_{j=1, j \neq i}^{l} |v_{ij}^{(k)} - v_{ij}^{(c)}| \tag{7-14}$$

成本表达如下：

（1）成本包括实际的决策者调整数量、备选方案调整数量、偏好值调整数量以及原始偏好信息与调整后偏好信息的间距。

令 $\overline{P}^{(k)} = (\overline{p}_{ij}^{(k)})_{n \times n}$，$k \in M$ 是基于 $P^{(k)} = (p_{ij}^{(k)})_{n \times n}$，$k \in M$ 修改后的偏好信息。记 $P = \{P^{(1)}, P^{(2)}, \cdots, P^{(m)}\}$，$\overline{P} = \{\overline{P}^{(1)}, \overline{P}^{(2)}, \cdots, \overline{P}^{(m)}\}$。

决策者调整数量（AE）为：

$$AE = \sum_{k=1}^{m} z^{(k)} \tag{7-15}$$

其中，$z^{(k)} = \begin{cases} 0, & p_{ij}^{(k)} = \overline{p}_{ij}^{(k)}, \quad \forall i, j \\ 1, & otherwise \end{cases}$。

备选方案（*AA*）为：

$$AA = \sum_{k=1}^{m} \sum_{i=1}^{n} h_i^{(k)} \tag{7-16}$$

其中，$h_i^{(k)} = \begin{cases} 0, & p_{ij}^{(k)} = \overline{p}_{ij}^{(k)} \ \forall j \\ 1, & otherwise \end{cases}$。

偏好值调整数量（*AP*）为：

$$AP = \sum_{k=1}^{m} \sum_{i=1}^{n} \sum_{j=1}^{n} l_{ij}^{(k)} \tag{7-17}$$

其中，$l_{ij}^{(k)} = \begin{cases} 0, & p_{ij}^{(k)} = \overline{p}_{ij}^{(k)} \\ 1, & otherwise \end{cases}$。

原始偏好信息与调整后偏好信息的间距（*AD*）为：

$$d(P, \overline{P}) = \sum_{k=1}^{m} \sum_{i=1}^{n} \sum_{j=1}^{n} |p_{ij}^{(k)} - \overline{p}_{ij}^{(k)}| \tag{7-18}$$

$d(P, \overline{P}) = 0$ 表示决策者的偏好信息未改变。

（2）达成共识所需的协商轮数（*Z*）为通过反馈信息进行个人偏好修改后达到共识度预设阈值的最大轮数。

7.3.2 效率评估方法

数据包络分析[269] 用于在假定最小成本和最大收益下评估每个生产单元的效率。令 $\{Y_j | j = 1, 2, \cdots, n\}$ 为 R_+^s 中的一组数据，则最小闭凸和自由处置可达集[270] 为：

$$AS = \{Y | Y \le \sum_{j=1}^{n} \lambda_j Y_j, \ \sum_{j=1}^{n} \lambda_j = 1, \ \lambda_j \ge 0\} \tag{7-19}$$

令 $P = \{(X, Y)\}$ 为有界的生产可能集（*PPS*），是一个自由处置和闭凸的技术集，其对所有产出的预测如下：

$ASI = \{Y: 存在 X 使得 (X, Y) \in P\}$ 定义了一个有界的、闭凸的以及自由处置的可达集。

令 $\{(X_i, Y_i) | i = 1, 2, \cdots, n\}$ 为一组投入和产出数据。则通过输入和输出的整合，定义一个有界闭凸和自由处置可达集 *ASII*：

$$ASII = \{F \le \sum_{j=1}^{n} \lambda_j \frac{Y_j}{X_j}, \ \sum_{j=1}^{n} \lambda_j = 1, \ \lambda_j \ge 0\} \tag{7-20}$$

其中，$\frac{Y}{X}$ 表示分割数据，$\left\{\frac{Y}{X} = \left(\frac{Y_1}{X_1}, \frac{Y_2}{X_1}, \cdots, \frac{Y_s}{X_1}, \frac{Y_1}{X_2}, \frac{Y_2}{X_2}, \cdots, \frac{Y_s}{X_2}, \cdots, \right.\right.$

$\dfrac{Y_1}{X_m}$，$\dfrac{Y_2}{X_m}$，$\cdots$，$\dfrac{Y_s}{X_m}$ $\Big)\Big\}$ 是投入变量 $X=(x_1,\ x_2,\ \cdots,\ x_m)$ 和产出变量 $Y=(y_y,$

$y_2,\ \cdots,\ y_s)$ 下的 $s\times m$ 维向量。故 $DEA-WEI^{[270]}$ 中的变量构成的是一个比率，而

非原始数据：

$$\theta^* = \max\ \theta$$

$$\text{s. t.}\ \sum_{j=1}^{n}\lambda_j Y_{rj} \geq \theta Y_{r0};\ r\in E$$

$$\sum_{j=1}^{n}\lambda_j = 1,\ \lambda_j \geq 0;$$

$$j=1,\ 2,\ \cdots,\ n \tag{7-21}$$

其中，$Y_{rj}=\dfrac{Y_j}{X_r}$ 为输入和输出的比值。

根据上述分析可知，效率被评估为在资源（成本）有限的情况下获得的最大收益。实际上，成本 AE、AA 和 AP 是形成 AD 的必要条件，也即 AD 是具有三个变化条件的函数。由于 AD 实为关于 CD 的线性函数，构建以下指标：

$y_1 = \dfrac{CD}{AE}$，表示单位决策者调整的共识改进回报；

$y_2 = \dfrac{CD}{AA}$，表示单位备选方案调整的共识改进回报；

$y_3 = \dfrac{CD}{AP}$，表示单位偏好值调整的共识改进回报；

$y_4 = \dfrac{CD}{Z}$，表示每次迭代的共识改进回报。

因此共识效率需要使用模型（7-19）进行衡量，数据驱动的效率评估综合指标旨在判断共识步骤（作为一个决策单元）是否能够维持满意的效率水平。

7.3.3 效率评估结果与比较分析

本小节评估了 $MACRPs$ 和 $PRCRPs$ 中不同共识达成方法的相对效率。此外，还包括对已有文献中相关方法的比较分析。

7.3.3.1 效率评估

通过进行数值仿真实验在模拟环境中进行检验。反复进行仿真实验 1000 次，取各指标的平均值，再计算每个指标 $\{y_1,\ y_2,\ y_3,\ y_4\}$ 的不同值，并使用模型（7-19）分析不同共识过程的效率。$MACRPs$ 和 $PRCRPs$ 过程仿真详情如表 7-2 和表 7-3 所示。

表 7-2 MACRPs 中效率衡量的仿真方法

输入：m, n, l, α, λ

输出：AA、AE、AP、AD、Z

1.	生成 m 个决策者，对应的决策矩阵 $V_{ij}^{(k)}=(v_{ij}^{(k)})_{n\times l}(k\in M)$，其中，$v_{ij}^{(k)}$ 在区间 $[0,1]$ 中随机选择
2.	每次迭代在不同的 $MACRP$ 中使用不同的策略，获得调整后的决策矩阵 $\overline{V^{(k,t)}}=(\overline{v_{ij}^{(k,t)}})_{n\times l}$，最多迭代 8 轮
3.	基于 $V_{ij}^{(k)}$ 和 $\overline{V^{(k,t)}}$，计算每一轮的 AA、AE、AP、AD、Z

表 7-3 PRCRPs 中效率衡量的仿真方法

输入：m, n, α, λ

输出：AA、AE、AP、AD、Z

1.	生成 m 个决策者，对应的决策矩阵 $P_{ij}^{(k)}=(p_{ij}^{(k)})_{n\times n}(k\in M)$，若 $i<j$，则 $p_{ij}^{(k)}$ 在区间 $[0,1]$ 中随机选择，若 $i=j$，则 $p_{ij}^{(k)}=0.5$；若 $i>j$，则 $p_{ji}^{(k)}=1-p_{ij}^{(k)}$
2.	每次迭代在不同的 $PRCRP$ 中使用不同的策略，获得调整后的决策矩阵 $\overline{P^{(k,t)}}=(\overline{p_{ij}^{(k,t)}})_{n\times n}$，最多迭代 8 轮
3.	基于 $P_{ij}^{(k)}$ 和 $\overline{P^{(k,t)}}$，计算每一轮的 AA、AE、AP、AD、Z

除基本的共识方法外，Zhang 等（2019b）提出的一种多阶段优化方法也被纳入比较范围，简写为 $MACRP9$。将 $MACRPs$ 中的参数分别设为 $m=3$，$n=4$，$l=4$ 和 $m=4$，$n=5$，$l=4$，$PRCRPs$ 中的参数分别设为 $m=4$，$n=4$ 和 $m=5$，$n=5$。

效率分析的结果如表 7-4 和表 7-5 所示。可以观察到 $MACRP5$、$MACRP6$ 比 $MACRPs$、$PRCRPs$ 的所有其他方法都有效，而 $PRCRP4$、$PRCRP5$、$PRCRP6$ 和 $PRCRP7$ 只对 $PRCRPs$ 过程有效。

表 7-4 不同 MACRPs 的共识效率

		MACRP1	MACRP2	MACRP3	MACRP4	M ACRP5	MACRP6	MACRP7	MACRP8	MACRP9
$m=3$ $n=4$ $l=4$	$\alpha=0.84$	0.9120	0.8210	0.6980	1.0000	1.0000	1.0000	1.0000	0.8430	0.9406
	$\alpha=0.88$	0.7730	0.8560	0.7670	0.6330	1.0000	1.0000	1.0000	0.8570	1.0000
$m=4$ $n=5$ $l=4$	$\alpha=0.84$	0.7460	0.8190	0.5940	1.0000	1.0000	1.0000	0.8680	0.4000	0.8850
	$\alpha=0.88$	0.8120	0.9180	0.8670	1.0000	1.0000	1.0000	1.0000	0.7880	1.0000

表 7-5　不同 *PRCRPs* 的共识效率

		PRCRP1	*PRCRP2*	*PRCRP3*	*PRCRP4*	*PRCRP5*	*PRCRP6*	*PRCRP7*	*PRCRP8*	*PRCRP9*
$m=4$	$\alpha=0.84$	0.850	1.000	0.626	1.000	1.000	1.000	1.000	0.684	0.978
$n=4$	$\alpha=0.88$	0.836	0.866	0.658	1.000	1.000	1.000	1.000	0.771	1.000
$m=5$	$\alpha=0.84$	0.832	0.889	0.605	1.000	1.000	1.000	1.000	0.597	1.000
$n=5$	$\alpha=0.88$	0.852	0.932	0.606	1.000	1.000	1.000	1.000	0.827	1.000

此外，*MACRPs* 中 *MACRP1*、*MACRP2* 和 *MACRP3* 效率较低。*PRCRP* 中的 *PRCRP1*、*PRCRP2* 和 *PRCRP3* 也同样不够有效。*MACRP8* 和 *PRCRP8* 的平均效率最低。

通过对以上不同共识方法的效率的分析，可以得出以下结论：

（1）效率与共识度不存在直接相关关系。事实上，共识达成的效率并未随共识度的增加而降低。而且在某些情况下高共识度下的共识效率更高。例如，对参数设为 $m=3$，$n=4$，$l=4$ 的 *MACRP2* 来说，共识度 $\alpha=0.88$ 下的效率为 0.8560，高于共识度 $\alpha=0.84$ 下的共识效率 0.8210。

（2）最少的备选方案调整（*MACRP5*）和最少的需调整偏好的决策者个数（*MACRP6*）是群决策共识达成进程中最稳健的策略。理论上，决策共识机制中最有效的方法是建立在最少的决策者修改其偏好和最少修改方案的基础上。

（3）确定备选方案调整数量（*MACRP2*）以及优化原始偏好和调整后的偏好的总间距（*MACRP8*）这两种方法效率较低。在决策过程中，确定备选方案的调整数量是低效的，由于缺乏客观标准来确定这些备选方案，很容易会影响决策效率。

（4）多阶段优化（*MACRP9*）并非优化效率的最佳解决方案。通过模拟实验，观察到这种共识达成进程在某些决策情境下并未取得最有效的结果。

另外，对不同的评价指标进行整合可得到一个综合效率指标。本书区分了决策共识过程的共识改进（产出或收益）和为此作出的偏好调整（投入或成本）。

（5）在共识达成进程中，应选择最优方法在最低程度的偏好调整下实现最大程度的共识改进。

7.3.3.2　比较分析

Zhang 等[250] 基于平均的思想提出综合效率，即效率可通过求所有指标的平均值来计算。图 7-1 和图 7-2 比较了 *MACRP3* 和 *MACRP 4* 这两种方法，通过二者的平均指标得到综合效率。本书方法在 *MACRP 5* 和 *MACRP 6* 中的效率最稳定。

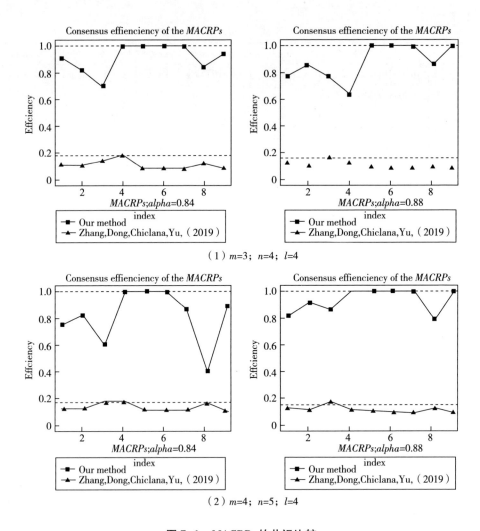

（1）$m=3$；$n=4$；$l=4$

（2）$m=4$；$n=5$；$l=4$

图7-1 MACRPs 的共识比较

从 DEA 效率角度出发，PRCRP4，PRCRP5，PRCRP6 和 PRCRP7 是 PRCRPs 的最佳选择，而 PRCRP9 在 PRGDM 中效率更高，尽管其在 Zhang 等[250] 的方法中未能获得最高的综合得分。

通过比较分析，可发现成本收益视角下的 DEA 效率与共识成本平均得分之间存在差异。本书研究的效率是一种"相对"概念，并不完全是最低共识成本或最高共识度。决策活动的效率应兼顾共识成本和共识度，即通过较小的共识成本达到相对较高的共识度。

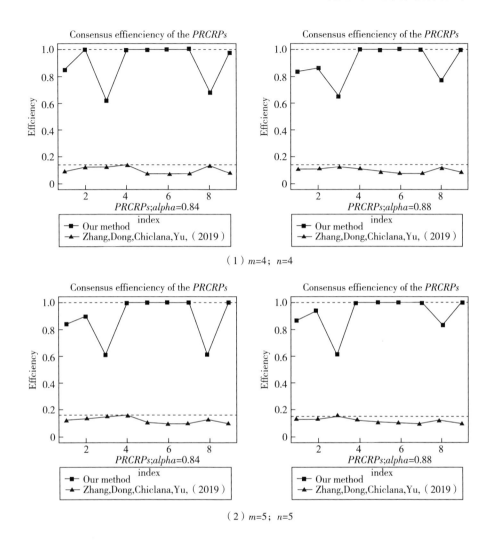

图 7-2 **PRCRPs** 的共识效率

7.4 群体决策共识阈值的客观测定：效率的视角

关于软共识的衡量方法已有广泛的研究，大体上可分为两个观点：决策者偏好之间的总偏差、个体偏好与群体意见之间的总距离。共识度的衡量可用区间[0，1]中的一个值来表示。通过共识改进方法将该值提高到预设的确定阈值。

确定共识度应达到怎样的阈值无论在实际应用中还是在理论研究中都是一个

难题。现有文献验证了共识方法的收敛性，但很少涉及确定共识阈值的方法。因为缺乏理论依据，软共识中共识阈值的选择还没有公认的标准。凭主观或经验确定的共识度往往过高或过低，存在不足。过低的共识度会导致意见冲突和非合作行为，过高的共识度或会造成资源浪费。因此，亟须建立一种客观的共识确定方法。本节从效率的角度提供解决方案，采用 *DEA* 效率基准模型建立基于共识衡量指标的共识阈值。

7.4.1 模型构建

假设决策单元集 G 下 s 个共识衡量指标对应的共识阈值目标：在 *CRP* 方法下 $t-1$ 周期的指标为 y_{1j}^g, y_{2j}^g, …, y_{sj}^g, $j \in M$, $t-1$ 周期指标的预设目标值是 y_{1j}, y_{2j}, …, y_{sj}, $j \in M$。确定各决策单元中评价指标的目标值 y_{1j}^{DEA}, y_{2j}^{DEA}, …, y_{sj}^{DEA} 并确定效率前沿边界，从而实现效率修改目标确定。*DEA-WEI* 基准模型（Cook 等，2018）提出效率基准曲线的构建效率目标，即 $y_{rj}^{DEA}=y_{rj}+s_{rj}$, $r=1$, 2, …, s; $j \in M$，其中，s_{rj} 是现有目标可提升的激励空间。将共识目标 y_{1j}^g, y_{2j}^g, …, y_{sj}^g 调整为 $y_{rj}^g=y_{rj}+s_{rj}^g$，其中 s_{rj}^g 是设定目标与实际共识度间的调整距离。因此，共识阈值为最接近 y_{rj}^{DEA} 的最优值 s_{rj}^*，即 $y_{rj}^{DEA}=y_{rj}+s_{rj}^*$。那么 s_{rj}^* 为以下优化模型的解：

$$\min \sum_{j \in M} \sum_{r=1}^{s} |s_{rj}^g - s_{rj}|$$

s. t. $y_{rj}^{DEA}=y_{rj}+s_{rj}$, $r=1$, 2, …, s; $j \in G$; $s_{rj}\,free$, $\forall r, j$ (7-22)

用下例说明本书所提出的共识阈值构建方法的详细过程。

例1（*MACRPs* 中的数据）：m 个决策者 $\{e_1, e_2, …, e_m\}$ 对于给定评估指标 CD (e_1, e_2, …, e_m) 和 AD 的输出如表7-6所示，其表示总共识改进成本和总个体偏好修改程度。

表7-6 数值算例的数据

MACRP	t−1 时期		t 时期	
	AD	CD	AD	CD
MACRP1	0.25	0.65	0.30	0.72
MACRP2	0.20	0.60	0.25	0.65
MACRP3	0.30	0.60	0.35	0.70
MACRP4	0.25	0.50	0.20	0.55
MACRP5	0.35	0.70	0.40	0.75
MACRP6	0.25	0.45	0.30	0.50

续表

MACRP	t−1 时期		t 时期	
	AD	CD	AD	CD
MACRP7	0.30	0.80	0.45	0.85
MACRP8	0.10	0.55	0.20	0.60

根据表 7-7 可观察到两个指标的数值都有不同程度的提高，但效率水平却不同。表 7-7 还给出了 CD 的预设目标、实际值和相应的有效目标。本书确定的共识基准实际上是每种方法在有效边界上的对应目标。若预设目标值小于有效边界上的目标值，则在此共识度下仍可改进共识，显然还需继续进行决策，如 MAC-RP 1。若共识目标等于有效边界上对应的目标值，则表示共识度已达到效率基准，如 MACRP 3。

表 7-7　数值案例结果

MACRP	t 时期（共识度 CD）				
	实际	预设目标	有效目标	效率	终止
MACRP1	0.72	0.75	0.80	×	√
MACRP2	0.65	0.70	0.60	×	×
MACRP3	0.70	0.70	0.70	√	√
MACRP4	0.55	0.55	0.60	√	√
MACRP5	0.75	0.75	0.70	√	×
MACRP6	0.50	0.55	0.60	×	√
MACRP7	0.85	0.85	0.80	√	×
MACRP8	0.60	0.55	0.60	×	√

图 7-3 描述了这一共识基准的实现过程。MACRP7、MACRP5、MACRP3 和 MACRP4 共同构成了有效前沿边界线，各自的共识度代表 DEA 最优效率。MAC-RP1、MACRP2 和 MACRP6 超出了有效边界，通过优化 s_{rj}^* 再计算 y_{rj}^{DEA} 可得到其在相应有效边界曲线上的效率基准值，该值即作为这三个方法下的效率基准。将 y_{rj}^{DEA} 与预设目标值 y_{rj}^g 进行比较则可确定共识过程是继续还是终止。

上述例子显示了效率阈值的建立过程，其实际上是每个评价指标体系中 DEA 效率前沿线上相应的效率基准（目标）。相较于主观确定的阈值，本书先构建不同衡量指标体系下不同方法的效率前沿线，再通过比较目标值（y_{rj}^g）与效率基准（y_{rj}^{DEA}）的距离从而适当调整共识阈值。此过程展示了在群体决策中建立共识的一种客观方法。

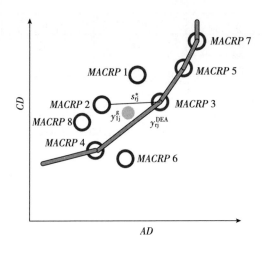

图 7-3　例 1 的有效边界

7.4.2　基准构建

接下来需要确定每个共识衡量指标 y_{rj} 在效率前沿上对应的点 y_{rj}^{DEA}，二者距离目标值 s_{ij}^* 最近是优化的目标函数。令 $\overline{p}_{ij}^{(k,B)}$ 为决策者 $e^{(k)}$ 比较备选方案 i 和 j 后个体偏好的调整基准，理想化的基准应位于效率前沿线上。根据技术有效边界 $\partial(AS)$ 的特征建立基准模型如下[273]：

$$
\partial(AS)=\left\{(X,\ Y)\in R_+^{m+s}\ \left|\ \begin{array}{l} X=\sum_{i\in E}\lambda_i X_i,\ \ Y=\sum_{j\in E}\lambda_j Y_j,\ \ \sum_{j\in E}\lambda_j=1,\ \ \lambda_j\geqslant0; \\ -vX+uY+u_0+d_j=0;\ \ j\in E; \\ v_r\geqslant1;\ \ r=1,\ 2,\ \cdots,\ m; \\ u_r\geqslant1;\ \ r=1,\ 2,\ \cdots,\ n; \\ d_j\leqslant Mb_j;\ \ j\in E; \\ \lambda_j\leqslant M(1-b_j);\ \ j\in E; \\ d_j,\ \lambda_j\geqslant0;\ \ b_j\in[0,\ 1];\ \ j\in E;\ \ u_0\in R; \\ M\ \text{is big positive} \end{array}\right.\right\}
$$

$$(7-23)$$

其中，E 是一组最有效的决策单元集（Charnes 等，1991）。根据 Charnes 等（1991）提出的观点，E 和 E' 中的决策单元是帕累托有效的。

在群决策中，共识达成进程中的投入 $X = \{x_{ri}\} = \{AE, AA, AP, d(P, \overline{P}), Z \mid r \in E\}$ 是成本，产出 $Y = \{y_{rj}\} = \{CD\{e_1, e_2, \cdots, e_m\} \mid r \in E\}$ 是共识改进。主观的设置参数 α 是效率模型中的外生变量，表示规模收益。基于技术有效边界 $\partial(AS)$，基准构建如下：

$$\min CD\{e_1, \cdots, e_m\}_r - CD\{e_1, \cdots, e_m\}_r^*$$
$$\text{s. t. } (X, Y) \in \partial(AS) \tag{7-24}$$

模型 (7-13) 中，需要优化的未知变量是关于个体偏好间偏差的函数，可构建如下模型：

$$\min CD\{e_1, \cdots, e_m\}_r - CD\{e_1, \cdots, e_m\}_r^* \tag{7-25}$$

$$\text{s. t. } \sum_{j \in E} \lambda_j y_{rj} = y_{rj} + t_j; \quad r = 1, 2, \cdots, s \tag{7-25-1}$$

$$\sum_{i \in E} \lambda_i x_{si} = x_{si} + h_i; \quad s = 1, 2, \cdots, n \tag{7-25-2}$$

$$\sum_{j \in E} \lambda_j = 1, \ \lambda_j \geq 0; \tag{7-25-3}$$

$$-vX + uY + u_0 + d_j = 0; \ j \in E; \tag{7-25-4}$$

$$v_i \geq 1; \ i = 1, 2, \cdots, n \tag{7-25-5}$$

$$u_i \geq 1; \ i = 1, 2, \cdots, n \tag{7-25-6}$$

$$d_j \leq M b_j; \ j \in E; \tag{7-25-7}$$

$$\lambda_j \leq M(1 - b_j); \ j \in E; \tag{7-25-8}$$

$$d_j, \ \lambda_j \geq 0; \ b_j \in [0, 1]; \ E; \ u_0 \in \Re; \tag{7-25-9}$$

M is big positive

其中，$CD\{e_1, \cdots, e_m\}^* = 1 - \dfrac{1}{m \times n \times (n-1)} \sum\limits_{k=1}^{m} \sum\limits_{i=1}^{n} \sum\limits_{i=1, j \neq i}^{n} |\overline{p}_{ij}^{(k)} - p_{ij}^{(c)}|$，

$p_{ij}^{(c)} = \sum\limits_{M} \sigma_k \overline{p}_{ij}^{(k)}$。在群体决策中，通常将第 t 次偏好修改作为测试状态来衡量第 $(t+1)$ 轮偏好修改后的共识度是否达到客观的效率基准。即，已知第 $(t+1)$ 轮偏好修改后的共识度 $CD\{e_1, \cdots, e_m\}_r^*$，那么优化找到其在有效边界上对应的目标。若 $CD\{e_1, \cdots, e_m\}_r^*$ 在有效边界曲线内，则需进一步调整偏好以达到有效边界。否则，认为共识度已达到效率基准值，终止决策进程。

模型 (7-25) 中，约束 (7-25-1)、约束 (7-25-2) 和约束 (7-25-3) 保证解属于 AS 集。根据约束 (7-25-4) 和约束 (7-25-5)，支撑超平面包含 AS (注意其系数均严格为正) 的帕累托前沿面。

为将模型 (7-25) 转换为线性规划，在目标函数 $|p_{ij}^{(k)} - p_{ij}^{(c)}|$ 中引入两个新参数。一定存在 $u_{ij}^{(r)} \geq 0$，$v_{ij}^{(r)} \geq 0$ 且 $u_{ij}^{(r)} * v_{ij}^{(r)} = 0$ 使得 $|p_{ij}^{(k)} - p_{ij}^{(c)}| = u_{ij}^{(r)} + v_{ij}^{(r)}$ 和 $p_{ij}^{(k)} - p_{ij}^{(c)} = u_{ij}^{(r)} - v_{ij}^{(r)}$。若产品被定义，则设定 $u_{ij}^{(r)} = [\,|p_{ij}^{(k)} - p_{ij}^{(c)}| + (u_{ij}^{(r)} - v_{ij}^{(r)})\,] / 2$，

$v_{ij}^{(r)} = [\,|\,p_{ij}^{(k)} - p_{ij}^{(c)}\,| - (u_{ij}^{(r)} - v_{ij}^{(r)})\,]\,/2$ 使得上述条件成立。线性规划模型表示如下：

$$\min\ 1 - \frac{1}{m \times n \times (n-1)} \sum_{k=1}^{m} \sum_{i=1}^{n} \sum_{j=1,\,j\neq i}^{n} (u_{ij}^{(r)} + v_{ij}^{(r)}) - CD\{e_1,\ \cdots,\ e_m\}_r^*$$

$$\text{s. t.}\ \sum_M \sigma_k \bar{p}_{ij}^{(k)} = \bar{p}_{ij}^{(r)} + u_{ij}^{(r)} - v_{ij}^{(r)};$$

$$\sum_{j \in E} \lambda_j y_{rj} = y_{rj} + t_j;\ r = 1,\ 2,\ \cdots,\ s$$

$$\sum_{i \in E} \lambda_i x_{si} = x_{si} + h_i;\ s = 1,\ 2,\ \cdots,\ n$$

$$\sum_{j \in E} \lambda_j = 1,\ \lambda_j \geq 0;$$

$$-vX + uY + u_0 + d_j = 0;\ j \in E;$$

$$v_i \geq 1;\ i = 1,\ 2,\ \cdots,\ n$$

$$u_i \geq 1;\ i = 1,\ 2,\ \cdots,\ n$$

$$d_j \leq M b_j;\ j \in E;$$

$$\lambda_j \leq M(1 - b_j);\ j \in E;$$

$$d_j,\ \lambda_j \geq 0;\ b_j \in [0,\ 1];\ E;\ u_0 \in R;$$

M is big positive （7-26）

若 *DEA* 基准模型中的 *DEA* 投入未明确，则模型（7-18）可转化为改进的 *DEA-WEI* 基准模型，可得到如下效率边界集：

$$\partial(AS) = \left\{ (X,\ Y) \in R_+^{m+s} \left| \begin{array}{l} Y = \sum_{j \in E} \lambda_j Y_j,\ \sum_{j \in E} \lambda_j = 1,\ \lambda_j \geq 0; \\ uY + u_0 + d_j = 0;\ j \in E; \\ u_r y_{rj} \geq 1;\ r = 1,\ 2,\ \cdots,\ s; \\ d_j \leq M b_j;\ j \in E; \\ \lambda_j \leq M(1 - b_j);\ j \in E; \\ d_j,\ \lambda_j \geq 0;\ b_j \in [0,\ 1];\ j \in E;\ u_0 \in R; \\ M\ \text{is big positive} \end{array} \right. \right\}$$

（7-27）

此外，模型（7-26）可以转化为 *DEA-WEI* 基准模型：

$$\min\ 1 - \frac{1}{m \times n \times (n-1)} \sum_{k=1}^{m} \sum_{i=1}^{n} \sum_{j=1,\,j\neq i}^{n} (u_{ij}^{(r)} + v_{ij}^{(r)}) - CD\{e_1,\ \cdots,\ e_m\}_r^*$$

$$\text{s. t.}\ \sum_G \sigma_k \bar{p}_{ij}^{(k)} = \bar{p}_{ij}^{(r)} + u_{ij}^{(r)} - v_{ij}^{(r)};$$

$$\sum \lambda_j p_{rj} = p_{rj} + x_{rj};\ j \in E;\ r = 1,\ 2,\ \cdots,\ s;$$

$$\sum_{j \in E} \lambda_j = 1;\ j \in E;$$

$uY_j + u_0 + d_j = 0$；$j \in E$；

$u_r y_{rj} \geqslant 1$；$j \in E$；$r = 1, 2, \cdots, s$；

$d_j \leqslant Mb_j$；$j \in E$；

$\lambda_j \leqslant M(1 - b_j)$；$j \in E$；

$b_j \in [0, 1]$；$p_{ij}^g \in [0, 1]$

$h_{rj}, l_{rj}, d_j \geqslant 0$；$j = 1, 2, \cdots, s$；$\lambda_r \geqslant 0$，$j \in E$；$u_0, x_{rj} \in R$；

M is big positive 　　　　　　　　　　　　　　　　　　(7-28)

上述规划为线性优化。

上述阈值构建的详细流程如表 7-8 所示。

表 7-8　共识阈值构建过程

输入：给定的群决策问题；CRP 方法集（例如，$MACRP1 \sim MACRP\,8$ 或 $PRCRP1 \sim PRCRP\,8$）；选定的指标	
输出：共识阈值 $\overline{\alpha}$	
1.	确定不同 CRP 方法下位于有效前沿边界线上的最有效决策单元//式（7-27）中的 $\partial(AS)$
2.	获得上一步不同方法下不在前沿边界上的各决策者有效目标值 $\overline{p}_{ij}^{(r)}$//根据式（7-28）
3.	通过 $CD\{e_1, \cdots, e_m\}^* = 1 - \dfrac{1}{m \times n \times (n-1)} \sum\limits_{k=1}^{m} \sum\limits_{i=1}^{n} \sum\limits_{j=1, j \neq i}^{n} \mid \overline{p}_{ij}^{(k)} - p_{ij}^{(c)} \mid$ 计算最终共识阈值

7.5　案例分析

本节通过一个实际案例说明共识阈值建立的具体过程。

例 2（普惠金融受益人评估）：普惠金融一般指立足机会平等要求和商业可持续原则，以可负担的成本为有金融服务需求的社会各阶层和群体提供适当、有效的金融服务。普惠金融具有金融市场化的要素，同时也具有政府担保机制。下面的案例是针对青藏高原某项目的普惠金融受益人所进行的评估。资金拟作为无息小额信贷（小额贷款）发放，提供给本地还款能力较好、年收入低于 212 美元的人群。

本项目中的备选方案如下：

备选方案 1：潜在受益人是一名 55 岁男子，家中有三名劳动人口。贷款的目的是建设一个田间养鸡场。

备选方案 2：潜在受益人是一名 51 岁的单身男子。贷款的目的是在外务工时维持生活。

备选方案3：潜在受益人是一名42岁男子，家中有两名劳动人口。贷款的目的是为家族企业（从事农产品贸易）获得流动资金。

备选方案4：潜在受益人是一名45岁男子，家中有4名工人、8头牛和24只羊。贷款的目的是购买拖拉机以改善农业生产。

备选方案5：潜在受益人是一名42岁的离婚男子，需要在家照顾父亲，并有一个正在上高中的女儿。贷款的目的是重建在大雨中倒塌的房子。

此群体决策涉及五类群体（52个决策者）：中国人民银行（PBOC，中国中央银行）职员、农村信用社、地方政府代表、村委会和低收入人群代表。

鉴于收集到的四种不同的偏好关系，如偏好排序、效用值、乘性偏好关系和加性偏好关系，下面模拟了七种方法，并确定每种方法的共识基准。将个人偏好修改迭代最大轮数设为3轮。将 CD 和 AD 作为 $DEA\text{-}WEI$ 基准模型中的产出，且没有明确输入变量。七种方法的区别在于在偏好集结过程中使用不同的聚合方法，具体如下：

M1：Forman 和 Peniwati[275] 提出的代数平均。

M2：Forman 和 Peniwati[275] 提出的几何平均。

M3：Yager[276] 提出的有序加权平均（OWA）。

M4：Wang 等[36] 提出的卡方优化。

M5：Xu 等[26] 提出的二次优化。

M6：Chao 等[254] 提出的几何优化。

M7：Ma 等[17] 提出的二次优化。

实验分为三个步骤：

第一步，根据 M1 ~ M7 中的不同方法计算出 $CD\ \{e_1,\ \cdots,\ e_m\}^* = 1 - \dfrac{1}{m \times n \times (n-1)} \sum\limits_{k=1}^{m} \sum\limits_{i=1}^{n} \sum\limits_{j=1,\ j\neq i}^{n} |\bar{p}_{ij}^{(k)} - p_{ij}^{(c)}|$ 中的 $p_{ij}^{(c)}$。

通过以下三种方法将不同的偏好关系转化为统一的乘性偏好关系：

M1： $p_{ij}^{(c)} = \sum\limits_{M} \sigma_k \bar{p}_{ij}^{(k)}$ （7-29）

M2： $p_{ij}^{(c)} = \prod\limits_{k=1}^{K} (\bar{p}_{ij}^{k})^{\lambda_k}$ （7-30）

M3： $p_{ij}^{(c)} = \phi_Q(\bar{p}_{ij}^{1},\ \bar{p}_{ij}^{2},\ \cdots,\ \bar{p}_{ij}^{n}) = \sum\limits_{h=1}^{n} v_h d_{ij}^{h}\ i=1,\ 2,\ \cdots,\ n;\ j=1,\ 2,\ \cdots,\ n$ （7-31）

其中，$v_h = Q\left(\dfrac{h}{n}\right) - Q\left(\dfrac{h-1}{n}\right)$，$h = 1, 2, \cdots, n$，$Q(r) = \begin{cases} 0, & r < \gamma \\ \dfrac{r - \gamma}{\mu - \gamma}, & \gamma \leqslant r \leqslant \mu \\ 1, & \mu < r \end{cases}$。

使用以下 4 种方法计算集体意见 $w = (w_1, w_2, \cdots, w_n)^T$，再计算相应的乘性偏好关系 $p_{ij}^{(c)} = \dfrac{w_i}{w_j}$：

M4：$w = (w_1, w_2, \cdots, w_n)^T$ 计算如下：

$$\max \sum_{k=1}^{k_m} \sum_{j=1}^{n} \sum_{i=1}^{n} \sigma_k \left[\frac{(a_{ij}^{(k)} - w_i / w_j)^2}{w_i / w_j} \right] + \sum_{k=k_m+1}^{K} \sum_{j=1}^{n} \sum_{i=1}^{n} \sigma_k \left[\frac{(p_{ij}^{(k)} - w_i / (w_i + w_j))^2}{w_i / (w_i + w_j)} \right]$$

$$\text{s. t.} \begin{cases} \sum\limits_{i=1}^{n} w_i = 1 \\ w_i > 0, \ i = 1, 2, \cdots, n \end{cases} \tag{7-32}$$

M5：$w = (w_1, w_2, \cdots, w_n)^T$ 计算如下：

$$\min \left(\sum_{k=1}^{m_1} \sum_{j=1}^{n} \sum_{i=1}^{n} \left| w_i - u_i^{(k)} \middle/ \sum_{j=1}^{n} u_j^{(k)} \right|^p + \sum_{k=m_1+1}^{m_2} \sum_{j=1}^{n} \sum_{i=1}^{n} \left| w_i - \frac{n - o_i^{(k)}}{n-1} \middle/ \right.\right.$$

$$\left.\left. \sum_{j=1}^{n} \frac{n - o_j^{(k)}}{n-1} \right|^p + \sum_{k=m_2+1}^{m_3} \sum_{j=1}^{n} \sum_{i=1}^{n} \left| a_{ij}^{(k)} - \frac{w_i}{w_j} \right|^p + \sum_{k=m_3+1}^{m_4} \sum_{j=1}^{n} \sum_{i=1}^{n} \left| p_{ij}^{(k)} - \frac{w_i}{w_i + w_j} \right|^p \right)^{1/p}$$

$$\text{s. t.} \begin{cases} \sum\limits_{i=1}^{n} w_i = 1 \\ w_i > 0, \ i = 1, 2, \cdots, n \end{cases} \tag{7-33}$$

M6：$w = (w_1, w_2, \cdots, w_n)^T$ 计算如下：

$$\max \sum_{k \in \Omega_U} \sum_{j=1}^{n} \langle \vec{u}_{ij}^{(k)}, w \rangle$$

$$\max \sum_{k \in \Omega_O} \sum_{j=1}^{n} \langle \vec{o}_{ij}^{(k)}, w \rangle$$

$$\max \sum_{k \in \Omega_A} \sum_{j=1}^{n} \langle \vec{a}_{ij}^{(k)}, w \rangle$$

$$\max \sum_{k \in \Omega_B} \sum_{j=1}^{n} \langle \vec{p}_{ij}^{(k)}, w \rangle$$

$$\text{s. t.} \begin{cases} \sum\limits_{i=1}^{n} w_i = 1 \\ 0 \leqslant w_i \leqslant 1 \end{cases} \tag{7-34}$$

M7: $w = (w_1, w_2, \cdots, w_n)^T$ 计算如下:

$$\min \sum_{k=1}^{m_1} \sum_{j=1}^{n} \sum_{i=1}^{n} (w_i u_j^{(k)} - w_j u_i^{(k)})^2 + \sum_{k=m_1+1}^{m_2} \sum_{j=1}^{n} \sum_{i=1}^{n} (w_i(n-o_j^{(k)}) - w_j(n-o_i^{(k)}))^2 +$$

$$\sum_{k=m_2+1}^{m_3} \sum_{j=1}^{n} \sum_{i=1}^{n} (w_i - w_j a_{ij}^{(k)})^2 + \sum_{k=m_3+1}^{m_4} \sum_{j=1}^{n} \sum_{i=1}^{n} (w_i - (w_i+w_j)p_{ij}^{(k)})^2$$

$$\text{s.t.} \begin{cases} \sum_{i=1}^{n} w_i = 1 \\ w_i > 0, \ i = 1, 2, \cdots, n \end{cases} \tag{7-35}$$

第二步，计算第 2 轮的共识有效前沿边界，并以此边界为基础与第 3 轮（有效目标）的共识度进行比较，计算出位于前沿面上的有效目标值，该值即为每种方法中共识基准的目标。再根据这个目标（效率基准）计算共识阈值。

第三步，计算所有方法下的有效目标值，并将结果转化为共识阈值。

表 7-9 为上述七种方法下的共识阈值结果。其中，均值、OWA 算子和几何优化构成了 DEA 的有效边界。对于为达到 DEA 有效边界的方法，通过式（7-28）得到其在边界上对应的有效目标值，并将其作为对应方法的效率基准来判断是否需要进一步的共识协商。

在交互式群体决策中，决策组织者需要与决策者协商并要求决策者重新考虑个体偏好，每一轮的协商过程都有助于增加共识度。图 7-4 显示了共识基准的趋势。M1、M3、M6 构成边界，表明其目标值已满足共识阈值（因其位于有效边界曲线上），如第二轮决策协商中的 M3 方法已达到效率基准（在有效曲线上）。其余方法则需再次调整个人偏好以通过 DEA 效率提高其阈值。若两轮协商的点都在曲线的外侧，则需要再次协商以提高共识效率，如 M2、M7、M5。对于分布在有效曲线两侧的点，事实上第三轮协商的共识度超过了共识基准，意味着其消耗了更多的资源（增加了协商的时间成本），但共识度却未有与之相匹配的增加。

表 7-9 共识基准结果

PRCRPs	CD				
	实际共识度（第二轮）	共识有效目标（第三轮）	共识阈值	效率	终止
M1	0.71	0.74	0.71	√	√
M2	0.68	0.69	0.70	×	×
M3	0.69	0.70	0.69	√	√
M4	0.67	0.68	0.65	×	√
M5	0.59	0.63	0.64	×	×

续表

PRCRPs	CD				
	实际共识度（第二轮）	共识有效目标（第三轮）	共识阈值	效率	终止
M6	0.70	0.72	0.70	√	√
M7	0.61	0.64	0.65	×	×

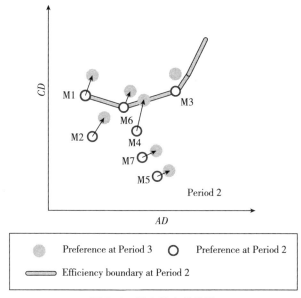

图 7-4 例 2 的有效边界

考查例 2 的结果可得：同一个群决策问题，需要不同的方法来达到共识阈值。如 M4、M5 和 M7 表现出较低的共识阈值，而其他方法的共识阈值则相对较高。

基于效率基准建立的共识阈值具有以下特点：首先，根据一组方法中的不同效率表现建立共识基准曲线。其次，效率是一个相对概念。该方法通过比较不同方法的相对效率来建立基准。最后，针对具体问题，需从现有的方法中选择适用的备选方法。

本书方法的缺点如下：首先，本书提出的方法是数据驱动的共识达成过程，而非监督方法，需使用满意度或决策者支持度等参数。其次，本书方法针对的是效率分析中的某一具体偏好调整轮。

例 3（网络 P2P 借贷）：P2P 网络借贷平台是一个点对点网络借款的互联网金融服务网站。网络借贷是指借款，其间所需的材料、资金、合同、手续都通过互联网实现，网络借贷是随互联网的发展和民间借贷的兴起而开发出来的一种新的金融模式。贷方和借方通过 P2P 平台达成利率共识，平台运营商则需一直与贷方协商利率以进行利率调整，从而促进借方和贷方利率共识的达成。

网络平台的贷款定价是一个非常复杂的问题，也是借贷平台最重要的商业问题之一。定价模式主要有两种：直接模式（平台匹配定价）和间接模式（平台独立定价）。直接模式是指投资者和借款人通过竞价拍卖的方式确定最终的贷款利率，P2P平台仅作为撮合交易的平台。间接模式是指P2P平台根据借款人的信用信息确定最终的贷款利率，通过承诺固定收入的回报来吸引投资者进行融资。在这种模式下，P2P平台本身按照预定的标准和算法设定利率，发挥信息的收集整合、风险评估和定价等作用。

本章以直接模式下中国P2P平台拍拍贷为例，比较使用不同方法达成共识的效率。假设贷款人在平台上注册借出 M = 10000 元。该计划选择四个具有不同信用等级（AA、A、B 和 C）的借款人来获得这笔贷款。这四位借款人的预期利率分别为 $o_1 = 11$、$o_2 = 16$、$o_3 = 22$、$o_4 = 28$（单位：%；利率数据来自拍拍贷）。假定平台针对四种不同信用等级的补偿策略为：当借款人利率降低 1% 时，平台将依次提供的补偿为 $c_1 = 1.5$、$c_2 = 1.0$、$c_3 = 2.5$、$c_4 = 2.0$（单位：10 元）。为规避违约风险，贷款人采取一揽子借款人策略。贷款人分配给四位借款人的资金分别为 4000 元、3000 元、2000 元、1000 元，四位借款人的权重分别为 0.4、0.3、0.2、0.1。

共识度是 P2P 借贷平台首要考虑的问题。为留住客户，其需在借款人和贷款人之间建立基本的利率共识。若借款人和贷款人无法就利率定价达成共识，则无法在该平台上完成贷款。共识补偿的成本为其次需要考虑的问题。平台需要通过成本补偿来激励借款人和贷款人，进而促进预期利率的调整以获得更高的共识度。共识改进和成本优化是一对效率概念，高度的共识需要通过高额的补偿成本来达成。但成本并不是无限的，故有必要通过客观的方法确定利率的效率基准。对于效率低于基准值的，通过增加成本投入提高共识度；而对于效率高于基准值的，则需通过调整和降低补偿以获得更高的共识效率。

此案例中总成本和共识度的结果总结如表 7-10 所示。

表 7-10　例 3 的成本和共识度

利率（%）	16.40	16.47	17.50	18.67	15.81	16.92	18.33	20	22
共识度	0.2	0.3	0.4	0.5	0.6	0.7	0.8	0.9	1.0
总成本	0.0	0.2	3.7	7.6	11.7	15.9	21.1	27.2	34.5

表 7-11 显示了共识度和补偿成本的效率目标。I4、I5、I7 和 I8 构成（位于）效率曲线。以这条曲线为效率基准，将最接近曲线上的点确定为曲线外点的

效率目标。I1、I2、I3、I6 需通过增加成本来提高共识度，而 I9 则需降低成本来提高共识度。

表 7-11　共识基准测试结果

不同利率（%）		共识度		成本		效率
		实际	目标	实际	目标	
I1	16.40	0.20	0.24	0	2.1	×
I2	16.47	0.30	0.32	0.2	3.5	×
I3	17.50	0.40	0.41	3.7	5.2	×
I4	18.67	0.50	0.50	7.6	7.6	√
I5	15.81	0.60	0.60	11.7	11.7	√
I6	16.92	0.70	0.73	15.9	16.4	×
I7	18.33	0.80	0.80	21.1	21.1	√
I8	20.00	0.90	0.90	27.2	27.2	√
I9	22.00	1.00	0.95	34.5	31.4	×

图 7-5 描述了效率的目标设置，曲线是效率曲线，横轴和纵轴分别是共识度和补偿成本。该曲线构成了一个效率基准，即曲线上的成本和共识效率是 *DEA* 有效的。而曲线外点则是低效的，需要确定这些点的 DEA 有效点，即为效率改进目标。图中的蓝点代表有效目标。

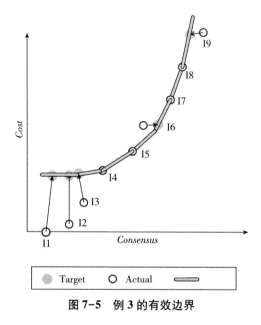

图 7-5　例 3 的有效边界

从上例可得到如下启示：①作为 P2P 网络借贷平台，追求借贷双方的绝对共识（如 I9）是低效的。在实际管理中，双方期望的利率可被确定在一个阈值范围内，此时达成的共识是有效的。②低共识度亦是低效率的（如 I1、I2 和 I3），即使通过额外的成本补偿达到了一定程度的效率，共识度也未能得到提高。

7.6　本章小结

决策效率是指在群体决策过程中，能够以尽可能低的共识成本获得更高的共识度。本章针对 *MACRP* 和 *PRCRP* 方法，提出一种基于 *DEA-WEI* 基准模型的 *CRP* 共识效率评估方法。依此又建立确定共识阈值的 *DEA* 基准方法。根据实证研究得出结论：共识效率和共识阈值二者间没有直接的相关关系。另外在决策共识机制中，（相对）最有效的方法需要最少的决策者调整其偏好，或者令其修改最少备选方案的对应偏好。而在确定需要调整的备选方案后优化其原始偏好和调整后偏好间的总距离是一种低效的方法。本书还建立了共识基准的建立过程，其中共识阈值是有效边界上的一个目标值。

第8章 金融监管科技与系统性风险

风险是经济体系和金融系统运行中最根本和最重要的研究问题之一。金融风险是指客户和金融市场（甚至是经济体系）收益损害的可能性。金融风险研究的先驱是凯恩斯，他在著作《就业、利息和货币通论》（Keynes[277]）中阐述了系统性金融风险并强调了金融监管。与传统金融风险不同的是，系统性金融风险是由于内部和外部因素的不断反应而导致的整个金融系统的风险传递和运行故障。简而言之，系统性金融风险是引发全球或区域金融系统流动性风险的连锁危机（Silva、Kimura 和 Sobreiro[278]）。本章将以金融科技为研究工具，对金融风险领域的智能风险预警监测方法进行全面综述。针对外汇市场贸易风险监测，以中国的实际数据为例，提出了一种智能的风险监测框架、特征工程、机器学习算法。通过对这一问题的研究，为中国当前的金融市场风险监控提供新的政策研究依据。

8.1 系统性金融风险监管的现状

风险及其相关研究的一般过程包括概念，框架，方法和模型，风险的理解、评估、表征和管理等（Aven[279]）。对于系统性风险的研究，宏观视角包括风险识别、传播、预警和控制。近年来，学术界更关注微观金融市场风险的源头和风险行为的识别。

跨境投机资本频繁流动被认为是新兴市场和发展中经济体（EMDE）金融市场风险产生的核心因素。投机资本流动导致的金融市场瘫痪和经济崩溃被认为是1998年东南亚金融危机的起因。为了应对投机资本，短期资本控制仍然是保护新兴市场经济体免受无序冲击的有效工具。新兴经济体和发展中国家纷纷加强了对资本市场的风险控制。因此，对于跨境资金的监测是新兴市场和发展中经济体系统性金融风险管控的关键环节。

在新兴市场流动性监管的背景下，跨境资金转移已成为资本流动的形成方式之一，并导致外汇市场动荡[280-281]。因此，具有贸易背景的资本转移被反洗钱金融行动特别工作组（FATF[282]）定义为基于贸易的洗钱活动（TBML）。

传统的贸易洗钱监测主要通过贸易价值与资金流动的统计分析来发现异常的资金流动，或者采用计量经济的办法，识别回归分析中的异常偏离点。这些方法都存在许多不足。首先，这些方法侧重于海关申报价格和银行交易数据等单一来源数据的统计属性，并检测离群值或与平均值的偏差。这些方法无法捕捉到贸易洗钱行为的新趋势，而这种新趋势的贸易洗钱行为往往包含在真实的贸易中并不是。其次，贸易洗钱行为具有多维度的特征。最后，需要针对金融市场宏观和微观的监管方法，设定不同周期下的监管重点，减少人力资源消耗并提高管理效率。这些都需要新的监测工具来实现对金融市场投机资本的有效监测和识别。

在过去的十年中，大量具有开创性的学术研究集中于金融生态系统、金融监管技术、跨境资本流动监测等。日益复杂的金融网络、金融交易的大数据、市场情绪及风险倾向等逐渐成为研究金融风险的载体和表征工具。当前互联网金融高速发展，智慧金融体系正在快速形成，金融服务的形式更加丰富多样，导致当前金融监管面临的新的挑战和复杂的形势。金融风险暴露、积聚与传染，使系统性金融风险更加隐蔽，对其的识别和监控需要新的方法与技术。

当前，大数据与区块链等信息技术手段正在融入新的金融业态中，金融科技的发展已经成为金融行业自我革新和产业升级的必然趋势。金融科技的高速发展下，不能忽视金融风险的暴露、积聚与传染。在信息技术与现代金融的高度融合的背景下，更需要发展信息技术手段来实现风险的监管与控制。因此，如何运用信息技术手段来建设完善的金融风险监控体系是当前和未来金融研究的核心议题之一。近年来，监管科技的研究与应用成为金融科技的重要组成部分，旨在利用现代科技成果优化金融监管模式，提升金融监管效率，降低成本。监管科技最初是由英格兰银行首席经济学家 Andy Haldane 在 2014 年提出的。2015 年 3 月，英国政府首席科学顾问 Mark Walport 认为金融科技有可能被用于监管，使金融监管与报告更加透明、高效，从而建立起一种新的监管技术机制，即监管科技。字面上看，监管科技（Regulatory Technology，Reg-Tech）是"监管"（Regulation）和"科技"（Technology）的合成词，即"监管+科技"。一般指利用新技术来更有效和高效地解决监管问题。近年来，Reg-tech（指使用现代智能技术进行金融监管）已成为监测金融风险的流行工具，并已部分用于监管（Larsen[283]）。通过机器学习方法，利用金融市场和系统中生成的数据来监测和应对金融风险，并改善当前对金融市场和行业的监管是监管科技的主要任务之一。

8.2 相关研究

在金融风险分析中运用机器学习工具能够提升风险监测效率，融合金融市场宏微观数据，实现精准的风险识别与预警，这是金融科技研究的热点。

8.2.1 智能方法的研究对象

金融风险是一个非常宽泛的概念，按对象进行划分，可以分为金融产品、金融机构和金融市场风险；从金融环节进行划分，包含流动性风险、操作风险、制度风险及道德风险等。现代金融的复杂系统是具有广泛且相互关联的网络，并遵循人类社会日益全球化的本质[284-286]。复杂金融网络中的系统性风险与传统金融风险相比，隐藏了金融风险的暴露过程，网络效用加剧了系统性风险的传播，而技术因素则使金融风险的不确定性加大。

总结来说，当前网络化和信息化对金融风险的影响特征可以总结为以下两个方面：

一是技术与金融双重风险。金融科技的大力发展，使信息技术与金融广泛地融合，特别是随着互联网的普及，数字技术融入现代金融将带来技术风险和信用风险的叠加，使信用风险的精准识别和有效控制的难度加大。

二是系统性传播因素。大数据环境下的金融风险形成、传播与演化路径，以及金融消费者行为规律等更加复杂，网络环境下的消费者信用风险传染和交互机理更加多维，造成信用风险的识别与控制的难度加大。

通过机器学习方法，利用金融市场和系统中生成的数据来监测和应对金融风险，并改善当前对金融市场和行业的监管是监管科技的主要任务之一。对其的研究主要包括以下四个方面：

一是金融网络。金融体系的相互关联性是现代金融机构的基本特征。因此，金融网络是系统性风险研究中出现频率最多的问题，其中包括银行间或者国家之间主权基金关联网络。在 2008 年全球经济危机之前，以市场为导向的金融观点并未充分揭示系统性金融风险的破坏性。随着现代金融的发展，银行市场中形成了一个复杂的系统，这是一个广泛、相互联系、复杂的网络[285-286]。因此，金融网络中的系统性风险形成、传播的识别是系统性金融风险研究中最重要的部分[287-288]。

二是市场情绪。风险的蔓延总是伴随着负面的市场情绪，其结果导致客户对金融体系的恐慌，最终将形成风险和情感的恶性循环。市场情绪的挖掘经常用来预测金融市场的波动状态，并可用作金融风险的"风向标"。一般来说，金融市场的新闻和法律被收集来作为市场预期分析的文本数据，并使用系统性风险和金融事件之间的相关关系来评估风险线索[289]。

三是金融业的稳定性。这一方向主要分析由系统性风险引发的金融稳定性问题。主要衡量不同金融行业如证券、保险、衍生品和期货市场的不同风险水平。现代金融市场经常使用多种金融工具及其组合，这增加了由于不匹配和不合理监管导致的金融系统的不确定性[290-292]。另外，研究关注金融系统的风险来源。例如，金融网络中的影子银行、个别银行部门、银行资本化水平等[293-295]。

四是量化金融监管。监管政策的制定目标是同时实现有效的金融风险控制和改善金融发展。定量政策分析用于测试和验证监管策略的有效性，包括监管政策的利益成本分析和金融安全政策的有效性。例如，建立金融稳定性测量系统等。

8.2.2　金融风险研究中的机器学习方法

2008 年金融危机后的十年中，大量学术研究关注系统性的金融风险，包括对金融生态系统、金融监管政策、跨境资本流动监测等的研究。然而，系统性风险总是隐藏在现代大型金融系统中，因此，智能和自动的机器学习方法成为评估和监测日益复杂的金融网络、金融交易大数据、市场情绪以及风险倾向等的主要工具之一。

系统性金融风险防范需要开发应对当前金融系统风险的新工具，利用信息技术方法，通过自动监测异常风险行为，及时处理金融市场的大规模金融数据，快速识别和发现风险线索和目标。许多机器学习方法被用来分析金融系统风险，并且已经获得了许多成就。

目前，对于系统性金融风险的研究主要通过以下两个方面进行：

一是复杂网络分析。宏观审慎金融监管的重要任务之一，就是发现和规范具有系统重要性的金融机构。现代银行体系和全球金融市场形成了一个具有证券化和债务关系的复杂网络。主要研究方法有中心度分析、双层网络等结构分析、贝叶斯图模型等，这些方法用于识别复杂网络中的重要节点或探索金融网络中的风险暴露[296-297]。

二是大数据分析。相关方法用于挖掘海量数据中不同变量的相关性。例如，网络合同与金融市场之间存在的关系以及股票价格受公众情绪影响的事实[296]等。另外，文本挖掘可以使财务经理从大规模财务信息中发现风险因素或市场情绪，包括新闻、财务报告、推文或其他社交网络环境。现有文献包括词库的构建、流行词汇的提取和情感指数分析等[297]。

复杂网络方面的分析主要包括：

一是金融复杂的网络演化。一方面，银行系统对流动性的需求使银行之间的直接信贷关联增多；另一方面，同质产品和风险规避导致银行之间存在广泛的间接联系。因此，通过建立金融网络来识别风险暴露并提出主要网络控制路径。

二是金融网络中的风险传播识别。如建立风险暴露矩阵，模拟银行违约的过程，研究不同的国家或者银行作为金融网络中心节点的不同行为，分析金融网络中的级联过程和渐近传染等。

三是金融网络结构。有研究认为金融网络应被视为通过信贷、衍生品、外汇和证券连接的多层网络。用于研究银行网络的主要方法包括随机图论、粒子物理、流行病模型和随机优化模型都已被应用于金融网络的研究中。

大数据分析主要包括：

一是金融大数据。主要研究网络合同与金融市场之间的相关性[297]、金融风险来源与风险分散之间的相互关系等。

二是数据质量与挑战。目前，数据也仅限于从全球金融市场中获取。由于金融网络的复杂性，数据集成和质量也是一个难以解决的问题。包括异质性、及时性、不一致性和不完整性在内的大数据挑战也成为现实应用的障碍。同样，在金融市场的数据资源中利用大数据构建银行间网络知识图谱一样非常困难。此外，数据质量将是未来研究的重要方向（Choi 等[298]）。

三是金融市场情感分析。当金融市场的数据资源无法公开统一的标准时，情感分析无疑是分析金融风险的有效方式。通过情感分析或意见挖掘可以发现某个领域的客户和市场的态度、观点和趋势。部分研究通过银行报告的文本信息预测金融风险，发现金融风险与市场情绪之间存在很强的相关性。

四是金融市场的稳定性与量化金融监管。包括如证券、保险、衍生品和未来市场。微观市场结构研究包括场外交易（OTC）衍生品市场[299]、基金投资风险[300-301]、欧洲证券市场[302]、内生资产市场[303] 和市场导向银行[304] 等跨市场金融风险以及该市场的功能机制。最近的代表性研究还包括：保险业的系统性风险。

在过去几年中，在金融监管方面的研究取得了重大进展[307]。此外，监管设计也是重要的研究领域。例如，监管政策的成本效益分析、跨政策的相互依赖性[308] 和最佳干预政策规则的关系[309] 等。

8.2.3 监管科技

监管科技一般指利用新技术来高效地解决监管问题。近几年，英国、新加坡、澳大利亚等国家相继推出"监管沙箱"（Sandbox），为金融科技、新金融等提供"监管实验区"，适当放松对参与实验的创新产品和服务的监管约束，激发创新活力。以大数据、云计算、人工智能、区块链等为代表的金融科技的逐渐成为各大机构的发展重点，也成为监管机构的关注重心。政府为了有效提高监管效率和降低监管成本，纷纷引入缉拿冠科技（RegTech）来实现监管职能。

我国政府和企业一直关注金融科技的发展，中国人民银行于 2017 年 5 月成立了金融科技委员会，标志着我国对金融科技的监管从"机构式"监管到"功能式"监管的转变。科技已经渗透进了金融的各个领域，当前不宜采取过去分业监管的模式，科技已经打破了各个金融业态的藩篱。监管科技在中国具有广阔的发展空间。

因此，我们说监管科技是当前金融科技发展的形势下的必然趋势。主要表现在：

一是监管任务和监管对象大数据化。以大数据、云计算、人工智能、区块链等为代表的新技术应用于金融领域，模糊了原本的金融业务边界。运用金融科技，一方面能够降低监管中的信息不对称，识别复杂交易、市场操纵行为、内部欺诈和风险等；另一方面，云计算、人工智能等新技术的运用能够提升防范系统性金融风险的能力。

二是合规成本上升导致监管智能需要强化。2008~2013 年底，包括美国银行、摩根大通、花旗银行等在内的十大银行总共支付 1000 亿英镑的罚金。以 2013 年为例，全美前六大银行的合规成本高达 700 亿美元。传统金融机构在合规和风险管理上花费更多的精力，金融科技公司也不例外，合规性风险仍然是新兴金融公司面临的核心问题。因此，部分金融机构开始借助云计算、大数据等新技术来核查业务是否符合反洗钱等监管政策，提高自身的合规效率。

三是传统技术难以满足监管要求。20 世纪 90 年代，伴随着计算机技术的发展，开始构建量化风险管理体系进行风险测试，并取得了良好的效果。但是，信息化进程中现有的信息技术系统难以应对实时性及临时要求，难以保证风险数据的质量及进行有效管理，并且，获取风险信息的渠道有限。

通过大数据能够及时、准确地获取、分析和处理具有前瞻性的风险相关数据，建立风险预测模型和实时识别流动性风险，提升监管的及时性和有效性。例如，通过区块链技术构建完全透明的数据管理体系，实现监管政策的全覆盖和硬控制。

8.3 贸易监管框架

我国自加入 WTO 以来，已经实现经常项目自由可兑换，但是资本项目仍在有序开放中。因此，异常资金（包括套利资本、投机资本和贸易洗钱等）将通过贸易行为进行跨境转移，实现合法化目的。2008 年金融危机之后，全球资本流动的周期和频率在不断加快，政治和经济等众多因素对资本短期流动的冲击导致不确定影响日趋加大。因此，资本波动的加剧和频繁已经成为当前外汇管理必须面对的主要外部环境，外汇管理改革特别是资本项目开放路径需要进一步评估。外汇管理改革的主要路径和监管重心已经上升到国家金融格局建设的高度。

2014 年 6 月至 2017 年 1 月，我国外汇储备直接减少了接近 30%，甚至很长一段时间里，外汇储备已经低于 3 万亿元。外汇流出的不利因素长期存在，对资金流向的判断、市场主体行为的监测都需要更加敏锐的手段，管理的有效性是直接影响外汇形势判断和政策制定的根本依据。丰富违规和套利行为的监测手段是当前监管技术发展的根本需求。目前，市场行为刻画、市场主体行为识别和市场管理效力等都无法用常规的外汇管理系统实现。外汇监测分析仍采用指标预警和人工核查的模式。外汇监测系统的利用率和利用程度高度依赖于管理人员的经验和自身知识，智能计算与数据挖掘尚未有效引入外汇管理之中。

本书根据目前数据获取和监管分析的要求，提出了新的监测分析系统。外汇监测系统在当前联机查询和数据钻取等功能基础上，对监测数据进行综合利用，构建多维属性指标，进行数据再挖掘，实现智能化分析功能。

主要功能的实现技术。通过对主体行为的聚类和拟合，将具有普遍规律的市场主体进行分离，对异常主体进行分类监测，判断套利行为。资金波动预警：利用微观主体行为拟合以及参数扰动，获得微观主体行为的变化趋势，通过对微观主体行为的观察，获得宏观市场资金波动趋势。

在当前联机查询和数据钻取等功能基础上，对监测数据进行组合，构建多维属性指标，进行数据再挖掘，利用智能算法实现区域和整体资金波动预警、异常主体检测、主体聚类分析以及主体分类等功能。在此基础上，进一步完善各类算法，并在后台实现分布计算，提升计算效率。

构建管理属性特征、时频属性特征、流量属性特征，再结合监测属性指标，构建分类、聚类、预测等算法的特征工程基础。充分吸收现有资本项目和经常项目管理指标体系，新的指标体系仍然秉承近年外汇管理改革以来各项外汇业务监测指标的建设思路，丰富流量属性和管理属性以及时频等主要技术。

两代监测系统的主要功能对比如表 8-1 所示：

表 8-1　两代监测系统主要功能对比

对比项目	现行外汇监测系统	下一代外汇监测系统
主要功能	数据灵活查询、数据钻取、超指标阈值预警等	异常检测、波动预警、分类预测、聚类监测等智能功能

续表

对比项目	现行外汇监测系统	下一代外汇监测系统
技术特征	数据库、数据仓库、联机分析处理等技术	机器学习算法、大规模数据挖掘等高级智能技术
自动化程度	需通过阈值设置进行主体预警，人工筛查、灵活查询需根据业务需要人工设置等	机器自动识别异常主体、灵活设置分类标准、有效利用分类监管结论等
资金流动预警	需查询设置时间序列进行人工判断	异常波动自动预警
违规线索发现	需人工设置阈值、后台比对等	系统自动检测
管理效率	需人工核查、逐笔处理	批次处理、异常自动推送等
监测原理	数据表面匹配管理、查询分析	深层次知识发现、隐藏规律挖掘
监测目标	通过人工灵活运用，发现、处理违规行为	通过数据综合利用，实现机器识别异常行为

针对当前我国外汇监测工作中存在的问题，通过引进技术手段，可以提升目前外汇监测工作的效率。

一是离群点检测可以发现异常主体。该类主体的经营行为与其他市场主体存在显著差异，通过距离度量进行聚类和模型拟合，可以分离出异常经营行为的企业主体。

二是聚类分析可以将数据集中相似类型的数据进行聚集，为外汇管理提供抽样依据和处理方案。经过聚类计算，使监测系统实现批量监测功能，更重要的是能够提升监测的精确性。

三是分类算法能够灵活设置类标签对数据集进行分类，并将已有的管理成果直接转化为对下一期外汇监管的标识，这是对外汇管理各环节监管结论的最大化利用。

8.3.1 外汇市场监测的外部性

外汇管理改革面临复杂多变的外部环境。2008 年金融危机之后，全球资本流动的周期和频率在不断加快，政治和经济等众多因素对资本短期流动的冲击导致不确定影响日趋加大。因此，资本波动的加剧和频繁已经成为当前外汇管理必须面对的主要外部环境，外汇管理改革特别是资本项目开放需要进一步进行评估。外汇管理改革的主要路径和监管重心已经上升到国家金融格局建设的高度。

改革需要外汇管理方式、理念和手段的全面更新。面对错综复杂的外部环境和国内经济"新常态"，外汇管理改革的评估和政策储备需要更加细化的措施和技术基础。改革的主导思想是不变的，只是时间、阶段以及形势不同，因为只有改革才是推进外汇管理适应市场、适应服务职能转型的唯一途径。改革不仅是政策转变、简单的放开或者收紧，而是管理方式、管理理念和管理手段的全面更新，是一次系统彻底的管理革新，并不简单是管制和开放的关系。因此，推进外汇管理改革，需要全方位的系统来配套建设。

大数据产业已经成为巨大的生产力。在当前数据储存、生产和流动的技术条件下，数据挖掘、知识管理、前期预警和智能信息管理系统在各领域得到成熟的应用。国家大数据战略提出后，数据产业在我国已经蓬勃兴起。简单的数据库、数据仓库和联机查询已经不可能满足日益增长的监测核查需求。对数据的深度利用和精准定位才是未来监测核查的主要任务。因此，在外汇监测领域，大数据的"用武之地"非常广阔。

信息技术发展日趋成熟。20 世纪 90 年代后期，数据挖掘算法的开发就已经进入产业集中和广泛应用阶段。经过多年的发展，以深度神经网络为代表的人工智能算法因为其在特定领域以惊人的准确率被广泛关注，人类对数据的预测能力大幅提升。因此，数据挖掘技术的生命力已经足够成为外汇管理系统建设的有力依据，外汇监测核查正在面临机器学习时代的呼唤，需要进一步加大知识和智能计算能力的发掘，降低人力资源成本，全方位提升监测效率。

流出形势下对资金管控须更敏锐的洞察力。当前外汇流出的不利因素长期存在，对资金流向的判断、市场主体行为的监测都需要更加敏锐的手段，管理的有效性是直接影响外汇形势判断和政策制定的根本依据。目前，市场行为刻画、市场主体行为识别和市场管理效力等都无法用现有的外汇管理系统实现，监测核查手段亟须创新发展以适应复杂多变的外汇管理形势。

8.3.2 外汇市场风险监测现状

2015 年，国务院发布运用大数据加强对市场主体服务和监管的指导意见，进一步强调了大规模样本数据在政务管理和市场规范以及金融领域的应用。当前的商务智能 3.0 是建立在政务智能、数据挖掘等基础上的移动管理信息系统。2016 年，中国人民银行和国家外汇管理局工作报告先后五次提出央行工作要紧密结合"大数据"。目前，我国的外汇监测系统正在经历系统整合和数据综合平台建设，已经具备了数据联机查询等功能，但是仍然处于商务智能 1.0 时期，亟须跨越式发展，以适应资本项目开放和全口径外汇监测分析需要。人民币国际化背景下资本项目可兑换稳步推进，将来的外汇如何管得住、数据集中后如何进行监测、资金流向如何预警等问题导致下一代外汇监测系统建设已经非常紧迫。本章探索大数据分析技术在外汇监测分析和系统建设中的应用，并为全国推广和工业应用打下坚实的基础。

8.3.2.1 外汇管理改革发展趋势

外汇管理改革是"十二五"和"十三五"期间外汇管理工作的主要任务之一。目前，我国已经实现经常项目基本可兑换，资本项目基本可兑换项目已经达到 37 项。因此，构建全口径跨境资金流动监测体系和监测系统已经成为深化改革的主要工作，也是资本项目实现可兑换的前提条件之一。研究建立高效准确以及适合全国外汇管理系统内部使用的跨境资金流动监测框架是当前外汇管理改革和管理工作的首要任务。例如，从微观企业角度出发通过对不同类型企业的聚类，发掘企业大规模资金流动行为，实现跨境资金预警功能。通过离群点检测实现市场主体的异常行为剥离。

8.3.2.2 外汇管理改革面临的时代背景

随着互联网的普及和工业 4.0 时代的到来，每天都有海量的数据被生产和收集，大数据的知识发现和挖掘利用已经成为工业乃至管理中最重要的手段。外汇管理主体和对象每天都产生巨大的数据，并存储进外汇管理的各类系统之中，这些数据具有实时性和不断更新的特征，对这些大规模数据的综合利用需要通过机器学习适时调整算法，并预警异常主体。下一代跨境资金流动监测系统需要解决实时预测问题。

8.3.2.3 下一代监测系统建设的必然性

政务改革创新的时代要求。改革创新是当今社会和经济发展的主题。改革创新不仅是政治、经济、文化改革创新，还包括政务改革和创新。政务改革的目标是在政务便利化的基础上大幅提升政务效率。在简政放权的同时，建设高效率的政务体系，就必须运用大数据技术基础，构建智能政务系统。只有数据综合利用水平的本质提升，才能根本性地进行管理流程的改造，为制度改革、政策制定、方法创新等打下坚实的基础。金融服务作为基层央行推动地方经济发展的重要职能，要构建区域经济和金融数据库、移动支付网络节点等，推进基层央行政务服务创新。

区域金融风险防范的需要。美国"次贷危机"和欧洲"主权债务危机"之后，适合中国金融体系的监管体制改革引起党和国家的高度重视。今天，面临的金融监管对象已经不再是单一的金融机构，而是网络化、全局化的复杂金融生态系统。对金融市场的规范和引导需要建立在全局数据分析基础之上。通过大数据技术建设和完善金融市场风险的识别、判断和控制机制，才能更好地为当前金融监管布局作好铺垫。

金融技术革新的要求。金融技术革新的动力是数据驱动。要综合利用数据，挖掘客户需求、客户关系，建设相应的金融服务平台。作为基层央行，建立智能化区域数据综合利用平台，搭建完善的技术应用框架。

8.3.2.4　当前联机分析与数据立方的局限与亟待解决的问题

外汇局经过系统改造、整合和升级，已经实现包括数据立方钻取、多维度分析、联机分析（OLAP）等基本数据挖掘功能。但由于特征构造、预警体系等造成的困难，智能化程度建设还没有形成完整的规划设计。主要表现在：

预警体系尚未建立。随着国内外经济的发展，外汇管理面临的形势愈加复杂，科学的预警体系能够及时发现资金的异常波动趋势，从而对外汇管理政策重心作出及时调整。从外汇管理实践角度来看，在经历了金融危机和资金大幅波动之后，资金波动预警的重要性已经被广泛认可。

监测效率需要提高。从目前的监测系统来看，都是设置指标，设定阈值，对异常主体进行提示，然后进行人工筛查。从运行情况来看，基础数据查询功能已经完善，但是综合利用水平仍然滞后。较难形成高效率的监测方法和体系。甚至，基层外汇局操作还存在较大难度，系统数据利用水平参差不齐。

异常主体定位难度较大。目前除了资本项目信息系统是逐笔指标异常提示外，经常项目各监测系统均是频率性和阶段性指标指示，单笔预警需要通过主体定位后逐笔核查。因此异常主体监测需要人工审查，需要耗费大量的人工资源。

数据计算能力不足。目前的跨境资金流动监测系统等数据集中在总局，调用数据和计算数据需要较多的成本。数据调用和钻取经常需要大量时间来等待系统响应。因此下一代监测系统需要对数据计算进行并行化改造，适应更高的数据计算要求。

8.3.2.5　智能信息系统的研究进展

商务智能分析 1.0：第一代商务智能分析的基础是数据管理和数据仓库，实际上是数据管理系统，管理对象是结构化数据。例如，报表分析、模板分析、点对点咨询、联机分析（OLAP）等。

商务智能分析 2.0：网络基础上的数据管理，管理对象已经从结构化数据扩展为非结构化数据，可以交互用户数据。已经应用到电子政务、电子商务和公共安全等领域。

商务智能分析 3.0：建立在移动设备和传感器的物联网基础上。主要领域是文本挖掘、大数据分析、网络分析以及移动终端分析。

商务智能分析从 2.0 向 3.0 的转变，是自然语言处理技术成熟、文本挖掘技术完善向移动智能转变的必然趋势。而目前外汇监测系统仍处于第一代商务智能分析阶段，亟须进行升级，建设智能化分析系统。

8.3.3　外汇市场数据监测的功能需求

预警功能。从宏观管理角度来看，监测系统需要实现大规模资金流动的趋势性预警功能，通过对聚类和聚类中心的动态变化实现对资金流动的趋势性判断。

主体分类。根据数据关注名单和企业分类名单以及重点监测名单进行数据类标签，从而进行监督机器学习模型训练。其训练算法根据预警结果进行动态调整。

异常数据监测。通过离群点检测技术，对异常数据进行动态锁定，将逐笔和主体作为异常数据监测对象，实现逐笔业务的监测预警，也为外汇监察提供参考。

下一代外汇监测系统在当前联机查询和数据钻取等功能基础上，对监测数据进行组合，构建多维属性指标，进行数据再挖掘，利用智能算法实现区域和整体资金波动预警、异常主体检测、主体聚类分析以及主体分类等功能。在此基础上，进一步完善各类算法，并在后台实现分布计算，提升计算效率。

8.3.4　外汇市场数据特征属性

本章在现有监测指标体系基础上，以异常点监测为例，将全口径指标作为特征属性。

外汇市场风险监测特征属性如表 8-2 所示。

表 8-2　外汇市场风险监测特征属性

		指标类型	数据来源	指标解释
时间频度指标	是否前 30 名购汇（周）	逻辑型	货物贸易系统	监测期大额购汇排名前 30 名
	购汇笔数	数值型	货物贸易系统	监测期购汇总笔数
	购汇平均工作日	数值型	货物贸易系统	监测期工作日/购汇笔数
	前 30 名累计预警次数（月以上）	数值型	货物贸易系统	监测期累计前 30 名次数
	大额购付汇笔数	数值型	货物贸易系统	单笔购汇是否属于大额购汇（>100 万美元）
经常项目	总量差额	数值型	货物贸易系统	监测期进口+收汇-出口-付汇
	总量差额率	数值型	货物贸易系统	（监测期进口+收汇-出口-付汇）/（监测期进口+出口+收汇+付汇）
	资金货物比	数值型	货物贸易系统	（监测期收汇+付汇）/（监测期进口+出口）
	进口付汇率	数值型	货物贸易系统	监测期付汇/监测期进口
	出口结汇率	数值型	货物贸易系统	监测期贸易信贷余额/（监测期进口+出口+收汇+付汇）
	贸易信贷余额比	数值型	货物贸易系统	监测期预付汇款+延期收款-延期付汇-预收货款

		指标类型	数据来源	指标解释
经常项目	贸易信贷净流出	数值型	货物贸易系统	监测期跨境人民币项下收汇-付汇
	人民币流出	数值型	货物贸易系统	监测期跨境人民币净流出-流入
	国内外汇贷款	数值型	货物贸易系统	监测期国内外汇贷款余额
	海外代付余额	数值型	货物贸易系统	监测期海外代付余额
	贸易偏离	数值型	货物贸易系统	(监测期结汇-售汇-出口+进口)/(监测期出口+进口)
	汇兑缺口	数值型	货物贸易系统	监测期收汇-付汇-结汇+售汇
	收支缺口	数值型	货物贸易系统	监测期监测期进口+收汇-出口-付汇
	收支差与结售汇差	数值型	货物贸易系统	监测期结汇-售汇-出口+进口
	现场核查次数	数值型	货物贸易系统	监测期现场核查次数
	非现场监测记录次数	数值型	货物贸易系统	监测期非现场监测记录次数
	专项工作次数	数值型	日常监测	监测期专项工作总店企业名单数
	行业排名	数值型	跨境系统	监测期购汇行业排名
	收支占比	逻辑型	跨境系统	监测期收支总量占地区比重
	特殊标识	逻辑型	货物贸易系统	是否属于特殊标识
	全国或者地方样本	逻辑型	货物贸易系统	是否属于全国或者地方样本
	历史违规次数	数值型	货物贸易系统	历史违规处罚次数
服务贸易	服务贸易重点监测次数	数值型	跨境系统	监测期服务贸易非现场重点监测次数
	服务贸易现场核查次数	数值型	跨境系统	监测期服务贸易现场核查次数
资本项目	大额资本金结汇监测指标	数值型	跨境系统	单笔资本金结汇金额≥300万美元
	资本金结汇资金归集指标	数值型	跨境系统	(1)一定时期内,2家以上企业资本金结汇后资金汇入同一收款账号 (2)汇入资金合计>100万美元
	投资咨询类公司资金监测指标	数值型	跨境系统	(1)公司名称含"投资管理""咨询"等字样 (2)公司注册资本≥500万美元 (3)公司成立后有大额结汇(单笔金额≥100万美元或当月结汇总额≥300万美元)
	溢价收购监测指标	逻辑型	跨境系统	(外方股东转股购买对价-外方股东收购注册资本)/外方股东收购注册资本>100%

		指标类型	数据来源	指标解释
资本项目	FDI外转中转股对价长期支付监测指标	逻辑型	跨境系统	(1) FDI外转中股权转让对价款-已支付股权转让对价款>100万美元 (2) 当前日期-外转中业务登记日期>365天
	外方注册资本到位率监测指标	数值型	跨境系统	(外方实缴注册资本/外方应缴注册资本)×100%
	大额利润留存境内监测指标	逻辑型	跨境系统	(1) 应付外汇股利期末数+外方未分配利润期末数据>100万美元且(应付外汇股利期末数+外方未分配利润期末数据)/外方实收注册资本>10% (2) 应付外汇股利期末数+外方未分配利润期末数据>1000万美元
	外商投资企业续存周期监测指标	逻辑型	资本系统	注销日期-成立日期<2年
	资本回报率监测指标	数值型	跨境系统	(1) 实收资本回报率=(当年净利润合计/实收资本当年末余额合计)×100% (2) 净资产回报率=(当年净利润合计/外商投资企业净资产当年末余额合计)×100%
	ODI企业利润汇回监测指标	逻辑型	跨境系统	境外投资企业累计利润汇回>境外投资企业中方累计出资额
	ODI企业中方出资到资率监测指标	数值型	跨境系统	ODI企业中方出资到资率=(中方汇出额/中方协议投资总额中境内货币出资)×100%
	外债利率异常监测指标	数值型	资本系统	外债签约利率>10%或外债签约利率<1%
	外债结汇监测指标	逻辑型	跨境系统	外债结汇用途中含有"偿还人民币贷款"等字样
	大额外债逾期指标	逻辑型	资本系统	(1) 当前日期>外债到期日 (2) 外债未偿余额>100万美元
	大额外债豁免监测指标	逻辑型	跨境系统	累计外债豁免金额>100万美元
	企业偿债能力指标	数值型	跨境系统	(当年企业负债总额/当年企业资产总额)×100%

为减少分类算法的时间成本以及提升准确率,选择算法采用 Relief 特征选择评估算法,该算法是经典的过滤式特征选择算法,以特征之间的相关性为基础。由于管理指标相关性依存度高、计算方式接近,因此,过滤式特征选择能够大大

减少相关性指标数量，提升算法准确率。特征选择指标如表 8-3 所示。

表 8-3 特征选择指标

特征指标			
购汇总笔数	调整前出口额	90 天以上国内外汇贷款——贸易融资签约额	累计付汇金额
核查状态	调整前支出额	90 天以上国内外汇贷款——贸易融资余额	购汇付汇率
名录状态	调整前收入额	前 30 名购汇	异地购付汇
分类状态	调整后进口额	购汇平均工作日	进口付汇率
地方样本	购汇额	前 30 名购汇预警次数	贸易信贷余额比
特殊标识状态	结汇额	平均购汇金额	贸易信贷净流出
特殊标识类型	账户内结汇额	单笔大额购汇	贸易偏离度
总量差额	账户内购汇额	累计购汇金额	汇兑缺口
贸易信贷报告余额	直接结汇额	平均付汇金额	收支缺口
调整前进口额	直接购汇额	单笔 10 大额付汇	顺收顺差缺口

8.3.5 数据实证

本书选取青海省企业数据，数据来源于国家外汇管理局国际收支和货物贸易监测系统，时间周期是 2016 年 1~8 月，数据条目 491 条。

8.3.5.1 异常行为分析——基于行为监测的无监督机器学习

在动态监测中，异常市场主体行为在数据特征指标下不符合正常主体的行为规律，被机器自动识别。主要实现方式是将市场主体进行聚类，对离群点信息进行重点监测，分析异常市场行为。在此列举最远点聚类和支持向量回归机两种检测方法，结果如图 8-1 和图 8-2 所示。

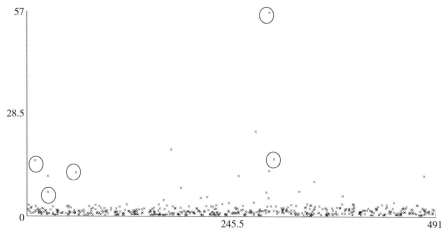

图 8-1 最远点聚类离群点检测

图 8-1 中，逐点扫描 5 家企业发现其均为流出异常企业，是外汇检查、货物贸易和资本项目现场核查、随机抽查、大额购付汇监测和约谈及"控流出"专项工作中进行重点监管的对象。其中最远的两个数据点中，异常点分别是某矿业集团有限公司和某矿业股份有限公司，两家企业是青海省主要的转手买卖企业，业务量激增，对全省跨境资金影响巨大。对两家企业的外汇监测案例曾经入选全国经常项目外汇管理案例集合。经过实际管理验证，最大期望聚类能够有效发现异常点。

图 8-2 中，通过逐点扫描，三家企业均为重点监测企业，部分企业先后 5 次被列为全国异地购付汇重点约谈企业。其中 3 家企业尽管具有真实贸易背景，但是核查发现其汇兑缺口较大，主要问题是贸易监测系统企业端登记和外汇局端监测数据不一致，付汇数据存在大规模虚增等问题。

通过聚类算法，可以看到聚类可以将异常数据进行分离，横轴部分集聚了大量数据点，说明绝大多数仍然是正常企业。

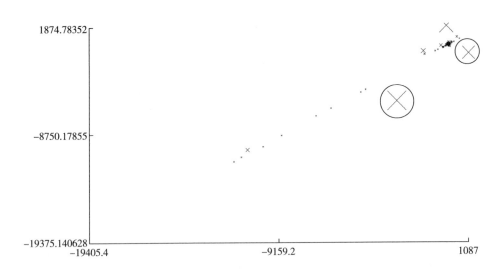

图 8-2　拟合模型离群点监测

因此，可将距离横轴较远处的分散点作为外汇管理的重点对象，提升管理效率。在现行货物贸易管理中，尽管通过指标阈值可以分辨出重点监测企业，但是由指标阈值得出的监测数据容易受到贸易信贷登记、数据滞后、数据交换缺漏等问题的影响，导致数据适用性降低。而且，大多数重点监测企业并不存在真正的违规，大范围非现场监测同样会导致管理效率降低。通过本书的数据实证，目前经常项目微观主体的监测工作效率较低，仍然存在大量的人力与物力浪费。就此问题笔者曾专门撰写政策分析报告上报国家外汇管理局，得到外汇局总经济师的肯定。

8.3.5.2 违规主体预测——知识驱动的不平衡监督机器学习

通过分类算法刻画各类型主体的行为规律，作为预警模型然后预测其他市场主体的行为。类标签包括典型案例、核查确认、检查处罚、管理侧重、市场套利行为等。分类算法改进了目前阈值管理、匹配管理模式的不足，通过精准识别市场行为，提升了管理效率。在外汇管理的实际应用中，已经确认的企业类型都具有标签，例如样本企业、重点监测企业、流入企业、查实的违规企业等。对无标签主体进行划分就需要对已有核查结论进行充分利用，主要的方法是通过已有标签数据进行模型训练，然后对无标签主体进行分类。在实际应用中，标签类别具有相当大的灵活性，可以设置两类，也可以设置多类。分类算法的对象是一个极端不平衡数据。以货物贸易数据为例，全国名录企业数与 B/C 类企业的比例已经超过 10000：1。一般分类算法对不平衡数据的分类效率大幅降低。

本书采用 Relief 特征选择评估算法，该算法是经典的过滤式特征选择算法，以特征之间的相关性为基础。由于管理指标的相关性依存度高、计算方式接近，因此，过滤式特征选择能够大大降低相关性指标数量，提升算法准确率。

实验设计 5 类标签，分别为流入主体、一般流出主体、流出较大主体、转手买卖主体和出口不收汇主体。具体如表 8-4 所示。标签是通过宏观和微观审慎监管来确定的。首先，资本流动被定位为宏观审慎监管原则中的反周期资本流动。例如，外汇储备迅速下降时，我们关注净流出实体应放松流入实体管理。其次，我们考虑行政处罚、低信用、洗钱问题、商业案例和套利机构等，使模型能够广泛地应用于不同领域。

表 8-4 类标签

类别	数据量	比例（%）	说明
流入主体	331	67.4	总量差额≥0
一般流出主体	95	19.3	-100 万美元<总量差额≤0
流出较大主体	57	11.6	总量差额≤-100 万美元
转手买卖主体	2	0.4	核查确认主体
出口不收汇主体	6	1.2	已核查确认企业

本书采用 Relief 特征选择来提高算法的性能。训练数据在采样过程中将被分配不同的成本，以获得更高的分类准确度。

分类结果（见表 8-5）显示，对极少类主体（转手买卖和出口不收汇）的分类完全准确，对不平衡数据集的分类能够得到优秀结果。

表 8-5　混淆矩阵

		预测类				
		流入主体	流出较大主体	一般流出主体	转手买卖主体	出口不收汇主体
实际类	流入主体	306	10	13	2	0
	流出较大主体	0	38	13	3	3
	一般流出主体	65	16	11	4	0
	转手买卖主体	0	0	0	2	0
	出口不收汇主体	0	0	0	0	6

分类准确率评估指标（见表 8-6）显示，转手买卖套利和出口不收汇骗取出口补贴等行为能够被准确识别。净流入和净流出非样本企业的分类虽然不能达到很高的准确率，但是该部分并非监测管理的重点。对于转手买卖和出口不收汇行为分类准确，这是不平衡数据集分类的最好结果。但是，流出较大主体和一般流出主体的混淆情况比较严重，影响了总体分类准确率。尽管如此，模型结论仍然是能够接受的。主要原因是流出较大主体的混淆主要集中在一般流出、转手买卖和出口不收汇上，对实际外汇管理的影响不大，因为误分类企业将作为转手买卖和出口不收汇企业被现场核查，不会出现问题企业的遗漏。一般流出主体的误分类主要集中在误分类为流入主体，这一类数据具有一定的误导性。

表 8-6　分类准确率评估指标

	TP	FP	AUC	GM	F	ROC
流入主体	0.924	0.404	0.760	0.611	0.825	0.741
流出较大主体	0.667	0.060	0.804	0.200	0.594	0.933
一般流出主体	0.115	0.066	0.525	0.087	0.297	0.476
转手买卖主体	1.000	0.018	0.991	0.134	0.182	0.997
出口不收汇主体	1.000	0.006	0.997	0.077	0.667	0.995

针对我国当前外汇监测工作中存在的问题，使用本书提出的技术手段，可以提升目前外汇监测工作的效率。

一是离群点监测可以发现异常主体。该类主体的经营行为与其他市场主体存在显著差异，通过距离度量进行聚类和模型拟合，可以分离出异常经营行为的企业主体。

二是聚类分析可以将数据集中相似类型数据进行聚集，为外汇管理提供抽样依据和批处理方案。经过聚类计算，使监测系统实现批量监测功能，更重要的是能够提升监测精确性。

三是分类算法能够灵活设置类标签对数据集进行分类，并将已有的管理成果直接转化为对下一期外汇监管的标识，这是对外汇管理各环节中监管结论的最大化利用。

8.4　本章小结

本章通过大数据技术研究下一代外汇监测系统的建设框架和主要功能，填补目前外汇监测系统研究的空白，建立了该领域研究的思路和框架，为生产实践提供了理论基础。方法上，通过特征工程建立数据清洗和融合标准，选取建立在频率、额度、比例等多维基础上的数据特征。设计下一代外汇监测系统框架、数据架构和在线机器学习算法标准，为系统建设提供技术参照，丰富了外汇监测方法，对未来实现高效率和高精度的异常主体定位监管提供了科学依据。采用的数据均来自国家外汇管理局各类外汇监测信息系统，并通过大量的核查案例进行结果检验，是与外汇管理实际紧密结合，而不是脱离外汇管理实际的自由设计。研究结论对外汇管理实际工作具有重要的指导意义。

参考文献

［1］ Barnard C. I. The functions of the executive ［M］. Cambridge, MA: Harvard University Press, 1938.

［2］ Simon H. A. A behavioral model of rational choice ［J］. Quarterly Journal of Economics, 1955, 1 (69): 99-144.

［3］ Saaty T. L. The analytic hierarchy process ［M］. New York: McGraw-Hill, 1980.

［4］ Charnes A. , Cooper W. W. , Rhodes E. Measuring the efficiency of decision making units ［J］. European Journal of Operational Research, 1978, 2 (6): 429-444.

［5］ Hwang C. L. , Yoon K. Multiple attribute decision making: Method and applications ［M］. New York: Springer-Verlag, 1981.

［6］ Black D. The theory of committees and elections ［M］. Cambridge: Cambridge UniversityPress, 1958.

［7］ Efremov R. , Rios-Insua D. , Lotov A. A framework for participatory decision support using Pareto frontier visualization, goal identification and arbitration ［J］. European Journal of Operational Research, 2009, 199 (2): 459-467.

［8］ Kim J. A model and case for supporting participatory public decision making in e-democracy ［J］. Group Decision & Negotiation, 2008, 17 (3): 179-192.

［9］ 吴志彬. 基于个体偏好的群体共识决策研究 ［D］. 成都: 四川大学, 2012.

［10］ Xu X. H. , Du Z. J. , Chen X. H. Consensus model for multi-criteria large-group emergency decision making considering non-cooperative behaviors and minority opinions ［J］. Decision Support Systems, 2015, 79 (3): 150-160.

［11］ Squillante M. Decision making in social networks ［J］. International Journal of Intelligent Systems, 2010, 25 (3): 225-225.

［12］ Yager R. R. Intelligent social network analysis using granular computing ［J］. International Journal of Intelligent Systems, 2008, 23: 1197-1220.

［13］徐选华. 网络环境下模型驱动的复杂大群体决策支持系统研究［D］. 长沙：中南大学，2005.

［14］Palomares I., Martinez L., Herrera F. A consensus model to detect and manage noncooperative behaviors in large-scale group decision making［J］. IEEE Transactions on Fuzzy Systems, 2014, 22（3）：516-530.

［15］Quesada F. J., Palomares I., Martínez L. Managing expert's behavior in large-scale consensus reaching processes with uninorm aggregation operators［J］. Applied Soft Computing, 2015, 35（3）：873-887.

［16］Perez I. J., Cabrerizo F. J., Alonso S., Herrera-Viedma E. A new consensus model for group decision making problems with non-homogeneous experts［J］. IEEE Transactions on Systems Man & Cybernetics Systems, 2014, 44（4）：494-498.

［17］Herrera-Viedma E., Herrera F., Chiclana F. A consensus model for multi-person decision making with different preference structures［J］. IEEE Trans Syst Man Cybern Part A：Syst Hum, 2002, 32：394-402.

［18］Dong Y., Zhang H., Herrera-Viedma E. Integrating experts' weights generated dynamically into the consensus reaching process and its applications in managing non-cooperative behaviors［J］. Decision Support Systems, 2016, 84：1-15.

［19］Xu X. H., Du Z. J., Chen X. H. Consensus model for multi-criteria large-group emergency decision making considering non-cooperative behaviors and minority opinions［J］. Decision Support Systems, 2015, 79（3）：150-160.

［20］Palomares I., Martínez L., Herrera F. Mentor：A graphical monitoring tool of preferences evolution in large-scale group decision making［J］. Knowledge-Based Systems, 2014, 58（58）：66-74.

［21］Labella Á., Liu Y., Rodriguez R. M., Martinez L. Analyzing the performance of classical consensus models in large scale group decision making：A comparative study［J/OL］. Applied Soft Computing, 2017, https：//doi. org/10. 1016/j. asoc. 2017. 05. 045.

［22］Hausman J. A., Wise D. A. A conditional probit model for qualitative choice：Discrete decisions recognizing interdependence and heterogeneous preferences［J］. Econometrica, 1978, 46（2）：403-426.

［23］Tanino T. Fuzzy preference orderings in group decision making［J］. Fuzzy Sets & Systems, 1984, 12（2）：117-131.

［24］Kacprzyk J., Fedrizzi M., Nurmi H. Group decision making and consensus under fuzzy preferences and fuzzy majority［J］. Fuzzy Sets & Systems, 1992, 49

（1）：21-31.

［25］Chiclana F. , Herrera F. , Herrera-Viedma E. On the consistency of a general multipurpose decision making model integrating different preference structures ［EB/OL］. https：//www. doc88. com.

［26］Xu Z. S. , Cai X. Q. , Liu S. S. Nonlinear programming model integrating different preference structures ［J］. IEEE Transactions on Systems Man & Cybernetics Systems, 2011, 41（1）：169-177.

［27］Chiclana F. , Herrera F. , Herrera-Viedma E. Integrating multiplicative preference relations in a multipurpose decision-making model based on fuzzy preference relations ［J］. Fuzzy Sets & Systems, 2001, 122（2）：277-291.

［28］Herrera-Viedma F. E. , Herrera F. , Chiclana F. , Luque M. Some issues on consistency of fuzzy preference relations ［J］. European Journal of Operational Research, 2004, 154（1）：98-109.

［29］Chiclana F. , Herrera F. , Herrera-Viedma E. A note on the interval consistency of various preference representations ［J］. Fuzzy Sets & Systems, 2002, 131（1）：75-78.

［30］Chiclana F. , Herrera F. , Herrera-Viedma E. Integrating three representation models in fuzzy multipurpose decision-making based on fuzzy preference relations ［J］. Fuzzy Sets & Systems, 1998, 97（1）：33-48.

［31］Herrera F. , Herrera-Viedma E. , Chiclana F. Multiperson decision-making based on multiplicative preference relations ［J］. European Journal of Operational Research, 2001, 129（2）：372-385.

［32］Herrera F. , Martínez L. , Sánchez P. J. Managing non-homogeneousinformation in group decision-making ［J］. European Journal of Operational Research, 2005, 166（1）：115-132.

［33］Fan Z. P. , Ma J. , Jiang Y. P. , Sun Y. H. , Ma L. A goal programming approach to group decision-making based on multiplicative preference relations and fuzzy preference relations ［J］. European Journal of Operational Research, 2006, 174（1）：311-321.

［34］Ma J. , Fan Z. P. , Jiang Y. P. , Mao J. Y. An optimization approach to multiperson decision-making based on different formats of preference information ［J］. IEEE Transactions on Systems Man & Cybernetics Systems, 2006, 36（5）：876-889.

［35］Xu Y. J. , Patnayakuni R. , Wang H. M. A method based on mean deviation for weight determination from fuzzy preference relations and multiplicative preference relations〔J〕, International Journal of Information Technology and Decision Making, 2012, 11 (3): 627-641.

〔36〕Wang Y. M., Fan Z. P., Hua Z. S. A chi-square method for obtaining a priority vector from multiplicative preference relations and fuzzy preference relations〔J〕. European Journal of Operational Research, 2007, 182 (1): 356-366.

〔37〕Palomares I., Rodríguez R. M., Martínez L. An attitude-driven web consensus support system for heterogeneous group decision-making〔J〕. Expert Systems with Applications, 2013, 40 (1): 139-149.

〔38〕Wu Z. B., Xu J. P. A consistency and consensus based decision support model for group decision-making with multiplicative preference relations〔J〕. Decision Support Systems, 2012, 52: 757-767.

〔39〕Dong Y. C., Zhang H. J. Multiperson decision-making with different preference representation structures: A direct consensus framework and its properties〔J〕. Knowledge-Based Systems, 2014, 58: 45-57.

〔40〕Chen X., Zhang H., Dong Y. The fusion process with heterogeneous preference structures in group decision-making: A survey〔J〕. Information Fusion, 2015, 24: 72-83.

〔41〕陈晓红, 等. 复杂大群体决策理论及应用〔M〕. 北京: 科学出版社, 2009.

〔42〕徐选华, 陈晓红. 复杂大群体决策支持系统结构及实现技术研究〔J〕. 计算机工程与应用, 2009, 45 (13): 16-19.

〔43〕陈晓红, 陈志阳, 徐选华. 面向复杂大群体的群体决策支持平台框架研究〔J〕. 计算机集成制造系统, 2008, 14 (9): 1796-1804.

〔44〕李登峰. 模糊多目标多人决策与对策〔M〕. 北京: 国防出版社, 2003.

〔45〕徐玖平, 陈建中. 群体决策理论与方法及实现〔M〕. 北京: 清华大学出版社, 2009.

〔46〕徐选华, 张丽媛, 陈晓红. 一种基于属性二元关系的大群体决策方法及应用〔J〕. 中国管理科学, 2012, 20 (5): 157-162.

〔47〕王坚强. 信息不完全确定的大群体多准则语言决策方法〔C〕// 2009中国控制与决策会议论文集 (2). 2009.

〔48〕张丽媛. 复杂偏好下多属性大群体决策方法研究〔D〕. 长沙: 中南大学, 2013.

〔49〕刘蓉, 基于聚类算法的多属性复杂大群体决策方法研究〔D〕. 长沙:

中南大学, 2006.

[50] Saaty T. L. A scaling method for priorities in hierarchical structures [J]. Journal of mathematical psychology, 1977, 15 (3): 234-281.

[51] Saaty T. L., Vargas L. Comparison of eigenvalue, logarithmic least squares and least squares methods in estimating ratios [J]. Mathematical Modeling, 1984, 5 (5): 309-324.

[52] Golany B., Kress M. A multicriteria evaluation of methods for obtaining weights from ratio-scale matrices [J]. European Journal of Operational Research, 1993, 69 (2): 210-220.

[53] Johnson C., Beine W., Wang T. Right-left asymmetry in an eigenvector ranking procedure [J]. Journal of Mathematical Psychology, 1979, 19 (1): 61-64.

[54] Cogger K. O., Yu P. L. Eigenweight vectors and least-distance approximation for revealed preference in pairwise weight ratios [J]. Journal of Optimization Theory and Applications, 1985, 46 (4): 483-491.

[55] Jensen R. E. Comparisons of eigenvector, least squares, chi-square and logarithmic least squares methods of scaling a reciprocal matrix [R]. Trinity University, Working Paper, 1984.

[56] Crawford G., Williams C. C. A note on the analysis of subjective judgment matrices [J]. Journal of Mathematical Psychology, 1985, 29: 387-405.

[57] Ramanathan R. Data envelopment analysis for weight derivation and aggregation in the analytic hierarchy process [J]. Computers & Operations Research, 2006, 33 (5): 1289-1307.

[58] Crawford G. B. The geometric mean procedure for estimating the scale of a judgment matrix [J]. Mathematical Modeling, 1987, 9 (3-5): 327-334.

[59] Cook W. D., Kress M. Deriving weights from pairwise comparison ratio matrices: An axiomatic approach [J]. European Journal of Operational Research, 1988, 37 (3): 355-372.

[60] 王应明. 判断矩阵排序方法综述 [J]. 决策与决策支持系统, 1995, 5 (3): 101-114.

[61] Bryson N. A goal programming method for generating priority vectors [J]. Journal of the Operational Research Society, 1995, 46 (5): 641-648.

[62] Lipovetsky S., Conklin W. M. Robust estimation of priorities in the AHP [J]. European Journal of Operational Research, 2002, 137 (1): 110-122.

[63] Gass S. I., Rapcsak T. Singular value decomposition in AHP [J]. Euro-

pean Journal of Operational Research, 2004, 154 (3): 573-584.

[64] Chandran B. Golden B. , Wasil E. Linear programming models for estimating weights in the analytic hierarchy process [J] . Computers & Operations Research, 2005, 32 (9): 2235-2254.

[65] Kou G. , C. Lin. A cosine maximization method for the priority vector derivation in AHP [J] . European Journal of Operational Research, 2014, 235 (1), 225-232.

[66] Srdjevic B. , Srdjevic Z. Synthesis of individual best local priority vectors in AHP-group decision making [J] . Applied Soft Computing, 2013, 13 (4): 2045-2056.

[67] Srdjevic B. Combining different prioritization methods in the analytic hierarchy process synthesis [J] . Computers & Operations Research, 2005, 32 (7): 1897-1919.

[68] Saaty T. L. Ranking by eigenvector versus other methods in the analytic hierarchy process [J] . Applied Mathematics Letters, 1998, 11 (4): 102-113.

[69] Barzilai J. Deriving weights from pairwise comparison matrices [J] . Journal of the Operational Research Society, 1997, 48 (12): 1226-1232.

[70] Takeda E. , Cogger K. , Yu P. L. Estimating criterion weights using eigenvectors: A comparative study [J] . European Journal of Operational Research, 1987, 29 (3): 360-369.

[71] Saaty T. L. Eigenvector and logarithmic least squares [J] . European Journal of Operational Research, 1990, 48 (1): 156-160.

[72] Kumar V. N. , Ganesh L. A simulation-based evaluation of the approximate and the exact eigenvector methods employed in AHP [J] . European Journal of Operational Research, 1996, 95 (3): 656-662.

[73] Mikhailov L. , Singh M. G. Comparison analysis of methods for deriving priorities in the analytic hierarchy process [C] . Proceedings of the IEEE International Conference on Systems, Man and Cybernetics, 1999: 1037-1042.

[74] Laarhoven P. J. M. V. , Pedrycz W. A fuzzy extension of Saaty's priority theory [M] . North Holland: Elsevier North-Holland, 1983.

[75] Kwiesielewicz M. A note on the fuzzy extension of Saaty's priority theory [J] . Fuzzy Sets & Systems, 1998, 95 (2): 161-172.

[76] Wang Y. M. , Elhag T. M. S. , Hua Z. A modified fuzzy logarithmic least squares method for fuzzy analytic hierarchy process [J] . Fuzzy Sets & Systems, 2006,

157 （23）：3055-3071.

　　［77］ Mikhailov L. Deriving priorities from fuzzy pairwise comparison judgements ［J］. Fuzzy Sets Systems, 2003, 134：365-385.

　　［78］ Fernandez E., Leyva J. C. A method based on multiobjective optimization for deriving a ranking from a fuzzy preference relation ［J］. European Journal of Operational Research, 2004, 154：110-124.

　　［79］ Wang Y. M., Parkan C. Multiple attribute decision making based on fuzzy preference information on alternatives：Ranking and weighting ［J］. Fuzzy Sets and Systems, 2005, 153：331-346.

　　［80］ Xu Z. S. Goal programming models for obtaining the priority vector of incomplete fuzzy preference relation ［J］. International Journal of Approximate Reasoning, 2004, 36：261-270.

　　［81］ Xu Z. S. Da Q. L. A least deviation method to obtain a priority vector of a fuzzy preference relation ［J］. European Journal of Operational Research, 2005, 164：206-216.

　　［82］ Fernandez E., Cancela N., Olmedo R. Deriving a final ranking from fuzzy preferences：An approach compatible with the principle of correspondence ［J］. Mathematical & Computer Modelling, 2008, 47 （1-2）：218-234.

　　［83］ Xu Z., Chen J. Some models for deriving the priority weights from interval fuzzy preference relations ［J］. European Journal of Operational Research, 2008, 184 （1）：266-280.

　　［84］ Ureña R., Chiclana F., Morente-Molinera J. A., Herrera-Viedma E. Managing incomplete preference relations in decision making：A review and future trends ［J］. Information Sciences, 2015, 302：14-32.

　　［85］ Bozóki S., Csató L., Temesi J. An application of incomplete pairwise comparison matrices for ranking top tennis players ［J］. European Journal of Operational Research, 2016, 248 （1）：211-218.

　　［86］ Bozóki S., Fülöp J., Rónyai L. On optimal completion of incomplete pairwise comparison matrices ［J］. Mathematical and Computer Modelling, 2010, 50 （1-2）：318-333.

　　［87］ Ergu D., Kou G., Peng Y., Zhang M. Estimating the missing values for the incomplete decision matrix and consistency optimization in emergency management ［J］. Applied Mathematical Modelling, 2016, 40 （1）：254-267.

　　［88］ Gomez-Ruiz J. A., Karanik M., Peláez J. I. Estimation of missing judgments in AHP pairwise matrices using a neural network-based model ［J］. Applied Mathematics and Computation, 2010, 216（10）: 2959-2975.

［89］Harker P. T. Incomplete pairwise comparison in the analytic hierarchy process ［J］. Mathematical Modelling, 1987, 9（1）: 837-848.

［90］Hu Y. C. H. , Tsai J. F. Back propagation multi-layer perceptron for incomplete pairwise comparison matrices in analytic hierarchy process ［J］. Applied Mathematics and Computation, 2006, 180（1）: 53-62.

［91］Carmone F. J. , Kara A. , Zanakis S. H. A Monte Carlo investigation of incomplete pairwise comparison matrices in AHP ［J］. European Journal of Operational Research, 1997, 102（3）: 533-553.

［92］Ju Y. A new method for multiple criteria group decision making with incomplete weight information under linguistic environment ［J］. Applied Mathematical Modelling, 2014, 38（21-22）, 5256-5268.

［93］Saaty T. L. Group decision making and the AHP ［M］. New York: Springer-Verlag, 1989.

［94］Barzilai J. , Golany B. AHP rank reversal, normalization and aggregation rules ［J］. Information Systems & Operational Research, 1994, 32（2）: 57-64.

［95］Cho Y. G. , Cho K. T. A loss function approach to group preference aggregation in the AHP ［J］. Computers & Operations Research, 2008, 35: 884-892.

［96］Forman E. , Peniwati K. Aggregating individual judgments and priorities with the Analytic Hierarchy Process ［J］. European Journal of Operational Research, 1998, 108（1）: 165-169.

［97］Aczel J. , Saaty T. L. Procedures for synthesizing ratio judgments ［J］. Journal of Mathematica Psychology, 1983, 27（1）: 93-102.

［98］Escobar M. T. , Moreno-Jiménez J. M. Aggregation of individual preference structures in AHP-group decision making ［J］. Group Decision & Negotiation, 2007, 16（4）: 287-301.

［99］Hosseinian S. S. , Navidi H. , Hajfathaliha A. A new linear programming method for weights generation and group decision making in the analytic hierarchy process ［J］. Group Decision & Negotiation, 2012, 21（3）: 233-254.

［100］Zahir S. Geometry of decision making and the vector space formulation of the analytic hierarchy process ［J］. European Journal of Operational Research, 1999, 112（2）: 373-396.

［101］Ramanathan R. , Ganesh L. S. Group preference aggregation methods employed in AHP: An evaluation and intrinsic process for deriving members' weightages [J]. European Journal of Operational Research, 1994, 79 (2): 249-265.

[102] Delgado M., Herrera F., Herrera-Viedma E., Martínez L. Combining numerical and linguistic information in group decision-making [J]. Information Sciences, 1998, 107 (1): 177-194.

[103] Herrera F., Martínez L. An approach for combining linguistic and numerical information based on the 2-tuples fuzzy linguistic representation model in decision-making [J]. International Journal of Uncertainty, Fuzziness and Knowledge-Based Systems, 2000, 8 (5): 539-562.

[104] Herrera F., Martínez L., Sánchez P. J. Managing non-homogeneous information in group decision-making [J]. European Journal of Operational Research, 2005, 166 (1): 115-132.

[105] Wang Y. M., Parkan C. A general multiple attribute decision-making approach for integrating subjective preferences and objective information [J]. Fuzzy Sets and Systems, 2006, 157 (10): 1333-1345.

[106] Herrera F., Martínez L. A model based on linguistic 2-tuples for dealing with multigranular hierarchical linguistic contexts in multi-expert decision making [J]. IEEE Transactions on Systems Man & Cybernetics Part B Cybernetics, 2001, 31 (2): 227-234.

[107] Wan S. P., Li D. F. Fuzzy LINMAP approach to heterogeneous MADM considering comparisons of alternatives with hesitation degrees [J]. Omega, 2013, 41 (6): 925-940.

[108] Pérez I. J., Cabrerizo F. J., Alonso S., Herrera-Viedma E. A new consensus model for group decision-making problems with non-homogeneous experts [J]. IEEE Transactions on Systems, Man, and Cybernetics: Systems, 2014, 44 (4): 494-498.

[109] Xu Y. J. On group decision-making with four formats of incomplete preference relations [J]. Computers & Industrial Engineering, 2011, 61 (1): 48-54.

[110] Xu Z. An integrated model-based interactive approach to FMAGDM with incomplete preference information [J]. Fuzzy Optimization & Decision Making, 2010, 9 (3): 333-357.

[111] Ramanathan R., Ramanathan U. A qualitative perspective to deriving weights from pairwise comparison matrices [J]. Omega, 2010, 38 (3): 228-232.

[112] Fan Z. P., Zhang Y. A goal programming approach to group decision-

making with three formats of incomplete preference relations [J]. Soft Computing, 2010, 14: 1083-1090.

[113] Hartigan J. A. Direct clustering of a data matrix [J]. Journal of the American Statistical Association, 1972, 67 (337): 123-129.

[114] Hartigan J. A. Clustering algorithms [M]. Hoboken: John Wiley & Sons, 1975.

[115] Lloyd S. P. Least squares quantization in PCM [J]. IEEE Transaction information theory, 1982, 28: 128-137.

[116] Macqueen J. Some methods for classification and analysis of multivariate observations [C] Proc of Berkeley Symposium on Mathematical Statistics and Probability, 1967: 281-297.

[117] Day W. H. E., Edelsbrunner H. Efficient algorithms for agglomerative hierarchical clustering methods [J]. Journal of Classification, 1984, 1 (1): 7-24.

[118] Kaufman L., Rousseeuw P. J. Finding groups in data: An introduction to cluster analysis [M]. Hoboken: John Wiley & Sons, 2005.

[119] 陈娜. 犹豫模糊环境下的决策方法及聚类算法研究 [D]. 南京: 东南大学, 2015.

[120] Martens D., Provost F. Explaining data-driven document classifications [J]. MIS Quarterly, 2014, 38: 73-99.

[121] Peng Y., Kou G., Shi Y., Chen Z. A descriptive framework for the field of data mining and knowledge discovery [J]. International Journal of Information Technology and Decision Making, 2008, 7: 639-682.

[122] Wang G., Sun J., Ma J. Sentiment classification: The contribution of ensemble learning [J]. Decision Support Systems, 2014, 57: 77-93.

[123] Yang Q., Wu X. 10 challenging problems in data mining research [J]. International Journal of Information Technology and Decision Making, 2006, 5: 597-604.

[124] Ferri C., Hernández-Orallo J., Modroiu R. An experimental comparison of performance measures for classification [J]. Pattern Recognition Letters, 2009, 30: 27-38.

[125] Kou G., Lu Y., Peng Y., Shi Y. Evaluation of classification algorithms using MCDM and rank correlation [J]. International Journal of Information Technology and Decision Making, 2012, 11: 197-225.

[126] Barros R. C., Freitas A. A. A Survey of evolutionary algorithms for deci-

sion-tree induction [J] . IEEE Transactions on Systems, Man, and Cybernetics, Part C, Applications and Reviews, 2012, 42: 291-312.

[127] Lee Y. H. , Wei C. P. , Cheng T. H. , Yang C. T. Nearest-neighbor-based approach to time-series classification [J] . Decision Support Systems, 2012, 53: 207-217.

[128] Vapnik V. N. The nature of statistical learning theory [M] . New York: Springer-Verlag, 1995.

[129] Vapnik V. N. Estimation of dependences based on empirical data [in Russian] [M] . New York: Springer Verlag, 1982.

[130] Vapnik V. N. , Chapelle O. Bounds on error expectation for support vector machines [J] . Neural Computation, 2000, 12: 2013-2036.

[131] Garcia-Palomares U. M. , Manzanilla-Salazar O. Novel linear programming approach for building a piecewise nonlinear binary classifier with a priori accuracy [J] . Decision Support Systems, 2012, 52: 717-728.

[132] Lomax S. , Vadera S. A survey of cost-sensitive decision tree induction algorithms [J] . ACM Computer Survery, 2013, 45: 1-35.

[133] Peng Y. , Kou G. , Shi Y. , Chen Z. A multi-criteria convex quadratic programming model for credit data analysis [J] . Decision Support Systems, 2008, 44: 1016-1030.

[134] Li A. H. , Shi Y. , He J. MCLP-based methods for improving "Bad" catching rate in credit cardholder behavior analysis [J] . Applied Soft Computing, 2008, 8: 1259-1265.

[135] Kou G. , Peng Y. , Shi Y. Discovering credit cardholders' behavior by multiple criteria linear programming [J] . Annuals of Operations Research, 2005, 135: 261-274.

[136] Sun A. , Lim E. P. , Liu Y. On strategies for imbalanced text classification using SVM: A comparative study [J] . Decision Support Systems, 2009, 48: 191-201.

[137] Cao P. , Zhao D. Z. , Zaiane O. Measure oriented cost-sensitive SVM for 3D nodule detection [C] . 35th Annual International Conference of the IEEE EMBS Osaka, Japan, 3-7 July, 2013.

[138] Shi Y. H. , Gao Y. , Wang R. L. , Zhang Y. , Wang D. Transductive cost-sensitive lung cancer image classification [J] . Applied Inteligence, 2013, 38: 16-28.

[139] Tomašev N. , Mladenic D. Class imbalance and the curse of minority hubs

［J］. Knowledge-Based Systems, 2013, 53: 157-172.

［140］He H., Shen X. A ranked subspace learning method for gene expression data classification ［C］. Proc Int'l Conf Artificial Intelligence, 2007: 358-364.

［141］Kubat M., Holte R. C., Matwin S. Machine learning for the detection of oil spills in satellite radar images ［J］. Machine Learning, 1998, 30: 195-215.

［142］Rao R. B., Krishnan S., Niculescu R. S. Data mining for improved cardiac care ［J］. ACM SIGKDD Explorations Newsletter, 2006, 8: 3-10.

［143］Chan P. K., Fan W., Prodromidis A. L., Stolfo S. J. Distributed data mining in credit card fraud detection ［J］. IEEE Intelligent Systems, 1999, 14: 67-74.

［144］Clifton P., Damminda A., Vincent L. Minority report in fraud detection: Classification of skewed data ［J］. ACM SIGKDD Explorations Newsletter, 2004, 6: 50-59.

［145］Freed N., Glover F. Simple but powerful goal programming models for discriminant problems ［J］. European Journal of Operational Research, 1981, 7: 44-60.

［146］Shi Y. Multiple criteria optimization-based data mining methods and applications: A systematic survey ［J］. Knowledge and Information Systems, 2010, 24: 369-391.

［147］Mease D., Wyner A. J., Buja A. Boosted classification trees and class probability/quantile estimation ［J］. Journal of Machine Learning Research, 2007, 8: 409-439.

［148］Holte R. C., Acker L., Porter B. W. Concept learning and the problem of small disjuncts ［C］. Proc Int'l J. Conf Artificial Intelligence, 1989 (9): 813-818.

［149］Batista G. E. A. P. A., Prati R. C., Monard M. C. A Study of the behavior of several methods for balancing machine learning training data ［J］. ACM SIGKDD Explorations Newsletter, 2004, 6: 620-629.

［150］Japkowicz N., Stephen S. The class imbalance problem: A systematic study ［J］. Intelligent Data Analysis, 2002, 6: 429-439.

［151］Chawla N. V., Bowyer K. W., Hall L. O., Kegelmeyer W. P. SMOTE: synthetic minority over-sampling technique ［J］. Journal of Artificial Intelligence Research, 2002, 16: 321-357.

［152］He, Bai Y., Garcia E. A., Li S. ADASYN: Adaptive synthetic sampling approach for imbalanced learning ［C］. Proc. Int'l J. Conf. Neural Networks, 2008:

1322-1328.

[153] Tang Y. , Zhang Y. Q. Granular SVM with repetitive undersampling for highly imbalanced protein homology prediction [C] . Proc Int'l Conf Granular Computing, 2006: 457-460.

[154] Wu G. , Chang E. Class-boundary alignment for imbalanced data set learning [C] . Proc. Int'l Conf. Data Mining (ICDM'03), Workshop Learning from Imbalanced Data Sets II, 2003.

[155] Chawla N. V. , Japkowicz N. , Kolcz A. Editorial: Special issue on learning from imbalanced data sets [J] . ACM SIGKDD Explorations Newsletter, 2004, 6: 1-6.

[156] Ting K. M. An instance weighting method to induce cost-sensitive decision trees [J] . IEEE Transactions on Knowledge and Data Engineering, 2002, 14: 659-665.

[157] Ling C. X. Decision trees with minimal costs [C] . Proceedings of the 21st International Conference on Machine Learning (ICML), Banff, Canada, 2004.

[158] Ting K. M. , Zheng Z. J. Boosting cost-sensitive trees [J] . Discovery Science, 1998, 1532: 244-255.

[159] Masnadishirazi H. , Vasconcelos N. , Iranmehr A. Cost-sensitive support vector machines [J] . Journal of Machine Learning Research, 2015, 1212: 1-34.

[160] Domingos P. Meta cost: A general method for making classifiers cost-sensitive, knowledge discovery and data mining [C] . Proceedings of the Fifth ACM SIGKDD International Conference, (KDD'99), 1999: 155-164.

[161] Stijn V. , Guido D. Cost-sensitive learning and decision making revisited [J] . European Journal of Operational Research, 2005, 166: 212-220.

[162] Lu W. Z. , Wang D. Ground-level ozone prediction by support vector machine approach with a cost-sensitive classification scheme [J] . Science of The Total Environment, 2008, 395: 109-116.

[163] Lee Y. H. , Hu P. J. H. , Cheng T. H. , Hsieh Y. F. A cost-sensitive technique for positive-example learning supporting content-based product recommendations in B-to-C e-commerce [J] . Decision Support Systems, 2012, 53: 245-256.

[164] Yue W. T. , Cakanyildiri M. A cost-based analysis of intrusion detection system configuration under active or passive response [J] . Decision Support Systems, 2012, 50: 21-31.

[165] Zhao H. M. , Sinha A. P. , Bansal G. An extended tuning method for

cost-sensitive regression and forecasting [J] . Decision Support Systems, 2011, 51: 372-383.

[166] Wang J. , Zhao P. , Steven C. H. Cost-sensitive online classification [J] . IEEE Transactions on Knowledge and Data Engineering, 2014, 26: 2425-2438.

[167] Min F. , He H. P. , Qian Y. H. , Zhu W. Test-cost-sensitive attribute reduction [J] . Inform Sciences, 2011, 181: 4928-4942.

[168] Tsai C. , Chang L. , Chiang H. Forecasting of ozone episode days by cost-sensitive neural network methods [J] . Science of The Total Environment, 2009, 407: 2124-2135.

[169] Breiman L. , Friedman J. H. , Olsen R. A. , Stone C. J. Classification and regression trees [M] . London: Chapman and Hall/CRC, 1984.

[170] Liu X. Y. , Zhou Z. H. Training cost-sensitive neural networks with methods addressing the class imbalance problem [J] . IEEE Transactions on Knowledge and Data Engineering, 2006, 18: 66-77.

[171] Thai-Nghe N. , Gantner Z. , Schmidt-Thieme L. Cost-sensitive learning methods for imbalanced data [C] . In Proceeding of IEEE IJCNN10, IEEE CS, Barcelona, 2010: 1-8.

[172] Sun Y. , Kamel M. S. , Wong A. K. C. , Wang Y. Cost-sensitive boosting for classification of imbalanced data [J] . Pattern Recognition, 2007, 40: 3358-3378.

[173] Zhang C. , Tan K. C. , Li H. , Hong G. S. A cost-sensitive deep belief network for imbalanced classification [J] . IEEE Transactions on neural networks and learning systems, 2018 (30): 109-122.

[174] Masnadi-Shirazi H. , Vasconcelos N. Cost-sensitive boosting [J] . IEEE Transactions on Pattern Analysis and Machine Intelligence, 2011, 33: 294-309.

[175] Zhang J. L. , Shi Y. , Zhang P. Several multi-criteria programming methods for classification [J] . Computers & Operations Research, 2009, 36: 823-836.

[176] Kou G. , Peng Y. , Chen Z. , Shi Y. Multiple criteria mathematical programming for multi-class classification and application in network intrusion detection, Inform [J] . Sciences, 2009, 179: 371-381.

[177] 李怀祖. 决策理论导论 [M] . 北京: 机械工业出版社, 1993.

[178] Hwang C. L. , Lin M. J. Group decision making under multiple criteria [M] . Berlin: Springer-Verlag, 1987.

[179] Luce R. D. , Raiffa H. Games and decision [M] . New York: John Wile & Sons, 1957.

[180] Bacharach M. Group decisions in the face of differences of opinion [J] . Management Science, 1975, 22 (2): 182-191.

[181] Keeney R. A. A group preference axiomatization with cardinal utility [J] . Management Science, 1976, 23 (2): 140-145.

[182] Arrow K. J. Social choice and individual value [M] . New Haver: Yale University Press, 1951.

[183] Arrow K. J. Social choice and individual value (znd edition) [M] . New Haver: Yale University Press, 1963.

[184] Von Neumann J. , Morgenstern O. Theory of games and economic behavior [M] . Princeton New Jersey: Princeton University Press, 1944.

[185] Kahneman D. , Tversky A. Subjective probability: A judgment of representativeness [J] . Cognitive Psychology, 1972, 3 (3): 430-454.

[186] Kahneman D. , Tversky A. On the psychology of prediction [J] . Psychological Review, 1973, 80 (4): 237-251.

[187] Le Bon Gustave. The crowd: A study of the popular mind [M] . Filiquarian Publishing, 2006.

[188] K. C. Gleason, I. Mathur, M. A. Peterson. Analysis of intraday herding behavior among the sector ETFs [J] . Journal of Empirical Finance, 2004, 11 (5): 681-694.

[189] A. V. Banerjee. A simple model of herd behavior [J] . Quarterly Journal of Economics, 1992, 107 (3): 797-817.

[190] Janis I. L. , Mann L. Decision making: A psychological analysis of conflict, choice, and commitment [J] . American Political Science Association, 2011, 73 (1) .

[191] Janis I. I. , Mann L. Decisional problems. (Book Reviews: Decision Making. A Psychological Analysis of Conflict, Choice, and Commitment) [J] . Science, 1977, 197: 1355-1356.

[192] Janis I. L. Groupthink: psychological studies of policy decisions and fiascoes [J] . Boston, 1982, 36 (1): 112-119.

[193] Agrawal A. , Goyal S. Group size and collective action: Third-party monitoring in common-pool resources [J] . Comparative Political Studies, 2001, 34 (1): 63-93.

［194］Glazer R. , Steckel J. H. , Winer R. S. Locally rational decision making：The distracting effect of information on managerial performance ［J］. Management Science, 1992, 18 （2）: 212-227.

［195］Goldstein W. M. , Einhorn H. J. Expression theory and the preference reversal phenomena ［J］. Psychological Review, 1987, 94 （2）: 236-254.

［196］Benbunan-Fich R, Hiltz S. R. , Turoff M. A comparative content analysis of face-to-face vs. asynchronous group decision making ［J］. Decision Support Systems, 2003, 34 （4）: 457-469.

［197］Silver S. D. A dual-motive heuristic for member information initiation in group decision making: Managing risk and commitment ［J］. Decision Support Systems, 1995, 15 （1）: 83-97.

［198］Kim J. K. , Choi S. H. A utility range-based interactive group support system for multiattribute decision making ［J］. Computers & Operations Research, 2001, 28 （5）: 485-503.

［199］Kim S. H. , Sang H. C. , Kim J. K. An interactive procedure for multiple attribute group decision making with incomplete information: Range-based approach ［J］. European Journal of Operational Research, 1999, 118 （1）: 139-152.

［200］Chuu S. J. Interactive group decision-making using a fuzzy linguistic approach for evaluating the flexibility in a supply chain ［J］. European Journal of Operational Research, 2011, 213 （1）: 279-289.

［201］Han C. H. , Ahn B. S. Interactive group decision-making procedure using weak strength of preference ［J］. Journal of the Operational Research Society, 2005, 56 （10）: 1204-1212.

［202］Altuzarra A. , Moreno-Jimenez J. M. , Salvador M. A Bayesian priorization procedure for AHP-group decision making ［J］. European Journal of Operational Research, 2007, 182 （1） 367-382.

［203］Escobar M. T. , Aguaron J. , Moreno-Jimenez J. M. A note on AHP group consistency for the row geometric ［J］. European Journal of Operational Research, 2004, 153: 318-322.

［204］Herrera-Viedma E. , Martinez Mata L. , Chiclana F. A consensus support system model for group decision-making problems with multigranular linguistic preference relations ［J］. IEEE Transactions on Fuzzy Systems, 2005, 13 （5）: 644-658.

［205］Xu Z. Deviation measures of linguistic preference relations in group decision making ［J］. Omega, 2005, 33 （3）: 249-254.

［206］Herrera F., Herrera-Viedma E., Verdegay J. L. A rational consensus model in group decision making using linguistic assessments ［J］. Fuzzy Sets & Systems, 1997, 88 (1): 31-49.

［207］González-Arteaga T., Calle R. D. A., Chiclana F. A new measure of consensus with reciprocal preference relations: The correlation consensus degree ［J］. Knowledge-Based Systems, 2016, 107: 104-116.

［208］Chiclana F., Gonzalez-arteaga T., Rocio D. A new consensus measure based on pearson correlation coefficient ［J］. Applied Soft Computing, 2015, 35: 827-839.

［209］Herrera-Viedma E., Cabrerizo F. J., Kacprzyk J., Pedrycz W. A review of soft consensus models in a fuzzy environment ［J］. Information Fusion, 2014, 17: 4-13.

［210］Beliakov G., James S. Unifying approaches to consensus across different preference representations ［J］. Applied Soft Computing, 2015, 35: 888-897.

［211］Altuzarra A., Moreno-Jiménez J. M., Salvador M. Consensus building in AHP-group decision making: A bayesian approach ［J］. Operations Research, 2010, 58 (6): 1755-1773.

［212］Chiclana F., García J. M. T., Moral M. J. D., Herrera-Viedma E. A statistical comparative study of different similarity measures of consensus in group decision making ［J］. Information Sciences, 2013, 221 (2): 110-123.

［213］Dong Y., Zhang G., Hong W. C. Consensus models for AHP group decision making under row geometric mean prioritization method ［J］. Decision Support Systems, 2010, 49 (3): 281-289.

［214］Wu Z., Xu J. A consistency and consensus based decision support model for group decision making with multiplicative preference relations ［J］. Decision Support Systems, 2012, 52 (3): 757-767.

［215］Escobar M. T., Aguarón J., Moreno-Jiménez J. M. Some extensions of the precise consistency consensus matrix ［J］. Decision Support Systems, 2015, 74: 67-77.

［216］Kacprzyk J., Fedrizz M. A "soft" measure of consensus in the setting of partial (fuzzy) preferences ［J］. European Journal of Operational Research, 1988, 34 (3): 316-325.

［217］Xu Z., Cai X. Group consensus algorithms based on preference relations ［J］. Information Sciences, 2011, 181 (1): 150-162.

［218］ Wu J. , Chiclana F. , Fujita H. , Herrera-Viedma E. A visual interaction consensus model for social network group decision making with trust propagation ［J］. Knowledge-Based Systems, 2017, 122: 39-50.

［219］ Chen S. W. , Liu J. , Wang H. , Augusto J. C. Ordering based decision making: A survey ［J］. Information Fusion, 2013, 14 (4): 521-531.

［220］ Chiclana F. , Herrera F. , Herrera-Viedma E. Integrating multiplicative preference relations in a multipurpose decision-making model based on fuzzy preference relations ［J］. Fuzzy Sets & Systems, 2001, 122 (2): 277-291.

［221］ Orlovsky S. A. Decision-making with a fuzzy preference relation ［J］. Fuzzy Sets & Systems, 1978, 1 (3): 155-167.

［222］ Dong Y. , Luo N. , Liang H. Consensus building in multiperson decision making with heterogeneous preference representation structures: A perspective based on prospect theory ［J］. Applied Soft Computing, 2015, 35: 898-910.

［223］ Wu T. , Liu X. W. An interval type-2 fuzzy clustering solution for large-scale multiple-criteria group decision-making problems ［J］. Knowledge-Based Systems, 2016, 114: 118-127.

［224］ G. Salton, Mcgill M. J. Introduction to modern information retrieval ［M］. New York: McGraw-Hill, 1983.

［225］ Elo A. The rating of chess players, past and present ［M］. New York: Arco, 1978.

［226］ Coulom R. Whole-history rating: A Bayesian rating system for players of time-varying strength ［C］. 6th International Conference on Computers and Games Beijing, China. Vol. 5131 of the Series Lecture Notes in Computer Science, 2008: 113-124.

［227］ Glickman M. E. Parameter estimation in large dynamic paired comparison experiments ［J］. Applied Statistics, 1999, 48 (3): 377-394.

［228］ Fung G. Machine learning and data mining via mathematical programming-based support vector machines ［D］. Madison: The University of Wisconsin-Madison, 2003.

［229］ Wolfe P. A duality theorem for nonlinear programming ［J］. Quarterly Journal of Applied Mathematics, 1961, 19: 239-244.

［230］ Lichman M. UCI machine learning repository ［EB/OL］. http://archive. ics. uci. edu/ml.

［231］ Beyan C. , Fisher R. Classifying imbalanced data sets using similarity based hierarchical decomposition [J]. Pattern Recognition, 2015, 48: 1653-1672.

[232] López V., Fernández A., García S. X., Palade V., Herrera F. An insight into classification with imbalanced data: Empirical results and current trends on using data intrinsic characteristics [J]. Information Sciences, 2013, 250: 113-141.

[233] Freund Y., Schapire R. E. Experiments with a new boosting algorithm [C]. In: Thirteenth International Conference on Machine Learning, San Francisco, 1996: 148-156.

[234] Breiman L. Bagging predictors [J]. Machine Learning, 1996, 24 (2): 123-140.

[235] Hart P. E. The condensed nearest neighbor rule [J]. IEEE Transactions on Information Theory, 1968.

[236] Wilson D. Asymptotic properties of nearest neighbor rules using edited data [J]. IEEE Transactions on Systems, Man and Cybernetics, 1972, 2 (3): 408-421.

[237] Tomek I. Two modifications of CNN [J]. IEEE Transactions on Systems, Man and Cybernetics, 1976, 6: 769-772.

[238] Maaten L. V. D., Hinton G. Visualizing data using t-SNE [J]. Journal of Machine Learning Research, 2008, 9: 2579-2605.

[239] Xu Z. S., Wei C. P. A consistency improving method in the analytic hierarchy process [J]. European Journal of Operational Research, 1999, 116: 443-449.

[240] Aguarón J., Moreno-Jiménez J. M. The geometric consistency index approximated thresholds [J]. European Journal of Operational Research, 2003, 147 (1): 137-145.

[241] Bernasconi M., Choirat C., Seri R. The analytic hierarchy process and the theory of measurement [J]. Management Science, 2010, 56 (4): 699-711.

[242] Yeh J. M., Kreng B., Lin C. A consensus approach for synthesizing the elements of comparison matrix in the Analytic hierarchy process [J]. International Journal of Systems Science, 2001, 32: 1353-1363.

[243] De Bruyn A., Bolton G. E. Estimating the influence of fairness on bargaining behavior [J]. Management Science, 2008, 54 (10), 1774-1791.

[244] Ruffle B. J. More is better, but fair is fair: Tipping in dictator and ultimatum games [J]. Games and Economic Behavior, 1998, 23 (2): 247-265.

[245] Ben-Arieh D., Easton T. Multi-criteria group consensus under linear cost opinion elasticity [J]. Decision Support Systems, 2007, 43 (3): 713-721.

[246] Ben-Arieh D., Easton T., Evans B. Minimum cost consensus with quad-

ratic cost functions〔J〕. IEEE Transactions on Systems, Man, and Cybernetics-Part A: Systems and Humans, 2009, 39（1）: 210-217.

〔247〕Bolton G. E. A comparative model of bargaining: Theory and evidence〔J〕. The American Economic Review, 1991（1）: 1096-1136.

〔248〕Fehr E. , Schmidt K. M. A theory of fairness, competition, and coopera-tion〔J〕. The Quarterly Journal of Economics, 1999, 114（3）: 817-868.

〔249〕Choi S. C. , Messinger P. R. The role of fairness in competitive supply chain relationships: An experimental study〔J〕. European Journal of Operational Re-search, 2016, 251（8）: 798-813.

〔250〕Zhang H. , Dong Y. , Chiclana F. , Yu S. Consensus efficiency in group decision making: A comprehensive comparative study and its optimal design〔J〕. Eu-ropean Journal of Operational Research, 2019, 275（2）: 580-598.

〔251〕Cui T. H. , Raju J. S. , Zhang Z. J. Fairness and channel coordination〔J〕. Management Science, 2007, 53（8）: 1303-1314.

〔252〕Fudenberg D. , Tirole J. Game theory〔M〕. Massachusetts: MIT Press, 1991.

〔253〕Nash J. F. Equilibrium points in n-person games〔J〕. Proceedings of the National Academy of Sciences, 1950, 36（1）: 48-49.

〔254〕Chao X. , Kou G. , Peng Y. , Viedma E. H. Large-scale group decision-making with non-cooperative behaviors and heterogeneous preferences: An application in financial inclusion〔J〕. European Journal of Operational Research, 2021, 288（1）: 271-293.

〔255〕Kellner F. , Schneiderbauer M. Further insights into the allocation of green-house gas emissions to shipments in road freight transportation: The pollution routing game〔J〕. European Journal of Operational Research, 2019, 278（1）: 296-313.

〔256〕Zhang B. , Dong Y. , Zhang H. , Pedrycz W. Consensus mechanism with maximum-return modifications and minimum-cost feedback: A perspective of game the-ory〔J〕. European Journal of Operational Research, 2020, 287: 546-559.

〔257〕Wu J. , Yang Y. , Zhang P. , Ma L. Households' noncompliance with re-settlement compensation in urban China: Toward an integrated approach〔J〕. Interna-tional Public Management Journal, 2018, 21: 272-296.

〔258〕Dong Y. , Zha Q. , Zhang H. , Kou G. , Fujita H. , Chiclana F. , Her-rera-Viedma E. Consensus Reaching in social network group decision-making: Re-search paradigms and challenges〔J〕. Knowledge-Based Systems, 2018, 162:

3-13.

［259］Urena R. , Kou G. , Dong Y. , Chiclana F. , Herrera-Viedma E. A review on trust propagation and opinion dynamics in social networks and group decision-making frameworks ［J］. Information Sciences, 2019, 478: 461-475.

［260］Wu J. , Chiclana F. , A social network analysis trust-consensus based approach to group decision-making problems with interval-valued fuzzy reciprocal preference relations ［J］. Knowledge-Based Systems, 2014, 59: 97-107.

［261］Wu T. , Liu X. , Liu F. An interval type-2 fuzzy topsis model for large scale group decision making problems with social network information ［J］. Information Sciences, 2019, 478: 461-475.

［262］Cheng D. , Cheng F. , Zhou Z. , Wu Y. Reaching a minimum adjustment consensus in social network group decision-making ［J］. Information Fusion, 2020, 59: 30-43.

［263］Fortunato S. , Hric D. Community detection in networks: A user guide ［J］. Physics Reports, 2010, 659: 1-44.

［264］Cialdini R. The science of persuasion ［J］. Scientific American, 2001, 284: 76-81.

［265］Yang M. , Adomavicius G. , Burtch G. , Ren Y. C. Mind the gap: Accounting for measurement error and misclassification in variables generated via data mining ［J］. Information Systems Research, 2018, 29: 4-24.

［266］Zhang H. , Kou G. , Peng Y. Soft consensus cost models for group decision making and economic interpretations ［J］. European Journal of Operational Research, 2019, 277: 964-980.

［267］Wu T. , Liu X. , Liu F. An interval type-2 fuzzy topsis model for large scale group decision making problems with social network information ［J］. Information Sciences, 2019, 478: 461-475.

［268］Ding Z. , Chen X. , Dong Y. , Herrera F. Consensus reaching in social network DeGroot Model: The roles of the self-confidence and node degree ［J］. Information Sciences, 2019, 486: 62-72.

［269］Charnes A. , Cooper W. W. , Rhodes E. Measuring the efficiency of decision-making units ［J］. European Journal of Operational Research, 1978, 2: 429-444.

［270］Liu W. B. , Zhang D. Q. , Meng W. , Li X. X. , Xu F. A study of DEA models without explicit inputs ［J］. Omega, 2011, 39 (5): 472-480.

［271］Cook W. D. , Tone K. , Zhu J. Data envelopment analysis: Prior to choosing a model ［J］. Omega, 2014, 44 (2): 1-4.

［272］ Cook W. D., Ruiz J. L., Sirvent I., Zhu J. Within-group common benchmarking using DEA ［J］. European Journal of Operational Research, 2017, 256 (3): 901-910.

［273］ Ruiz J. L., Segura J. V., Sirvent I. Benchmarking and target setting with expert preferences: An application to the evaluation of educational performance of Spanish universities ［J］. European Journal of Operational Research, 2015, 242 (2): 594-605.

［274］ Ruiz J. L., Sirvent I. Common benchmarking and ranking of units with DEA ［J］. Omega, 2016, 65: 1-9.

［275］ Forman E., Peniwati K. Aggregating individual judgments and priorities with the Analytic Hierarchy Process ［J］. European Journal of Operational Research, 1998, 108 (1): 165-169.

［276］ Yager R. R. On ordered weighted averaging aggregation operators in multi-criteria decision-making ［J］. IEEE Transactions on Systems, Man, and Cybernetics, 1988, 18 (1): 183-190.

［277］ Keynes J. M. The General theory of employment, interest, and money ［M］. London: Macmillan Publishers Limited, 1936.

［278］ Silva W., Kimura H., Sobreiro V. A. An analysis of the literature on systemic financial risk: A survey ［J］. Journal of Financial Stability, 2017, 28: 91-114.

［279］ Aven T. Risk assessment and risk management: Review of recent advances on their foundation ［J］. European Journal of Operational Research, 2016, 253 (1): 1-13.

［280］ Naheem M. A. Risk of money laundering in the US: HSBC case study ［J］. Journal of Money Laundering Control, 2016, 19 (3): 225-237.

［281］ Yousefi V., Haji Yakhchali S., Šaparauskas J., Kiani S. The impact made on project portfolio optimisation by the selection of various risk measures ［J］. Engineering Economics, 2018, 29 (2): 168-175.

［282］ FATF. Trade based money laundering, financial action task force ［EB/OL］. http: //www. fatf-gafi. org/media/fatf/documents/reports/TradeBasedMoney-Laundering. pdf.

［283］ Larsen, Kari, Gilani, Shariq. Regtech is the new black-the growth of regtech demand and investment ［J］. Journal of Financial Transformation, 2017, 45: 22-29.

[284] Leitner Y. Financial networks: Contagion, commitment, and private sector bailouts [J] . Journal of Finance, 2005, 60 (6): 2925-2953.

[285] Helbing D. Globally networked risks and how to respond [J] . Nature, 2013, 497: 52-59.

[286] May R. M. , Levin S. A. , Sugihara G. Complex systems: Ecology for bankers [J] . Nature, 2008, 451 (7181): 893-895.

[287] Elliott M. , Golub B. , Jackson M. Financial networks and contagion [J] . American Economic Review, 2014, 104 (1): 3115-3153.

[288] Ellis L. , Haldane A. , Moshirian F. Systemic risk, governance and global financial stability [J] . Journal of Banking & Finance, 2014, 45 (1): 175-181.

[289] Cerchiello P. , Giudici P. Conditional graphical models for systemic risk estimation [J] . Expert Systems with Applications, 2015, 43: 165-174.

[290] Calistru R. A. The credit derivatives market-a threat to financial stability? [J] . Procedia-Social and Behavioral Sciences, 2012, 58 (1): 552-559.

[291] King M. , Maier P. Hedge funds and financial stability: Regulating prime brokers will mitigate systemic risks [J] . Journal of Financial Stability, 2009, 5 (3): 283-297.

[292] Li H. , Liu H. , Siganos A. , Zhou M. M. Bank regulation, financial crisis, and the announcement effects of seasoned equity offerings of US commercial banks [J] . Journal of Financial Stability, 2016, 25: 37-46.

[293] Gaffeo E. , Molinari M. Macroprudential consolidation policy in interbank networks [J] . Journal of Evolutionary Economics, 2016, 26 (1): 77-99.

[294] Gauthier C. , Lehar A. , Souissi M. Macroprudential capital requirements and systemic risk [J] . Journal of Financial Intermediation, 2012, 21 (4): 594-618.

[295] Vallascas F. , Keasey K. Bank resilience to systemic shocks and the stability of banking systems: Small is beautiful [J] . Journal of International Money and Finance, 2012, 31 (6): 1745-1776.

[296] Battiston S. , Caldarelli G. , May R. M. , Roukny T. , Stiglitz J. E. The price of complexity in financial networks [J] . Proceedings of the National Academy of Sciences of the United States of America, 2016, 113 (36): 10-31.

[297] Battiston S. , Farmer J. D. , Flache A. Complexity theory and financial regulation [J] . Science, 2016, 351 (6275): 818-819.

[298] Smailović J. , Grčar M. , Lavrač N. , Žnidaršič M. Stream-based active learning for sentiment analysis in the financial domain [J] . Information Sciences,

2014, 285（1）：181-203.

［299］Tsai M. F. , Wang C. J. On the risk prediction and analysis of soft information in finance reports ［J］. European Journal of Operational Research, 2017, 257 （1）：243-250.

［300］Choi T. M. , Chan H. K. , Yue X. Recent development in big data analytics for business operations and risk management ［J］. IEEE Transactions on Cybernetics, 2017, 47 （1）：81-92.

［301］Arora D. , Rathinam F. OTC derivatives market in India：Recent regulatory initiatives and open issues for market stability and development ［J］. Macroeconomics and Finance Emerging Market Economies, 2011 （2）：235-261.

［302］Bengtsson E. Fund management and systemic risk-lessons from the global financial crisis ［J］. Financial Markets, Institutions & Instruments, 2014 （2）：101-124.

［303］Jin X. , Nadal De Simone F. A framework for tracking changes in the intensity of investment funds' systemic risk ［J］. Journal of Empirical Finance, 2014, 29 （1）：343-368.

［304］Wymeersch E. The reforms of the European financial supervisory system-an overview ［J］. European Company and Financial Law Review, 2010, 7 （2）：240-265.

［305］Calmès C. , Théoret R. Bank systemic risk and macroeconomic shocks：Canadian and U.S. evidence ［J］. Journal of Banking & Finance, 2014, 40 （1）：388-402.

［306］Adrian T. , Covitz D. , Liang N. Financial stability monitoring ［J］. Annual Review of Financial Economics, 2015 （1）：357-395.

［307］Kara G. I. Systemic risk, international regulation, and the limits of coordination ［J］. Journal of International Economics, 2016, 99 （1）：192-222.

［308］Bosma J. J. Dueling policies：Why systemic risk taxation can fail ［J］. European Economic Review, 2016 （1）：132-147.

［309］Clark E. , Jokung O. The role of regulatory credibility in effective bank regulation ［J］. Journal of Banking & Finance, 2015, 50 （1）：506-513.

后　记

　　本书针对群体决策的热点研究问题，研究异质偏好情境下的非合作决策行为和大群体共识过程，提出了内积空间上的异质偏好集结、决策者聚类算法、决策网络机构与分类算法、非合作行为识别与共识达成模型、共识阈值确定以及公平关切博弈行为等。另外，本书还提出了基于相似度的模糊偏好关系权重向量计算模型、不平衡分类算法、基于乘性偏好关系的集成共识模型等，并在城市拆迁、P2P网络借贷、绿色供应链管理、金融监管科技等多个应用领域阐释了决策方法的应用。上述的方法、应用形成了内积空间上的偏好学习与群体决策理论体系。

　　本书中乘性偏好关系和模糊偏好关系的使用是建立在个体偏好具有一致性（Consistency）的基础上的，本书对实际应用中的偏好关系也进行了一致性改进。本书未涉及异质偏好关系中的区间数、语义偏好、犹豫模糊偏好和直觉模糊等形式，而是以最常见的四种偏好形式作为研究对象。

　　大群体决策共识研究近几年发展迅速，已经成为决策科学研究的主流方向之一。大群体决策伴随着互联网和大数据的发展而产生，其因在民主政治、供应链管理等管理实际应用中的需要而壮大，因与信息技术、运筹学和社会学等学科的深入交叉融合而被国内外学者关注。毫无疑问，这是一个具有深厚理论基础和广泛应用前景的领域。在本书研究工作的基础上，仍有以下方向值得进一步研究：

　　（1）知识驱动的大群体决策共识研究。管理经验和先验知识始终是管理科学中的重要驱动因素。运用知识驱动的分类方法进行大群体决策者的管理是未来研究的必然方向。其中主要问题是异质偏好的分类属性构建与不平衡分类算法的应用，以及在共识模型中对分类结果的运用，包括权重因子分配方法与调整等。

　　（2）大群体多属性决策在人道主义运筹管理中的应用。人道主义运筹是管理科学的新方向，其主要研究的问题是人道主义机制、资源分配与利用、人道主义援助绩效评估等。具体的问题包括农村信用体系与信用评价机制等实际管理、大群体决策共识、判断矩阵的优化数据挖掘方法等。上述问题将是推进人道主义运筹研究的有力工具。

　　（3）大群体决策中的基础理论研究。群体决策的效用价值理论是群体决策的基础研究之一。大群体决策的效用理论建立是学科发展的必然需要。在多目标决策方法中的妥协解选取和共识过程等研究中，运用测度论和实变函数理论研究大群体决策共识的效用价值是很有意义的研究方向。另外，通过福利经济学与中央计划者问题、递归竞争均衡关系（Recursive Competitive Equilibrium）等经典经济学理论建立大群体决策行为的理论基础也是未来重要的工作之一。

（4）社交网络中决策共识的代数系统与图理论。社交网络中的价值传播和信任基础上的共识研究是决策科学研究的新方向之一。建立网络情境下的代数系统理论是这一领域走向科学研究的基础。其未来的研究包括网络范畴理论、共识路径的极大理想理论（Maximal Ideal）、网络意见交互中的环结构与零因子图等。总之，基于系统论的网络决策研究是极具前景的方向之一。